大 学 问

始 于 问 而 终 于 明

守望学术的视界

华北村治

VILLAGE GOVER-
NANCE IN NORTH
CHINA
1875-1936

权力、话语和
制度变迁（1875—1936）

李怀印 著

GUANGXI NORMALSUNIVERSITY PRES
广西师范大学出版社
·桂林·

华北村治：权力、话语和制度变迁（1875—1936）

HUABEI CUN ZHI：QUANLI HUAYU HE ZHIDU BIANQIAN（1875—1936）

图书在版编目（CIP）数据

华北村治 ： 权力、话语和制度变迁 ： 1875—1936 ／ 李怀印著. -- 桂林 ： 广西师范大学出版社，2025. 8. （实践社会科学系列）. -- ISBN 978-7-5598-7992-9

Ⅰ．D638

中国国家版本馆 CIP 数据核字第 20251E2P43 号

广西师范大学出版社出版发行

（广西桂林市五里店路 9 号　邮政编码：541004）
网址：http://www.bbtpress.com

出版人：黄轩庄

全国新华书店经销

广西广大印务有限责任公司印刷

（桂林市临桂区秧塘工业园西城大道北侧广西师范大学出版社集团有限公司创意产业园内　邮政编码：541199）

开本：880 mm ×1 240 mm　　1/32

印张：12.125　　字数：260 千

2025 年 8 月第 1 版　　2025 年 8 月第 1 次印刷

印数：0 001~5 000 册　　定价：89.00 元

如发现印装质量问题，影响阅读，请与出版社发行部门联系调换。

中文再版前言

　　这本书的底稿,是我于 2000 年在加州大学洛杉矶分校
(UCLA)完成的博士学位论文,导师是黄宗智先生。论文资料的搜
集,始于 1996 年,当时我在利用几个暑假奔走于西南、华东、华北多
个档案馆之后,最终确定用收藏于石家庄市的河北省档案馆的获
鹿县衙门档案,研究晚清和民国时期的税收问题。论文本身前后
用了四年时间写完,当中数易其稿。之后我获得密苏里大学哥伦
比亚校区的正式教职,又断断续续花了三年时间,把博士论文修改
成书。其中最重要的修改,是增加了两章,分别是民国初期村政权
的设立和运作,以及同一时期各村兴办新式学堂的情况。其他各
章,尤其是关于晚清和民国时期田赋征收的行政管理以及国民党
时期村级政权的改组和运作的章节,也做了实质性的修改、扩充。
这样,增补后的书稿内容已经不再只是田赋的征收和管理,而涉及
乡村治理的各个主要方面,虽然田赋征收依然是其中最核心的内
容。2005 年书稿由斯坦福大学出版社出版的时候,书名即为

Village Governance in North China, 1875—1936。中文版《华北村治——晚清和民国时期的国家与乡村》（岁有生、王士皓译）于2008 年由中华书局出版。

一转眼，距这本书的英文原版行世，已经过去二十年，国内的中文版也早已在市面上脱销。这次为了再版此书，我将原来的中文译稿做了仔细修订。趁此机会，我也想把当初着手写这个题目时所构思的中国乡村史研究路径，再做一个简要的回顾和梳理。

过去研究晚清和民国时期中国乡村的中英文著述已有很多，其中关于国家与乡村关系特别是税收和地方治理的论著也有一批，但在 1990 年代之前，所依据的资料，大多还仅限于官方志书、典籍、族谱、碑刻之类，利用原始档案做研究的风气已开始呈现，但不普遍，而且多限于粗线条的制度史和社会经济史研究，往往只见制度不见细节。怎样才能做到独树一帜？我在寻找、甄别档案的时候，心中有一个选取标准，就是要有能够反映社会最底层情况的村级原始资料，这些资料要能展现乡村日常治理，特别是老百姓与官府打交道的活生生的场景，用黄宗智先生的话说，要一竿子插到底。获鹿县的原始档案非常丰富，有相当一批跟税收、办学及村职任免有关的案卷直接来自村民之手，应该说可以满足论文写作的要求。我在 1996 年暑假第一次到河北省档案馆，便基本收齐了写博士论文所需的资料，后来为了修改成书，又在 2002 年夏天去了一趟。

一头扎入如此丰富的宝藏，最容易犯的错误是被资料牵着鼻子走，写出来的东西只见树木，不见森林，流于所谓碎片化。所以我在谋划整篇布局和具体写作的时候，一直提醒自己，既要扎到最底层,不放过有价值的细节,又要能够跳出来,看到整片树林,关键是要有纵向和横向的视野。就纵向而言,获鹿档案的珍贵之处,正好在于它的时间跨度有连续性,从清代特别是晚清到北洋和国民党时期,基本上都有足够的案卷能够涵盖,这在国内县级历史档案中并不多见;更为难得的是其中北洋时期的资料特别丰富,而过去对这一时段的乡村史研究相对欠缺,正可以弥补。把晚清、北洋、国民党时期串连起来,作为一个整体加以研究,基本上可以看清中国的国家政权从皇权时代的旧体制向近代国家形态的转变给乡村的社会政治生活带来的影响,而把获鹿作为这样一种纵深观察的切入点,也再合适不过。所以这本书的副标题有个时间限定,即1875年(光绪元年,为书中所引获鹿档案的最早年份)到1936年(书中所引档案最晚年份)。(1937年以后,日本全面侵华,20世纪早期以来的近代国家转型过程被打断,获鹿档案也不再具有此前各个时期的系统性。究竟抗战时期以及后来的国共内战时期获鹿乡村经历了怎样的变化,希望今后有人做这方面的研究,填补这个空缺。)

本书也很在意横向的对比。书中始终强调获鹿所代表的冀中南与冀东北的对比;大体上可以说,这两个地区分别处于施坚雅(G. W. Skinner)所说的华北“大区”(macroregion)的中心与边缘地带。这两个地区在生态环境、人口密度、经济商品化程度、乡村社会组织构成等各方面相去甚远。过去对华北农村的了解,尤其是基于日本“满铁”调查资料的研究,多侧重华北大区的边缘地带,对其核心地带的了解不多,至少可以说不系统。除了把冀中南与冀东北加以比较,书中也把华南地区纳入视野。由获鹿及冀中南,由冀中南及华北,由华北及全国,有了横向的视野,再结合纵深的观察,庶可跳出获鹿一隅,从档案研究的碎片中窥测地方史的发现对体认近代中国乡村的社会变迁有何意义。

在写作过程中,我关心的另一个问题是叙事的建构。获鹿、冀中南,或者说华北大区的核心地带,从晚清、北洋到国民党时期的一系列变迁,到底是怎样一个过程?这本书到底要讲怎样一个故事?自从1950年代以来,国内的中国近现代乡村社会、经济、政治史研究,基本上都跳不出一个大的叙事框架,即自从19世纪中国走上半殖民地半封建化的道路之后,外国资本主义的侵略不断加深,加上政府的苛捐杂税和严重的地租剥削,导致农村经济走向凋敝,手工业破产,农民的暴动、起义、革命成了乡村社会历史的主旋律。美国同行对华北乡村的研究也有类似的叙事,即20世纪的国家政权建设,加重了农民的赋税负担,也导致渔利型的乡村领导层逐渐取代了过去的保护型村社领袖,传统的乡村社会组织走向解体,从而为外来政治力量所渗透,特别是为共产党的革命动员铺平了道路。这样一种叙事,有其合理的一面,因为它多少反映了一个历史趋势,但它也遮蔽了近代中国乡村生活丰富多样的现实,使我们对中国农民(无论是作为个人还是作为一个整体)的认识流于单一。事实上,就乡村的社会结构和村民的日常社会交往而言,村与村之间、地区与地区之间差异很大。过去人们所熟悉的阶级对抗和集体暴力的场景,抑或村社解体、土棍恶霸横行乡里的画面,或许在边缘地带的部分村落可以得到印证,但远不足以概括像冀中南这样的中心区域的乡村生活图景,那里更常见的还是村民之间为了各种各样的目的而相互合作的一面。既有合作,又在合作的过程中为了各自的权利和义务展开竞争和冲突,这是获鹿的村级档案呈现出来的基本图像。总体而言,这本书强调了这样一条主线:从晚清到北洋再到国民党时期,国家权力在不断向下渗透,地方的非正式权力和乡村内生的惯例,在不断地让位于全国性的正式制度,这一过程在日本侵华之前的几十年里一直在一步步向前推进;在此过程中,普通村民与乡村精英之间,地方精英与国家政权之间,既有冲突对抗的一面,又有相互妥协合作的一面。地方治理被逐步纳入全国性的制度化过程,而不是国家渗透压力下地方村社走向崩溃,这是本书要讲的故事。

最后,我就这本书的分析工具讲两句。过去西方学者研究农民,基本上不出两种思路:一种认为农民是理性的、自私的,其社会、政治行为皆受个人经济利益驱使,跟现代市场经济中的理性人并无实质区别;另一种看法认为农民讲村社共同体的生存伦理,并由此形成种种制度安排,确保村社成员的生存权利。这两种观点都有一定的道理,但其中任何一种都不足以解释农民社会政治行为的复杂性。我在书中借用了布迪厄(Pierre Bourdieu)的"习性"(habitus)概念,认为农民的思想行为受两方面因素的影响,即个人的社会经济地位及其对个人利益得失的算计,同时还有外界的制度环境、惯例、话语,等等。正是这两方面因素的相互作用,使村民们形成一系列不言自明的"行为倾向"(dispositions),或隐或显地制约每个村民的行动抉择。无论是普通村民还是村社中的精英人物,在卷入村社集体活动、履行个人义务的过程中,都既受到个人利益的驱使,又受到社会惯例、公众舆论的约束。其脱轨或滥权行为,都有一定的限度。他们在追求个人的物质利益的同时,还不得不考虑维持和再生自己的象征利益或社会资本。因此,本书的意图之一,是在中国农民研究领域,突破西方传统的理性或道义小农非此即彼的看法,尝试提出一个更加符合实际的综合性的解释。这一方法,贯穿于全书有关乡地选任、税收纠纷、村长选举和开办学堂的各个章节之中。这次再版,我把书名的副标题改为"权力、话语和制度变迁",便是为了体现这一思路。

李怀印

2025 年 3 月 23 日

于奥斯汀

目　录

图表目录

导论

在辛亥革命前的中国，普通乡民很少跟官府直接打交道。除非卷入官司或刑案，他们几乎没有机会踏足县衙。而知县作为帝制时代正规官僚系统里最低级的官员，系所谓亲民之官，督临着数百个村庄和平均 250 000 的人口。① 同样，承担国家赋税的土地所有者，很少亲自到县城去纳税；购置土地时，也很少直接赴衙门申领地契。相反，村民通常求助于本地或邻村的非官方代理人来处理这些事务。韦伯注意到，在皇权时代的中国，以城市为中心的行政管理体系只具有限的效力，城墙之外几乎感受不到国家权力的存在。所以他写道，中国的村落只不过是"一个没有朝廷官员的自治的居民点"（Weber, 1951 [1922]: 91）。甘布尔曾于 1930 年代在华北农村从事田野调查，发现政府官员"除了收税"对农村缺乏任

---

① 这些是 1819 年官方数字（Hsiao, 1960: 5）。应该注意的是，一些衙门也有县丞和主簿，辅佐知县从事各种事务的管理，巡检司则负责当地治安。在 19 世纪的中国，尽管这并不是一种普遍的现象，但它的确属于正式官僚机构（刘子扬，1988）。

何兴趣。农民们仍然能够"对本地事务保持相当程度的控制，并且在通常情况下能够逐渐重新控制被中央政府通过种种改革措施夺走的任何东西"（Gamble，1963：8）。

但是，乡村并非完全游离于官府的掌控之外，县级以下的行政治理也并不必然是杂乱无章、没有效率、弊窦丛生的。事实上，在帝制时代的大部分时间里，国家能够在大部分地区榨取足够的赋税，以满足正常的需要和维持社会秩序的稳定。使这些成为可能的是林林总总的地方村社的非正式制度，这些制度是在国家需求和地方社群自发承担日常政府职能的互动过程中成长起来的。因此，在本书中，我更想使用"治理"（governance）而不是"统治"（government）一词来描述这些非正式制度的实际运作，因为"统治"意味着国家通过正式的代理人和体制实现强迫控制，"治理"则是国家权威和乡村居民共同参与的一个过程，包含了不仅满足统治者而且因应村民需求的一系列内生性制度安排。在 1900 年以后，它也是一个正式的和非正式制度的结合体。本书的目的在于详尽描绘 19 世纪晚期及 20 世纪早期中国乡村非正式制度的实际运行。

本书聚焦华北地区的河北省获鹿县，希望阐明三个主要问题。

一是乡村治理的传统模式及其对了解 20 世纪以前皇权国家的性质的意义。关于帝制中国的主流观点，主要针对上至朝廷、下至县衙门的官僚系统，包括正式的组织，也包括非正式和非法的组成部分。① 然而,很少有人注意到县级以下的行政治理过程,特别是农民社群的治理活动。在很大程度上,由于无法得到乡村一级的文献记载,许多关于传统乡村治理的传统观念仍然局限于清初统治者试图推行的乡村控制的法律框架和方法,以及其在 17 世纪晚期和 18 世纪的名存实亡方面(Hsiao,1960;Ch'ü,1962;Watt,1972)。同样,关于田赋,我们了解得最多的还是官方文献和官僚士大夫作品中记载的合法和非法的赋税征收方法,以及帝制时期和民国时期田赋负担的长时段变化情况(Wang,1973a,1973b;Zelin,1984)。然而,由于无法获得地方一级的税收记录,很少有人去系统考察底层社会的赋税征收和管理过程。为了全面而较为真实地了解皇权时代的国家及其与乡村社会互动的情景,有必要把注意力从国家机器层面转向基层执行着日常政府职能的非正式制度层面。

二是对地方治理过程的实证研究,将有助于深入了解村社内部的运作机制和农民的行为模式。过去有关中国乡村的著述甚多,但主要集中于 19 世纪和 20 世纪早期的农民经济和集体行动,人们对乡民在日常村社事务中的动机和策略知之甚少。在改变中国农民之无知、温驯且易于受到村社内外强权苛虐的这种刻板印

---

① 近来对中国各级政府的研究,考察了皇帝和高级官僚的互动,以及保持官僚系统恪尽职守和运行有序的机制(Kuhn,1990;李治安、杜家骥,1993;Brandauer and Huang,1994;张分田,2000;吴思,2002),也描绘县衙门的结构和功能,特别是司法管理(完颜绍元,1994;P. Huang,1996,2001;王振忠;Reed,2000)。

象方面,我们仍需做大量的研究。[1] 本书强调,对农民行为的理解,不能离开这样一个社会情境,即惯行、共有观念和权力关系总是交织在一起,激发并制约着村民追求自身利益和集体目标的活动。通过这种研究路径获得的关于乡民们的生活图景,将会丰富和修正我们对中国农民和乡村社群的传统印象。

三是详细审视 1900 年以后乡村行政管理的变化。过去有关晚清和民国时期乡村政治的研究,大多集中于乡民针对滥用权力的精英和政府官员的各种抗议、暴乱和革命活动方面。这种对乡村中抗争性政治行为(contentious politics)的关注,在很大程度上跟学者们倾心于社会动荡的研究相关;在他们看来,正是这种动荡,导致 20 世纪前半期共产党革命的广泛胜利。本研究却另辟蹊径,致力于那个时期由政府和农村精英推动的有秩序的变化,其中最引人注目者,当属基于正规选举的乡村政权的创建、初级学堂的设立和田赋征收的新举措。这些改革措施的引入,不可避免地给乡村社会带来竞争和冲突,但它们的成功实施,有待包括国家、地方精

---

[1] 正如杨懋春在对山东省台头村的研究中注意到的:"地方事务往往为乡村绅士、族长、官方领导人所主宰。普通村民或农户从未主动提出、研究或制订计划。大体而言,民众在公事上,皆属无知、驯顺、怯懦之辈。"(Yang,1945:241)萧公权的看法并无二致,认为"乡民多不识字,且久习于暴君统治,故呈消极、从命心态。他们唯恐招惹麻烦,不去提倡公益。他们也很少知道发家致富为何物。许多人过着朝不保夕的糊口日子,遑论有财力或闲暇关心公事"(Hsiao,1960:264)。中国的马克思主义历史学家对于中国的农民基本上持同样的观点。据称,作为一个自在的阶级,中国农民缺乏阶级意识、散漫。小生产者地位和居住的分散性,导致其政治上的被动和反动。因此,他们的形象与马克思称之为"一袋马铃薯"的法国农民没什么不同(Marx,1951)。经过共产党的启蒙和动员之后,农民在政治上变得积极主动,因此成为一个自为的阶级。

英和普通村民在内的所有参与者协同一致的努力。本书对这些变化的观察，始终突出这样一个语境，即这一系列的正式制度，不仅带来崭新的政治概念和理念，而且与村民传统的一套有关权力和领导的价值观念产生互动，重新形塑乡民的政治意识。我的研究重点，是有关权威和合法性的不断变化的价值观和大众观念如何转化为行动，并形塑着绅民在乡村政治中所采取的策略。深入考察制度层面及话语层面的种种变化，将有助于我们理解在1930年代晚期以及1940年代日本入侵和随后的共产党革命之前的乡民是否在经历这样一种转变，即从基于非正式治理的、内生的传统治理模式转向一种受外加的正式制度支配的新模式。

作为核心地带的冀中南

这里之所以选择获鹿县作为研究对象，一个重要的原因是它位于河北平原的中南部，即华北"大区"（macroregion）的核心地带。① 在谈及帝制时代中国各地城市的发展时，施坚雅认为：与中国的各个流域相对应，乡村中国由八个"自然地理上的大区"组成（Skinner, 1977：210—249, 275—351）。② 这种理论有其缺点，也远

---

① 根据施坚雅的解释，与边缘地区相比，中心地区通常人口稠密，可耕地比例较高。中心地区的土地也比边缘地区肥沃。通常情况下，中心地区可灌溉土地面积的比例远高于边缘地区。最后，中心地区商业化程度也远高于边缘地区（Skinner, 1977：283）。

② 这些大区包括：华北、西北、长江下游、长江中游、长江上游、东南沿海、岭南和云贵地区。

非精确，但是对于理解帝制时代中国各地的经济模式和社会构成来说，仍然是有用的。毕竟，这个国家是由不同的生态和文化区域组成的；在每一个大区内部，中心地区和边缘地区在人口密度、土地肥沃程度和商业化水平上有显著不同——这些都是无可辩驳的事实。[①] 以往的研究，在不同程度上考察了各大区的乡村社会状况。[②] 然而，大多数有关华北的研究，主要集中在它的边缘地区。这些研究包括：淮北地区(Perry，1980)、日本人("满铁")调查过的主要位于冀东北和山东西北部的乡村(Myers，1970；P. Huang，1985；Duara，1988)、山东的西北部和西南部(Esherick，1987)以及河北、河南、山东交界地区(Pomeranz，1993；Thaxton，1997)。[③] 这些

---

① 近来对于此概念的合理性及其缺陷的讨论，可参阅曹树基，2001 和 Cartier，2002。

② 除了华北，以往对这方面的研究也包括中国西北(Schran，1976；Keating，1997)，长江下游(P. Huang，1990；Bernhardt，1992)，长江中游(Perdue，1987；Averill，1987，1990；J. Chen，1992)和长江上游(Kapp，1973；Endicott，1988)。

③ 有争议的是山东西部，或者在很大程度上是华北大区之内的冀鲁豫交界地区(或所谓黄运区)的地位问题。正如施坚雅的开创性研究所示，在传统上，该地区被看作华北中心地区的组成部分。然而，最近的研究强调此一地区南部和北部的巨大差异。学者们普遍认为，此一地区的北部，或更确切地说是山东西北部，是一个贫瘠的农业区，农业产量极低。它和华北平原大多数地区较为相似，自然环境不稳定，小农地位分化不明显，乡绅势力弱小，是一个人口流动速率较高的开放社群。相形之下，山东西南部或者说是黄运区的南部土质肥沃，经济繁荣，这又加强了建立在地主和雇农个人联系之上的地主土地所有制和村社的紧密结合。然而，和西北部一样，由于黄河泛滥，这一地区易于遭受自然灾害。由于该地区又是一个国家统治力量薄弱，且绅士力量弱小的边界地区，因此，其容易遭受匪帮的劫掠。鉴于此，周锡瑞把这一地区连同山东南部的其他地区，视作长江下游大区的边缘地区。在这一地区，大运河将山东南部诸城市，和以长江下游城市群为中心的商业网络联结在一起(Esherick，1987:5—28)。然而，彭慕兰追随施坚雅开创性的划分方法，并且因其人口稠密和亩产量较高，而把施氏的黄运区作为华北大区一个历史上的中心地区；但是，他很快又指出，由于运河的衰落和沿海贸易及近代铁路的重要性日益凸现，大部分黄运区变成了边缘地区的组成部分，并认为在各大区核心地域中，这当属最大的变动(Pomeranz，1993:2—11)。

研究表明,华北各地的生态环境、社会条件、民众文化差异很大。然而,有关这一地区的主流观点,大多强调当地不稳定的自然环境、低产量的旱作农业、占优势的自耕农。学者们也注意到:在一些地区诸如淮北和冀东南,粗放的耕作条件,以及随之而来的粮食短缺,使农民易于遭受频仍的自然灾害的袭击。一旦失去了生活资料,农民们就不得不离开故土,四处迁徙。乡村人口频繁地迁出迁入,造成了血缘组织的弱化。最能证明这一点的是大多数村落是多姓社群。相形之下,冀中南位于太行山山麓平原的东部,属于华北大区的中心地区。那里井灌系统发达,旱涝灾害相对少些。稳定的生态使当地的农业高产和人口稠密成为可能。

在这里,我感兴趣的是生态环境和人类活动方式的关联。裴宜理在对淮北地区农民反抗的研究中,把该地区视作华北的边缘地带,并认为自然环境和人类选择之间联系密切。她发现:由于人们对稀缺资源的激烈争夺,艰难的和不稳定的生存条件易于导致集体性暴力行为,或者说是"攻击型的生存策略"。因此,她的中心论点是,"边缘地带特别易于形成持久的农村动乱的传统。受严酷的生态环境的制约,边缘地区可能更好地为农民适应(其生存环境)的暴力行为搭建舞台"(Perry,1980:261)。但是,对于生态稳定地区社会安排的特征,人们所知甚少。本书对华北中心地区农民因应自然和社会环境策略的考察将显示,这一地区的村社模式以及乡村—国家之间的关系,跟边缘地区有实质性的不同。总的来说,与华北的其他部分相比,冀中南乡村表现出较大的集体性和稳定性。因此,本书的中心目的之一,是揭示核心地带的生态安全和社会稳定如何有助于形成地方治理中内聚性的乡村组织和集体性的实践。

　　鉴于生态、社会条件和行政实践方面的地区差别，我不想迁就过去那种常见的做法，即无视各地区千差万别的现实，试图就全国性问题得出大而化之的结论。本书将把这里考察的地区与其他地区特别是中国东南和长江三角洲做比较，目的是强调华北核心区域与边缘地带的差别，希冀有助于获得一幅较为准确和全面的乡村生活图景。

县衙门档案

　　除了其核心地区的地理位置，对获鹿县进行研究的另一个同样重要的原因，是其保存了卷帙浩繁的乡村基层行政档案。获鹿"旧政权"档案目前保存在位于石家庄市的河北省档案馆，有5000多卷，涉及田赋征收和地方治理的方方面面。此项研究使用的材料，上起光绪即位(1875年)，下至日本全面侵华前夕(1936年)。这一时期中国经历了从皇权国家的乡村控制向国民党强有力的国家政权建设过程的转变。① 这些材料大体上分为两大类。一是不同层级的政府机构公文，包括20世纪早期的省府、知县(1928年以后为县长)及其衙门事务和由乡绅控制的"自治"机构的公文。这

──────────

① 此外，这里还保存了300多卷清朝早期和中期征税方面的主要清册和日常记录，其中一部分已为一些中国学者所利用(江太新，1991；史志宏，1984；潘喆、唐世儒，1984)。由于这些收藏极为罕见，内容全面，获鹿县"旧政权"的档案首先保存在北京市档案馆，然后又移交到河北省档案馆，而不是保存于获鹿县档案馆(现在的鹿泉市档案馆)，这一点和其他县的档案保管方式有所不同。

些记录详细提供了地方管理各方面运作情况,使我们能够洞悉国家和地方精英怎样通过讨价还价来确定田赋负担,县衙门怎样通过清查民间白契和黑地以扩大税收,国家怎样通过正式的和非正式的代理人来征赋于民,等等。

然而,获鹿县档案数量最多的当属行政案件的记录。与土地、债务、婚姻、继承及类似的民间纠纷有所不同,行政纠纷主要与地方的管理事务有关,并且主要存在于管理机构与村社成员之间。中国的档案管理者一般将其分为内政、行政,或田赋等门类。有关这些纠纷的档案记录包括村民们的状词和辩状,以及乡村首领的禀文。因此,这些档案能使我们洞悉县衙怎样处理这些纠纷,以及乡村社群如何进行调解。我们借此也能够深入考察乡村治理实际运作情况:诸如乡村代理人的选举、乡村代理人与地方社群和县衙门的关系、契税征收、未升科黑地的调查、粮银过割、乡村政权和地方兴学情况,等等。

在此项研究中,我还参阅了其他资料,包括帝制、民国时期及当代的方志,各级政协近几十年出版的《文史资料》和地方史回忆录,还有 1930 年代的政府统计数字和学者们的论文。值得一提的是日本"满铁"研究者的田野调查,其中包括获鹿县的两个村庄(马村和东焦村)的耕作条件的资料(北支经济调查所,1940;华北综合调查研究所,1944)。尽管这两个调查报告未涉及乡村的社会和政治制度,但它们对劳力的使用、种植方式、土地产量、农民经济的详细记录恰好弥补了我所使用的档案材料的欠缺。

乡村治理

乡村自主和国家支配

对于传统的帝制中国的乡村—国家关系，有两种截然不同的解释路径。一种认为，皇权时代的国家是一个专制政权，通过强加的农村组织，有能力将权力渗透到乡村的每一个角落，如通过保甲组织使邻里互望，通过里甲组织来编审人丁和征收赋税(详见第二章)。据称，这些设计使得国家可借助乡村的代理人把权威施加于地方社会。国家将农村生活的方方面面置于自己的监管之下，成功地阻止了任何形式的地方自主或自治的成长。①

另一种观点则认为，自主的村社对政府起着抗衡的作用。这种认为20世纪早期中国社会存在自治的观点在西方学界和中国学者的作品中相当流行。例如，韦伯在分析中国的社会组织时，始终强调村社的自主性及其与世袭君主之间的紧张关系。根据韦伯的解释，中国乡村的此种自主性和内聚性，源于地方自治组织。这些组织承担着诸如修路、河道疏浚、地方防卫、犯罪控制、办学、丧葬等职责。同样重要的是村社生活中的宗族组织，尤其是族长的

---

① 参阅Hsiao,1960;Ch'ü,1962;Fu,1993以及Andrew and Rapp,2000。支持"亚细亚生产方式"的中国历史学家，倾向把传统的中国政权描绘成一种专制政体，本质上是停滞的亚洲社会(吴泽,1993;顾准,1982;罗银胜,1999)。较为正统的马克思主义历史学家则把中国国家政权描绘成一个中央集权的官僚体制，对在中国"封建"社会晚期出现的"民主"思想怀有敌意(侯外庐,1979;胡如雷,1979)。

权力和宗祠的中心地位。正是这种基于对祖先膜拜的宗族凝聚力,"抵制着世袭君主行政体系的无情入侵",并导致自上而下的世袭君主统治与自下而上的宗族强大反制力之间持久的冲突(Weber,1951[1922]:86—87)。

尽管这两派对地方治理的解读截然相反,但他们的理论前提是共同的,即以为国家和社会二元对立,因此对于地方治理的理解,要么强调国家权力的广泛影响,要么声言地方自治起主导作用。在一定程度上,这种国家控制与地方自治二元对立的范式可归因于这样的事实:早期研究者对地方自治的研究,主要是建立在传统史料之上的,这些资料主要有官方文献、方志和私人著述。正如萧公权抱怨的那样,这些材料缺点很多,多含"官僚文人的偏执、虚伪、粗心,或大而化之",因而仅仅反映了政府或士绅的立场(Hsiao,1960:vi—viii)。难怪我们经常从这些作品里面发现国家控制的理想图景和充满缺陷的反理想同时存在。

而且,由于缺少可靠的实证研究,学者们仅能依据一时流行并吸引他们的理论建构,来审视和解读不同形式的乡村治理。正是县以下的正式官僚机构的欠缺,以及地方社会自治机构的普遍存在,促使学者们把这些机构当作对抗专制国家的自治形式。同样地,当1950及1960年代"东方专制主义"方兴未艾之时(例如Wittfogel,1957),学者们倾向认为中国的国家权力是专制的并且无所不在,把保甲及其变体仅仅视作国家控制的工具,与自主及自治无涉(Hsiao,1960;Ch'ü,1962;Balazs,1964;Watt,1972;Fu,1993)。

对这种范式的不满促使学者们致力于构筑切实可行的理论,以理解帝制中国的乡村与国家之间的复杂关系。晚近的研究发现,国家和乡村之间持久的紧张和冲突并没有排斥它们在地方管理方面的互相依赖。① 例如,清代在解决民间纠纷的时候,许多问题的解决,既不是依赖社群的非正式方法和亲属的调解,也并非依赖正式的法庭的裁决,而是借助民事纠纷处理的"第三领域"来解决。在此领域中,正式的和非正式的制度共同参与并相互影响(P. Huang,1993b)。又如,在县衙门的日常运转中,外表看上去"正规的"县衙门,却雇用了大量非正式的或者说是非法的吏役,他们不受国家法令的约束。他们一方面充当国家的代理人,另一方面也是一个植根于地方社群的职业集团,充当国家与社会之间的中介角色(Reed,2000)。再如,18 世纪中国的模范官僚陈宏谋认为,卓有成效的管理是建立在社群的自治和国家的高度控制之上的;在治理的实际运作中,地方的主动精神和国家的积极作为是互为补充的而非互不相容的(Rowe,2001)。

总之,这些新近的研究为我们探究更为动态和复杂的乡村和国家的关系指出了一个新方向。在地方管理的早期研究中盛行的国家支配和地方自主的二分法,在解释乡村治理的复杂性方面有其不足之处;我们需要一个基于可靠的、实证研究的可行概念框

---

① 早在 1970 年代,孔飞力就指出了这种可能性。他注意到,为了产生令人满意的效果,帝国的管理者趋向以地方社会组织为基础,来实现控制。正如事实所示,保甲组织通常以自然村为单位,而不是如国家设计的那样以 100 户为单位。孔飞力指出,地方本土社会组织的使用,导致了县以下管理体制特有的模糊不清。在这个体制内部,控制和自治这两个原则并不能完全分开。然而,由于没有可靠的证据支撑这个假设,孔飞力很快又指出,从清代官僚和文人的思想中,可以发现国家控制和地方自治互为支撑的观念。但事实上,这种情况根本没有起作用。其主要原因在于官僚体系明显的弱点,如回避制度,这种制度难以激起县官对提高地方社会福利的兴趣(Kuhn,1975)。

架。为达此目的,本研究把注意力从上述若干新近研究所关注的县和县级以上官僚及其下属活动,转向村社的治理过程。

获鹿乡村的治理实践

19世纪晚期20世纪早期的获鹿乡村,既没采用清初由官方施行的保甲和里甲体制,也没采用为官府所禁止的非法的制度安排。在地方村社中盛行的,是一种村民内部的自愿合作,乡民承担了本该由保甲和里甲人员承担的管理职责。在这种合作中,关键的一个职位是乡地。他是县衙与当地村落之间的一个中间人,由村民每年轮流充任,承担各种各样由知县委派的任务。例如,他要向县官报告当地的治安情况、帮助衙役拘捕罪犯、把纠纷双方传唤到庭。他也负责发放地契,催促缴纳契税,调查白契和黑地;征收捐税和提供各种差役也是他的分内之事。正如第二章所示,乡地起了和先前保甲制的代理人同样的作用。

然而,乡地不只是一个国家代理人。他同时也为村民服务,并且在县衙门面前代表其所在村落。这在征收田赋的各项活动中表现得特别明显。与正规的税收体制下村民们亲赴县衙自封投柜不同,在征税的时候,获鹿县及邻县一个共同的做法,是由乡地用村中公款或自行借贷先为村社成员垫缴赋银,然后再向每个花户收回垫款。乡民们也乐享其成,因为乡地的集体纳税与他们单个纳税相比,既节省了时间,又避免了个人纳税的旅差费。而且,它也排斥了官方税制下督催赋税的蠹役对地方村社的入侵,并防止经征人员借机向纳税人敲诈勒索,而这种情况在华北其他地方并不鲜见。

　　获鹿县级以下的治理的显著特点，就是各种各样的村社成员间的合作性安排。理解地方治理中合作盛行的关键，在于这样的事实，即这里大多数村落是自耕农占优势的、凝聚力很强的社群。由于生态环境稳定，没有频仍的自然灾害，背井离乡的村民很少。乡民们在长时间中形成了紧密的血缘网络和强烈的社群认同感。在村规和共同准则的支撑之下，村民们在惠及所有成员的村社事务中互相合作。这种合作当然不只限于获鹿县的乡村和冀中南的其他县。类似的合作也存在于其他地区，如长江下游、东南沿海具有相似的生态条件、财产关系和社会网络的一些地方。

实体治理

　　本书对地方行政治理纠纷的考察将显示，当乡村制度能够保证赋税按时足额交纳和维持社会稳定时，知县很少干预它的具体运作。只有当破坏这些制度正常运行的纠纷出现，且村社自身不能予以调解时，县官才会介入。在这些场合，县官仅仅充当仲裁人的角色。事实上，这种不干预的方式不只限于获鹿县，而是一种广泛存在于帝制时期和民国初年的标准的地方治理方法，尽管地方村社和政府之间的互动方式多种多样。我们在获鹿县的个案中所看到的，则是一幅县官怎样处理乡村日常事务以及地方安排如何运转以使国家和村社受惠的具体画面。

　　从统治者的角度看，国家把各项任务委诸地方村社并提倡乡村合作,有两个明显的优点。首先,这种做法能使他们从处理单个乡民自封投柜和乡村治安这些俗务中解脱出来,同时也节省雇用从事此项工作的编外人员的费用。其次,也是更为重要的一点,它减少了行政活动中的非法行径。整个帝制时期,在统治精英中间有一个根深蒂固的观念,那就是衙门吏役参与地方事务,必然会导致不端行为。因为这些自私自利、薪水较低的吏役往往会从事不法勾当,牺牲地方民众的利益以自肥。如果让村社自己承担这些职责的话,这些问题就会迎刃而解,因为这些村庄代理人往往受社群监督;即使他们有滥用职权的行为,也会在社群内部得以解决。

因此,历代统治者均乐意减少对地方治理的行政干预,并且鼓励村民们通过自愿合作完成对国家的应尽义务。只要地方村社的非正式制度在满足国家的征税和地方治安方面被证明是行之有效的,国家也不愿意把它的统治势力延伸到县级以下;相反,它允许地方村社及其代理人承担政府管理职责。获鹿乡村的各种互助性安排,与国家所提倡的自愿合作的限度正相契合。

在这项研究中,我使用"实体治理"这一术语来刻画乡村治理中国家的不干预、放任主义导向和县级以下地方行政中非正式做法的流行。这个术语强调政府目标与地方非官方制度安排的融合,并以此与长期盛行于县级以上的正式的、中央集权的官僚体制区别开来。与正规化的行政体制对非正式因素和非标准做法不切实际的排斥有所不同,实体治理是指这样一个领域:在这里,国家和社群共同参与,官方职能与地方制度安排交织在一起。[①] 在此一领域内,国家的首要目标是在不危及地方稳定的前提下,确保社会治安的维持和国家的财政需求得以满足。只要能够满足这些要求,国家并无必要去干涉地方治理的运作。相反,为达此目的,在地方的内生性制度不危及国家利益的时候,国家向地方社群开放这一领域并鼓励它们参与。同样,地方社会也发现,这种互相合作的自治制度对它也有益处,因为可以用来与官府打交道,并且最大限度地减少政府的有害侵入。因此,我们发现国家和乡村社会双方的利益在"实体治理"方面出现一定程度的耦合。然而,这个领域有别于各种地方管理中的非法做法,这些做法蚕食了国家的特权,因此遭到官方永无休止的攻击和限制;它也有别于各种形式的地方"自主",这些"自主"把国家的影响排除于社群之外。

中国农民

最近几十年,有关中国农民研究的著述纷纷涌现,讨论的范围涉及诸如自给自足的农家经济、农民卷入国内和国际市场、农民的

[①] 韦伯对中国法律制度的解释,使我联想到"实体治理"这一概念。韦伯认为,帝制时代的管理体制基本上是反对形式主义的,并具有家长制的特点。在这一体制之下,统治者倾向寻求"非正式的调判而不是诉诸正式的法律"(Weber, 1951 [1922]:101—102)。韦伯的断言对皇权时代的正规官僚系统并不适用。正如我们所了解的,县级民间裁决的实际运行,也大体上基于法律规则,而非独断专行(P. Huang,1996)。然而,统治者并没有具体规定县级以下的管理规则。地方管理基本上依赖的是惯例,或者是统治者和地方社会的主动精神。结果,在整个帝制时代和民国早期,地方治理大多是非正式的,而不是正式的。

社会流动和流离失所,以及他们在近代参与反抗和革命活动等问题。然而,农民在村社中的日常生活情况仍然模糊不清;对于他们在村社准则和价值观与个人利益,以及权力关系相互交织的场境中求得生存的策略,更是茫然。以往对帝制时期和民国时期乡村政治的研究,基本上集中于精英阶层,包括士绅、族长,或内生的乡村组织领袖,而非普通乡民。

本研究将焦点由统治者转向被统治者。我对农民行为的描述,主要基于获鹿乡村大量的行政纠纷案例,这些纠纷主要牵涉两类问题。一类跟田赋及附加税的征收和缴纳、中间人的佣金、学堂的捐助和学费有关。另一类有关选举和任命村民担任地方职务。这些案件使我们能洞察各种合作性安排、管理制度、宗族组织和权力关系的运行。当然还有一些村社生活中不太明显的方面,如社群准则、价值和信仰。这些方面为我们揭开了农民世界的神秘面纱,在这个世界中,村民们在制度安排的基础上互相合作、共同承担责任;与此同时,在面对竞争和利益冲突时,他们又互相对抗,甚至是互相攻击。

道义责任和自利

农民的社会行为可被视作他们对自身利益的追求与对社群的规范和惯例的道义遵从的结合。在形塑村民参与社群活动的策略方面,本书认为无论是个人利益的理性算计,还是村社准则的约束,都起到重要的作用。当我们着眼于管理和自治活动中的合作性惯行和村规实际运作的时候,这一点尤为明显。

对当地村民来说相当熟稔的诸如"村规""乡规""旧规"在地方社群世代相沿,并且在不同的地区内容千差万别。这反映了在农民社会中,社会纽带、利益模式和权力结构的多样化。尽管这些规范为村社成员所接受,但是它们通常缺乏法律文本。只有纠纷出现的时候,这些规范才得以彰显,并引起官府的注意。的确,我们主要是通过村民们的诉状和禀状来了解这些惯例的具体内容的。

在处理行政纠纷的时候,这些惯例的核心地位显露无遗。例如,当发起诉讼时,非常典型的做法是,原告一般从对相关村规的陈述开始,接着谴责对手破坏了村规。县官对这类讼案的最初反应,就是指示村社的领袖(通常是村正)依照地方惯例来调解纠纷。如果调解成功了,村正就会回禀,说已按村规平息此事。如果纠纷最终发展为对簿公堂,县官也必然会依照村规做出裁决。① 我还没发现村民公然挑战村规的纠纷;相反,他们一致承认村规在社群生活中的核心地位。当纠纷出现时,通常不是村规自身的问题,而是村民们是否具备依照村规充当乡地和其他职位的资格。在1910和1920年代,这些惯例基本上仍是有效的。

村规对我们分析农民社会至关重要,因为它不仅指导村社的经济活动和社会交换,而且反映了社群成员共享的规范和彼此之间的义务。这些规范有其共同之处。它们有两个基本的原则特别

---

① 显然,解决行政案件的依据,与普通的民事案件有很大的不同。对于民事纠纷,县官主要依照法律条文来处理,而当村社的调停者做出裁决时,他们通常会将国家的法律、是非对错观及地方权力关系纳入考虑范围(P. Huang,1996;第三章和第四章)。然而,行政案件的解决,是村规而不是法律在起作用。

18

明显:互惠和生存权。获鹿县大多数村规规定,乡地有为其乡亲代垫税银的义务;作为回报,村民们必须在指定时日内向乡地偿还其应纳之税款。同样地,根据村规,乡地承担所有与缴税有关的费用,村民则须请乡地做中抽佣来作为补偿。在大多数社群,乡规亦将充任乡地和个人土地数量及赋税额联系起来。拥有的土地数量越多,担任乡地的年数就越多。拥有土地数量低于担任一年乡地所需最低田亩的花户,则可免除这种责任。很明显,这是因为他们无法提供履行乡地职责所需费用。这种安排使我们想起斯科特在对东南亚的农民社会进行剖析时使用的"生存伦理"一词。根据此一伦理,只要在村民掌控的资源所许可的范围内,所有村民都有权要求确保最低的生存条件。作为一个道义准则,它使农民们能够创造和维持一种惯例。这种惯例可确保最贫困的农民通过对境况较好的农民的某种需索而渡过危机。斯科特认为,在经济危机期间,这种生存的权利使产品得以重新分配,因而起到"缓冲器"的作用(Scott,1976:40—41)。

然而,获鹿县的村民并不总是遵从社群的准则和惯例;他们也有自私自利、精于算计的一面。他们会考虑所有与自身利益密切相关的因素,无论是象征性的还是实质性的,评估所有可行的行动路径,然后再选择最能达到个人目的的策略。因此,村民们一方面会互相合作,共谋依靠个人力量无法得到的集体利益,并且接受在正常情况下能够有助于达到个人目的的村社集体安排;另一方面他们也会随着环境改变而做出不同的选择。例如,当充任乡地有利可图时,村民会争先恐后地获得它;当提供这种服务变得难以承受时,他们会试图运用各种借口加以规避。我对纳税纠纷的考察也证明,在村规存在并规定村民们彼此义务的地方,村民多能及时偿付乡地为其所垫税款。在缺乏此类合作安排的地方,纠纷频频发生。当收税人来自社群之外时,纳税人感到对外来者和其他社群没有任何道义责任,很可能消极纳税。因此,村民的行为在不同环境下有所变化;他们可能同时是受社区规范约束的讲道义的社群成员,以及追求自身物质利益最大化的自利个体。尽管道义经济理论和理性抉择理论表面上看起来有矛盾之处,两者在一定程度上还是适用于分析晚清和民国时期的乡村政治,但是它们均无法充分地解释农民行为的复杂性。①

解读农民行为

为解读农民的行为模式,本研究考虑两类影响农民参与集体事件的因素。一个是村社的社会环境,包含一系列制度,其范围相当广泛,从血缘纽带、权力结构、财产关系到明确而具体的惯例和隐性的规范、价值和原则。在这一系列制度中,最为重要的无疑是村规至上的信条。总之,这些制度体现了村民"持久的倾向"(durable dispositions),或者借用布迪厄的话说是"惯习"(habitus),这种惯习塑造了他们的视角和态度,使他们的动机和行为易于为社群的所有成员所理解(Bourdieu,1976;1977:72,80)。另一个是

---

① 除了斯科特(Scott,1976),大量的研究者使用了道义经济的研究路径(例见 Polanyi,1957;Thompson,1963,1971;Wolf,1969;Taylor,1976,1982)。对理性选择理论有所阐述的,则有 Downs,1957;Schultz,1964;Olson,1965;Popkin,1979;Hechter,1983,1987,1990。为了解中国农民而对这两种观点的含义进行全面讨论的,有 Little,1989,1998。

个人当时所面临的特定状况,这种状况会随时改变,并因人而异。例如,在一种情况下,出任村长(村正)或学董可能是一种荣耀和获利的机会,在另一种情况下,就可能成为一种出力不讨好的负担。又如,在正常的年景下,一个中等之家可以承受乡地服务所带来的负担;然而,如果厄运袭来的话,继续充当乡地可能给家庭带来灾难。因此,能够解释个人策略的可能性和局限性的,不仅是植根于村社的共享规范和习惯,而且是个人所思考和行动的特定环境。①

正是在这种场境中,普通村民和精英的行动才可能恰如其分地得到解释。在正常的情况下,村民们选择遵从村规,是因为遵从这种安排对维护其在村社的社会地位和经济稳定是很必要的。一个人如未能履行乡规规定的义务,就有可能陷入被人谴责和孤立的境地,也可能被拒绝享有社群共同创造的好处。由此可见,承担个人的应尽职责,本身就是确保个人在乡村生存的最重要的手段。诚然,对于一个乡民而言,无视社区惯例,故意逃避责任或谋取一个有利可图的职位,这种情况也并非罕见。然而,欲如此作为,他也不得不以奉行和捍卫村规这样的动听语言来为自己的行为辩护,并且也不得不把他的不法行为限定在最小限度地损害其地位的程度。在这种情况之下,公开否定应尽之义务和公然破坏社群制度的情况鲜有发生。

村社中权势人物的情况也可以说大致相同。生活在一个包含

---

① 布迪厄因而指出:"……实践既不能直接从界定为表面看似乎径直引发其形成的共同刺激的客观环境中推导出来,也不能从导致其产生持续原则的环境中推导出来。要理解这些实践,首先要考虑种种客观结构,正是这些客观结构界定了惯习赖以产生的社会条件,同时还要考虑惯习赖以运作的种种条件,也就是代表了特定的结构状态而又缺乏急剧变革的那种场合。"(Bourdieu,1977:78)

多种形式的庇护—依托关系的社会网络里,那些有手段的和有影响的人,总能够滥用自己的权力;他们总是以牺牲他人的利益来保护受其庇护者。不过,作为村社领袖,他们的地位主要是建立在名声和村社成员的信任基础之上的。因此,权势人物受制于同样的村社规范,以及乡民们以谣言、流言蜚语、嘲笑甚至是公开谴责等形式呈现的非正式约束。因为担心名声扫地,他们不可能厚颜无耻地滥用自己的影响和公开破坏惯例。恰恰相反,这些头面人物不得不在事实上,或至少假装支持公认的规范和惯例,以维护他们自己的声望。对维护他们在社群中的地位来说,声望是不可或缺的。

显然,单单是遵从社群准则的道义责任,或者是私利的理性算计,都不能解释农民的行为和乡村的凝聚性。对大多数村民而言,遵守惯例应该被视为维持其生计的最佳策略,而不仅仅是村社准则和价值内在化的结果。然而,与高度发达的市场经济条件下追求个人目标和效用最大化的理性经济人有所不同,在前资本主义时代,村社中的个人不得不考虑社区规范的约束,以及与特定团体相联的义务。毕竟,获鹿乡村是这样的社会空间:那里的外加制度和内在准则与各种约束交织在一起,以激励且又制约行动者追求个人财富和共同目标的活动。正是共享的集团准则和个人环境的互动,形塑着乡民们生产和再生产物质资本和象征资本的策略。如果不在此种场景中加以解读,我们便无法充分地解读中国农民和他们多变的策略。①

---

① 为了摆脱以效用最大化为特征的狭义经济理性概念,最近的理论尝试提出一些有洞察力的框架,去解释人类的行为方式和持久的社会安排。这些理论中最引人注目的是"语境制约理性"(Nee,1988:10—11)和"扩大的实践理性"(Little,1998:92—94)。

乡村的国家政权建设

1900 年以后,为促进经济、教育和行政的现代化,国家开始推行新政,导致华北乡村经历了许多制度性变迁。大体上,我们可以确定华北乡村的变迁经历了两个不同的阶段。第一个阶段是晚清和民国早期,自 1904 年至 1927 年。此阶段最重要的变化是实行地方自治,特别是村正(或村长)职位的设置和新式学堂在许多村落的创办。第二个阶段是 1920 年代晚期至 1930 年代早期。在此一时期,国民党政府进一步采取措施,把势力渗透到农村,主要是建立正式的区政府,并把村政权重组为乡。由于行政机构扩展到县以下,管理费用随之增多。因此,国家增加附加税以解决燃眉之急,从而导致田赋负担的上升。

关于乡村国家政权建设的三种观点

近来有关 20 世纪早期中国乡村国家政权建设的研究,识别出三种政治变迁模式。第一种强调由于国家渗透的压力加大,传统村社趋于解体,其最明显的表征是那些曾为地方利益代言的精英分子退出了乡村政权。当赋税负担增加以后,这些乡村领袖不愿冒着与乡民们疏远的风险,从事出力不讨好的收税职责,许多人因此辞职,从而留下权力真空,让"村棍""恶霸"之流来填补。据称,此一现象在 1920 及 1930 年代的华北地区变得相当普遍(P.

23

Huang，1985：264—274，289—291；Duara，1988：159—160，181，252）。然而,传统的乡村领导阶层的瓦解,主要发生在易遭天灾、社群关系脆弱的地区。在凝聚力较强、血缘组织稳固、精英领导得力的乡村,一种村社"封闭"模式占据优势。为了抵制官僚体系的入侵和急剧增加的田赋负担,这些地方精英把村社组织成"村社联合阵线"（P. Huang，1985：259—264）。在国家和乡村的紧张关系加剧之时,他们率领乡民武装抵抗官府。这种抵抗时常导致整个村庄的参与(参见 Perry，1980：163—207；Prazniak，1999：45—91）。

上述两种观点均突出了 20 世纪早期国家政权建设的失败及其对农村的破坏性影响。第三种观点有所不同,它强调国家控制农村政治经济活动的能力在日益增长。彭慕兰对河北、河南、山东交界地带的研究,把政府描绘成不仅是"一个较为成功的榨取者",而且是"较为成功的赐予者",因为它能够提供和改善乡村社会的治安、公共卫生和其他关键性的服务;因此,作为这些地方国家政权建设的结果,国家和社会双方的力量都得到加强（Pomeranz，1993：272）。曼素恩对 20 世纪早期厘金征收中的包收制的研究,则注意到在国家政权建设中国家和社会互相妥协的诸侧面。她不愿把这些税收中的牟利行为视为国家势力无力渗入农村的迹象,而是将其视作"有用的妥协",认为有助于国家政权建设,这在所有社会的历史上均是如此;对中国现代国家的建设者而言,这是"通往成功之路的必要步骤"。总之,此一路径的支持者认为,与欧洲近代早期的国家政权建设相比,20 世纪早期中国的国家政权建设是一个成功的过程（S. Mann，1987：6）。

必须承认,20 世纪早期中国的国家政权建设,在不同的地区,因生态和社会环境的差异而有所不同。因此,上述三种形式的国家—乡村关系都有可能在条件不同的地区同时存在。然而,这些趋势究竟怎样影响权力机构的日常运作和民众对地方领导层的感观,以往的研究并未予以阐明。而且,尽管近年来对华北乡村的研究讨论了新设行政机关的运作及其弊病,以及民众对内政不修和外部入侵的抗议,大多数著述仍把注意力要么集中于晚清"新政"的实施,要么集中于国民党时期国家权力渗透的加剧,几乎没有学者去关注1912至1927年间的乡村政治变迁。对此一时期中国政治的主流认识,仍然停留在军阀统治下政治分裂、官员腐败、社会混乱的陈旧印象上。仅就军阀之间的政治军事争夺而言,这种印象大致是正确的。然而,一旦我们把注意力由显而易见的全国性现象转向地方政治的实际运行时,一个不同于以往的、显示着种种有意义且非同寻常的变迁的图景,就会浮出水面。因此,我对1900年以后乡村政治的考察,集中于民国早期及其不同于国民党时期之处,以突显20世纪早期乡村领导层的连续性和变化。

显性的制度变化

20世纪早期获鹿县地方权力结构的一项显著变化,是地方领导层的正式化。20世纪以前,中国乡村的非正式领导人通常是那些凭自身的学识、资历、财富和社会纽带确立声望和影响之士。1900年后,地方自治的引入使得地方精英得以通过控制村政权和学堂使自己的领导地位正规化。那些活跃人物甚至把他们的影响扩展到村落之外,和市镇精英一道,在县级机构(例如议事会和参事会以及负责治安、教育和财政的各部门)拥有一席之地。

乡村领导阶层的这种变化,无疑给地方精英在当地带来更大的影响和更多扩充权势的机会。在社会约束、公共监管薄弱或欠缺的地方,他们会滥用职权。然而,在华北那些结合较为紧密、合作性制度安排仍然得以保留的村社,精英们多能与村社中的其他人打成一片,因为彼此皆属土地所有者和纳税人。他们在官府面前声称自己代表乡众,以保卫自身的利益,并在村民中间再生自己的名望。因此不难理解,村正们对村社的忠诚,往往要高于对县衙门的遵从,尽管他们是由后者正式任命的。在 1910 和 1920 年代,正是利用村正的身份,这些地方头面人物才得以动员起来,一道抵抗税捐负担的急剧增加和滥用权力现象。同样,在 1930 年代早期清查黑地的运动中,尽管黑地普遍存在、为数甚多,但各地村正作为地方利益的保护人,只是象征性地上报本村农户的零星黑地。此类事实表明,在 1920 和 1930 年代,华北核心地带的村社稳固如昔,远未濒临瓦解。在 1937 年日本全面侵华之前,获鹿县的精英领导以地方利益的代言人自居,有效地阻止了国家与乡村之间紧张关系的升级,避免了暴力反抗的出现。此一状况与生态不稳定地区形成鲜明的对比;在后者那里,村社领导退出地方政权带来政治衰败,是屡见不鲜的现象。

地方政治的另一显著变化,是国家在乡村社会彰显自我的能力日益增强。如果把民国早期与国民党时期加以比较,则此种变化显得尤为清晰。在 1910 和 1920 年代,当政府尚未将其正式权力渗透到乡村时,县知事不得不依靠地方精英(特别是城镇精英)中的活跃分子,去推行自治事业,并从乡村汲取更多资源。为了同这些城市精英保持合作关系,讲求实际的获鹿县知事时常对他们做出让步;这在精英们作为大土地所有者竭力抵制赋税增加和清查黑地时,尤为明显。这时县官的角色,通常是省府与地方精英之间的调停人,而非国家的代表。

然而,自从 1928 年国民党政权采取果断措施去削弱城镇精英的势力,并将正规官僚体制扩展到县级以下之后,上述状况便日渐减弱。新政权不仅解散了县议(参)事会这个城镇精英盘踞的大本营,而且设立了须经正规选举产生,并更加直接地对县长负责的乡政权和区公所。此外,新政权还采取激进措施,更新税收制度,从非官方代理人那里收回钱粮催收、税册更新、地契写立和调查的权力,并把它们交给新设立的区级行政机关。这些步骤意味着,国家正在逐步摆脱依赖地方非官方人员的传统管理方法。因此,从1937 年前获鹿乡村的一系列国家政权建设步骤中,我们可以发现,在国家加强对地方社会控制的同时,地方行政的正规化也导致了乡村精英领导地位的加强。

观念的更新和表述的变化

地方行政的现代化不仅带来地方领导阶层和乡村—国家关系的显著发展,而且使乡民认知日益变化的权力结构和表达自身利益的方式出现微妙而有意义的变化。例如,晚清民国时期,村级政权和初级学堂的设立,与有关"自治"的全国性话语的渗透相伴而来。新的话语强调,国家目标优先于村社及个人的目标,"现代的"全国性制度凌驾于传统地方制度之上,基于正规、法定原则的合法性取代基于非正式的道义准则的合法性。

乡村精英们欣然接受了外加制度,并视之为自肥的机会;他们热情地模仿、借用官方话语的新词语,从而为自己与官府之间的交流及他们彼此之间的言谈,披上时髦的外衣。因此,我们从有关乡村职位的纠纷中发现,过去那种依靠个人资历和名声出任村社领袖,并且对村内所有事务,事无巨细都要加以干涉的旧观念,逐渐让位于一个新的假设,即村庄领导职位应基于合法的正式选举、不同职位有不同分工的原则,并且有一定的年龄和学历要求。精英们还普遍接受了国家提倡的一些新观念。例如他们相信,新式学堂不仅在消除文盲方面比私塾更"科学",而且是一个培养现代国民、使中华民族在帝国主义侵略威胁下免于亡国灭种的关键手段。就此而言,国家政权建设不仅意味着以正式的全国性制度取代非正式的地方性制度,而且是全国性政治话语确立其在地方公开争论中的支配地位的过程。

当然,这并不意味着在20世纪早期外来观念代替和战胜了乡民们的传统信仰。恰恰相反,村民们常常从自身的价值观念出发,回应新制度的实施。当村正和学董们有可能利用外部话语来遮掩、辩护其自私自利的行为时,普通村民也通过自己熟悉的各种方式,表达他们的愤怒和不满,包括窃窃私语、暗中诅咒、传播流言,甚或公开报复。"隐藏的文本",也就是"出现在'幕后'的、使当权者无法直接观察的话语"(Scott,1990:4),它们对理解农民对国家渗透的反应同样重要。

可见,获鹿县的乡村话语常常是根植于社群内部的旧观念与借自外部的新概念的一个混合物。作为新制度的主要受益者,精英们不但能够借用官方的国家政权建设话语中的词汇去为自己的新特权辩护,而且求助于民间的价值观念,把他们在社群内部的权力合法化。同样地,普通村民在依靠传统价值观为自身的主张辩护的时候,也毫不犹豫地借用外来概念,来维护自己的利益。因此,在 20 世纪早期的乡村社会,民众对乡村权力和合法性的视角已经开始转变。

总之,为了理解 20 世纪乡村自治的变化和连续性,我们有必要把注意力由制度变迁延伸到象征性领域;在此一领域内,外加制度的话语霸权与乡民传统观念的辩护力一直处在互动之中。换言之,在 20 世纪初期的中国村社内部,内生旧制度与新体制共存,村民共享的价值、态度和观点与外来观念和国家冠冕堂皇的言辞混合在一起。在晚清和民国时期,华北核心地区的国家政权建设,既不是一种直线的发展,也不是完全的失败,而是一个渐进过程。在此过程中,国家制度和观念开始向每个村落渗透,与当地制度安排和民众观念共存,或取而代之,并且重塑了乡村士绅和普通村民的策略和观念。

第一部分
地方治理

第一章　背景

　　乡村的经济和社会制度与当地生态环境,诸如气候、地形、水源、土地产量、人口密度和居住模式等密切相关。为理解合作制度缘何存在于冀中南乡村,以及农民村社为何在帝制时代和民国早期表现出异常的稳定和团结,有必要对此一地区的自然环境及其与人类活动的关系进行考察。

　　冀中南乡村与华北平原其他地区一样,也是以自耕农为主的社会。然而,冀中南与同处华北但易受自然灾害影响且土地产量较低的边缘地区有所不同。冀中南地处山麓地带,井灌、排水系统发达,可免于自然灾害的频仍冲击。加之气候温暖,降水适度,因此,此一地区种植模式较为多样化,土地产量也很高,而这些又促进了该地区人口的增长和经济的商品化。[1] 上述有利的环境,使冀

---

[1] 今天河北中南部仍是该省的"粮仓"。这一地区只有该省 33% 的耕地,但在 1980 年代的粮食产量却达该省的 45%,经济作物产量为该省的 69%。相比而言,低地地区至少有该省 60% 的耕地,却只达到该省 25% 的粮食产量(解峰,1990:604)。

中南表现出华北大区核心地带的特征,并使之与边缘地带有所区别。

位置

河北省及整个华北平原包含着生态上不同的地区。该省除了西部和北部的山区及西北部的高原,大部分地区是平原地带,而这一平原又是更为辽阔的华北平原的一部分。华北平原可以进一步细分为三个不同的部分:太行山区以东和以南的山麓地区、沿海平原地区和二者之间的低地地区。大约有四十个县位于太行山麓以东的河北省中南部平汉铁路沿线。然而,此一地区的中心区域是石家庄市周围的二十四个县(见表 1.4 中的各县列表)。1949 年后,这些县组成了石家庄市和石家庄地区(河北人民出版社,1984:4)。中国的农学家称这一地区为"一年两收区",以区别于河北北部、东北部的"一年一收区"和河北沿海地区的"两年三收区"(《河北省志》,1993,3:435—465)。①

获鹿县位于现在的石家庄市西部,在冀中南占有特殊的位置。作为历史上著名的"旱码头",获鹿县城所在地曾经是当地市场网络的中心,连接着河北省北部、东北部及山西省的市场。1906 年南北向的平汉铁路和 1907 年东西向的石太(石家庄—太原)铁路相继筑成。这两条华北地区最重要的铁路干线交会于石家庄(当时

---

① 见表 1.4 河北东南部二十四县名单。

还是获鹿县的一个村庄，只有 150 户人家，600 多人），因此很快就把石家庄变成一个熙熙攘攘的城市，到 1940 年已有 166 700 人（徐振安，1984；梁勇，1986；杨俊科，1986；田伯伏，1997）；1949 年后，石家庄进一步成为河北省的省会和经济中心。

获鹿乡村主要为自耕农村社。该县大多数村庄的审册保存完好，计 230 余卷，时间跨度为 1706 年至 1771 年。这些审册详细记录了每一个纳税单位"户"的"丁"（成年男性）的数量及每丁的钱粮数额，同时记录了列在每丁名下的土地数量，从而使中国史学家有可能重构该地区 18 世纪的土地所有形式。学者们的研究揭示，拥有 10 亩及以上土地的自耕农和地主占总丁数的 38.2%（标准的 1 亩相当于 1/6 英亩，也就是 1/15 公顷）；无地的佃户（或雇工）占丁数的 25.5%；其余（占 36.3%）拥有 1 到 9 亩土地的丁，大致是半佃半耕户（潘喆、唐世儒，1984；参见史志宏，1984）。这样，拥有土地的丁数就占了审册上所列总数的 74.5%。应该注意到，审册中的丁不等同于户。虽然在很多场合，丁的意思等同于户（一户只有一丁），但是有些户有两三个甚至更多的丁（潘喆、唐世儒，1984）。所以，获鹿县拥有 10 亩及以上土地的户数一定多于总户数的 38.2%。

直到 20 世纪初，获鹿县以自耕农为主导的状况仍未发生变化。我们将以马村和东焦村为例加以说明，因为这两个村的土地占有情况的资料较为详细。这些资料分别来自 1939 年日本南满洲铁道株式会社（"满铁"）以及 1944 年华北综合调查研究所的研究人员。马村有 308 户，1707 人，其中 67 户为非农业户，241 户靠种地为生。马村的耕地共有 4209.8 亩，其中 3192.8 亩（75.8%）由土地所有者耕种,1017 亩(24.2%)由佃农耕种。这 241 户的构成情况为:134 户(55.6%)自耕农,总共有 2422.7 亩(57.5%)耕地,平均每户 18.1 亩;80 户(33.2%)半佃户,拥有 1532.8 亩(36.4%)土地,平均每户 19.2 亩;27 户(11.2%)佃户,租有 254.3 亩(6.0%)土地,平均每户 9.4 亩(北支经济调查所,1940:81—87)。总之,拥有土地的户数(也是理论上的纳税户),包括自耕农和半佃户,占所有耕户的 88.8%,平均每户拥有 18.5 亩土地。

东焦村在石门(石家庄)火车站以西 2.5 公里处,距离连接石门与获鹿县城的公路仅有 0.5 公里。在 1939 年石门市创建以前,东焦村一直属于获鹿县。当时新设立的石门市包括此前的石家庄市及附近地区。作为一个城郊村社,东焦村的非农业人口比例比马村高出许多,1939 年时该村 158 户土地拥有者中非农户达到 50户(31.6%)。在其余 108 个耕户中,73 户(158 户的 46.2%)为自耕农,拥有 1079 亩(60.2%)耕地,平均每户 14.8 亩。30 户是半佃户(19.0%),拥有 340.6 亩(19.0%)土地,平均每户 11.4 亩。只有5 户为佃户,拥有 17.1 亩(1.0%)土地。因而,在村中拥有不同数量土地的户数总计达到 153 户。土地零细化的现象显而易见(北支经济调查所,1940:25—28)。

关于整个获鹿县的土地占有结构,尚无可利用的详细统计数字。根据县政府的粗略估计,在 1930 年代早期,县里农村户数的67.6%即 30 000 户为自耕农,共拥有 600 000 亩耕地,平均每户 20亩。其余的 32.4%(14 410 户)是半佃户,共拥有 170 782 亩土地,平均每户 11.9 亩(《河北通志稿》,1933[1931—1937])。日本研究者的报告也显示了大致相同的数字:1933 年,44 374 耕户共拥有

770 782 亩土地,平均每户 17.4 亩(天津事务所调查课,1936:14)。

综合所有材料,我们可以这样估计,在获鹿各村中 60% 到 70% 的户数是自耕农,平均拥有 15 到 20 亩土地。此外,20% 到 30% 的户数是半佃户,平均每户大致拥有 10 亩土地。获鹿县这种以自耕农为主导的情况,与整个华北平原土地分配模式并无显著差异。在整个华北平原,农户中 62% 到 71% 为自耕农。[①]

土地利用

耕作模式

获鹿县乃至整个冀中南的地形、气候和由此决定的耕作模式,与华北大区的边缘地带,尤其是与冀东北差异很大。[②] 冀中南山麓平原的坡度从千分之一到万分之一不等。这个坡度,再加上距地表仅 2 到 10 米深的丰富地下水资源,为该地区提供了井灌的条件。由于缺少河流,该地区不适合沟渠灌溉(《河北省志》,1993,3:454—456;侯建新,2001a)。此外,该地区天气温暖,有利于大多数

[①] 国民政府的土地委员会在 1937 年估计,华北平原 71.35% 的村户为自耕农,10.95% 为半佃户,9.89% 为佃户或雇工,其余为地主(土地委员,1937:34)。孙本文在 1943 年基于不同的调查报告,注意到在华北平原(包括河北、山西、河南和山东)64% 的村户为自耕农,19% 为半佃户,其余为无地户(孙本文,1943:61)。关于华北平原土地分布的进一步讨论,参见李三谋和曹建强,2001;徐浩,1999;张佩国,1998,2000。

[②] 根据惯例,河北东北部包括平津铁路东部和北部的二十个县。各县名称见表 1.4。

农作物生长;无霜期也较长,可以采用各种轮作形式。[1]

相形之下,冀东北主要是山区,耕地稀缺,且集中于盆地和山谷,通常情况下不适宜耕种。当地谚语"八山一水一分田"形象地描绘了这一地区的特征,即十分之八是山,十分之一是水,十分之一是耕地(《河北省志》,1993,3:440)。位于燕山以南的河北省东北部山麓平原有大量可耕之地。然而与冀中南山麓地带的地下水距地表很近的情况不同,这里的地下水在地表100到150米以下。因此,在当时的技术条件下,农民无力利用这些地下水。结果,这一地区的可灌溉土地少得几乎可以忽略不计:只有1%的耕地是可灌溉土地;而在冀中南,这一比例高达35%(张心一,1933:13—18)。[2] 而且,冀东北寒冷的冬季也限制了冬作物的种植,导致低产的耕作模式。[3]

要认识这两个地区耕作模式的不同,首先让我们来考虑冬小麦。在1930年代早期,冀中南多达27%的耕地用于种植冬小麦,而在冀东北,只有10.75%的耕地种此作物。同时,中南部小麦的亩产量是146斤,比东北部高出39%(见表1.1)。如今,冀中南半

---

[1] 中南部地区的年平均气温为12.2℃至13.7℃,比东北部高2℃到6℃。一月时的温差更为明显:东南部为-4.5℃至-2.5℃,东北部为-17℃至-6℃。同样,河北中南部的无霜期长达200至220天,而在东北部只能持续100至194天(《河北省志》,1993,3:440,450,456)。

[2] 这些资料连同所有关于东北部的资料均基于该地区二十县的统计数字。关于河北东南部的数据基于环石家庄二十四县的统计数字。这些数据主要有三个来源:张心一,1933,含该省各县土地、人口和耕种的统计数字;李鸿毅,1977[1934],含土地税的数据;"满铁调查",含各村的详细资料。

[3] 关于清代华北平原不同耕种模式分布的概括探讨,见郑起东,1992和从翰香,1992。

数以上的土地都用来种植小麦,该地区小麦产量占全省的60%以上(河北人民出版社,1984:404)。冀中南广泛播种小麦并保持高产,主要得益于温暖的气候,这使小麦可以安全越冬。相反,冀东北天气严寒(一月气温低至-17℃到-6℃),因此,此地的山区无法种植小麦。虽然燕山以南的平原地区比山区稍稍温暖一点,但对小麦良好生长来说温度仍然太低。因而,冀东北的天气在很大程度上影响了产量,并限制了耕种区域。

表 1.1　1930 年代冀中南和东北部种植模式

作物	冀中南			冀东北		
	占耕地比例(%)	亩产量(斤)	折合现金(元)	占耕地比例(%)	亩产量(斤)	折合现金(元)
小麦	27.46	146	7.14	10.75	105	5.13
大麦	3.33	133	6.12	6.35	106	4.88
棉花	17.55	30	9.60	3.20	21	6.72
大豆	6.5	119	5.25	9.90	115	5.07
玉米	5.63	118	3.82	17.10	146	4.73
高粱	11.67	132	4.32	31.30	114	3.73
小米	33.21	168	8.05	18.05	111	5.32

资料来源:张心一,1933:20—40。

注释:冀中南"折合现金"栏所列作物在1931年河北省主要市场的价格(每100斤)如下:小麦4.887元;棉花(去籽)32元;大豆4.406元;玉米3.237元;高粱3.265元;小米4.786元(《河北省志》,1991:30,52)。大麦价格为每100斤4.6元(《河北通志稿》,1933[1931—1937]:1788—1853)。

由于冀中南日照充分，以及免受洪涝灾害的袭击，棉花成为该地区另一主要作物，且至今仍是如此。这一地区降水适中，年均450—500毫米，而土地的坡度又提供了很好的排水条件。相形之下，在冀东北的平原地区，棉花只能与其他作物轮种。由于排水条件较差，棉花种植要遭受降雨(每年 630—820 毫米)和水涝的严重侵害(《河北省志》，1993，3：135—137，453，456)。因此，在冀东北只有 3.2%的耕地种植棉花，亩产 21 斤，而冀中南的这一数字分别为 17.55%和 30 斤(见表 1.1)。由于有适宜的棉花种植条件，河北东南部早在明代(1368—1644)就开始种植棉花。到清代乾隆时期(1736—1795)，这里 20%到 30%的耕地都用来种植棉花。结果，无论单位产量还是纺织技术，河北省甚至超过了大多数东南沿海省份。一份方志称当地"艺棉者什八九"(解青林，1988；《河北省志》，1995，16：194)。民国时期，冀中南的棉花总产量达到全省的 70%，而且河北省的棉花产量遥遥领先于全国其他省份(河北人民出版社，1984：405)。

与冀中南小麦和棉花等高产作物占优势的状况相比，东北部地区的主要作物是高粱、玉米和小米。这三种作物占了东北部耕地的三分之二。尽管当地玉米和高粱的单位产量比小麦低(见表1.1)，但它们相对稳定的产量，能够使农民在严酷的环境中获得生存保障。这就可以理解为什么在冀东北几乎没有农民愿意冒险去种植小麦和棉花，因为二者都需要投入较高的人力和资本，也需要严格的温度和排水条件。

高产作物的广泛种植，再加上频繁的轮作，使得冀中南土地生产率高于东北部地区。①　一般而言，在 1930 年代早期，扣除各种费用（通常占毛收入的 57%）后的农业净收入，冀中南为每亩 4.7 元，冀东北则为 3.17 元。②

商品化

种植模式和土地生产率决定了商品化水平。在冀中南，棉花是一种主要经济作物，其耕种主要是为了市场而非家庭消费。这一地区的另一种主要作物冬小麦的商品化程度也很高。个人消费则靠种植小米和其他辅助作物。冀中南广泛种植棉花和小麦（占所有可耕地的 45%）。因此，该地区的农业商品化水平比冀东北高出许多。在冀东北，种植棉花和小麦的耕地分别只占 3.2% 和 10.75%，单位产量也比冀中南低三分之一。

这里值得强调的是棉花种植在冀中南农村经济商品化中所起的作用。石家庄周围的三个县——西边的获鹿、北边的正定和东

①　在河北东北部寒冷的山区，农民通常每年只耕种一种作物（高粱或玉米）。在燕山山脉以南的丘陵地区和山麓地区，耕种模式与两年三收的方式结合起来。这一轮作制有两种模式。其一，农民春播玉米，秋季收获；紧接着种小麦，来年夏季收获；在收割小麦之后种高粱，冬季收获，之后休耕，直到来年春季再种玉米。其二，农民在两年内相继种高粱（或小米）、小麦和大豆。这种两年三收方式在河北中南部更为广泛。这里农民先后种小米、小麦和大豆，或另一种选择——棉花、小米和小麦。然而，在这一地区同样盛行的耕种模式是一年两收，尤其是在石家庄地区，那里人们收获完冬小麦后立即种玉米（因此称为夏玉米），秋季收获玉米后紧接着再种小麦（《河北省志》，1995，16：133—134，273—276）。

②　关于河北中南部和东北部地区不同轮作制之下农业产量的详细探讨，参见 H. Li，2000b，第 2 章。应该注意到，除了农业收入，河北中南部的农民也从事非农业活动，可贡献总收入的近 30%（侯建新，2001b）。

南的栾城——都因其棉花的质量和数量而闻名于华北。这几个县都处于滹沱河流域,自然条件优越,温暖的天气和黏质土壤非常适合棉花生长。到 1920 年,获鹿的棉地已增至 260 000 亩,占耕地的40%;正定有 240 000 亩棉地,占耕地的 50%;栾城有 210 000 亩棉地,占耕地的 43%。棉花产量由亩产八九十斤到 100 斤不等。未去籽棉的价格为每 100 斤 12 到 15 元,而去籽棉的价格通常达到每100 斤 25 到 30 元。农民把他们生产的大部分棉花拿到当地市场出售,只保留一小部分棉花生产"土布",既自用也待售。1920 年,这三个县出售到本地和区域市场的手织棉布共计 400 000 匹。仅获鹿一县就有十六家公司从事棉花和土布贸易(白靖安,1988)。1922 年,石家庄大新棉纺厂的设立和相邻各县棉花收购站雨后春笋般的出现,进一步刺激了棉花的种植。到 1930 年,棉田面积空前扩大,占耕地的 80%。与此同时,粮田的急剧缩减使这一地区粮食的大量进口成为必然。然而,高速发展的棉花和粮食贸易在 1931年后突然中断。此时日本占领了中国的东北地区,通过征收高额的进口税和在华北市场倾销其纺织品的手段,封闭了冀中南最大的棉花市场。所以,在 1930 年代大部分土地很快由种棉转为种粮(焦受之,1987)。如表 1.1 所示,1930 年代早期,只有不到 20%的耕地仍在种植棉花。

冀中南商品化的程度,可以以获鹿县马村为例予以说明,"满铁"的调查人员对此提供了详尽的资料。马村位于获鹿县城与石家庄市之间,距连接两地的火车站仅 4 里之遥。马村在 1939 年("满铁"调查的年份)的种植模式,在该处山麓平原颇具代表性。这里的村民用 23.5%的土地种植棉花,21.3%的土地种植小麦。这两种作物商品化程度很高,90.61%的棉花和45.73%的小麦进入市场。相比之下,只有14.83%的小米和16.34%的其他杂粮在市场上出售。对农户而言,棉花是最大的经济收入来源:其62.54%的经济收入(每户总经济收入为359.17元,其中棉花为224.62元)来自棉花销售。第二大来源为小麦销售收入,占总经济收入的20.95%。因此,马村农民的经济收入中有83.49%来自棉花和小麦的种植(见表1.2)。

表1.2 1939年获鹿县马村的种植模式和商品化

作物	户均耕种面积(亩)	百分比(%)	户均产值(元)	户均销售产品(元)	占产值百分比(%)
棉花	9.5	23.5	247.89	224.62	90.61
小麦	8.6	21.3	164.57	75.25	45.73
小米	11.2	27.7	195.96	29.06	14.83
其他	11.1	27.5	185.02	30.24	16.34
总计	40.4	100.0	793.44	359.17	45.27

资料来源:北支经济调查所,1940。

马村这两种作物的产量很高,商品化程度也高,因此创造出了相当可观的超出基本生存需要的经济剩余。在这里,每户平均拥有16.78亩土地(每人3.17亩,见北支经济调查所,1940:81—85),一年所挣的毛收入为1357.76元(包括土地收入);扣除所有生产性和非生产性的支出(包括赋税和地租),每户净收入为1015.71元。在净收入中,除了699.40元用于日常家庭开销,每户还结余

316.31 元(北支经济调查所,1940:7—19)。

在冀东北,北京以北顺义县沙井村的资料也很详细。在耕种土地的人口比例和种植模式方面,沙井村在此一区域颇具代表性。这里人均拥有耕地 4.1 亩,非常接近整个冀东北的平均水平(人均3.92 亩)。沙井村的主要作物是低产的玉米和高粱,分别占总耕地的 37.45% 和 25.11%。但是只有 13.64% 的土地种植小麦,而在这里几乎不种植棉花。除了小米留存自用,所有其他作物基本上都进入市场。进入市场的产品占总产量的 32.27%,马村则为45.27%。(表 1.3)

表 1.3　1942 年顺义县沙井村的种植模式和商品化

作物	户均耕种面积(亩)	百分比(%)	户均产值(元)	户均销售产品(元)	占产值百分比(%)
玉米	10.20	37.45	218.29	41.35	18.94
高粱	6.8	25.11	96.59	51.18	52.98
豆类	1.4	4.98	119.47	52.65	44.07
小麦	3.7	13.64	59.82	21.88	36.58
小米	2.9	10.82	62.12	—	—
棉花	0.1	0.22	5.65	2.82	50.00
其他	2.1	7.78	51.24	28.00	54.65
总计	27.2	100.00	613.18	197.88	32.27

资料来源:中国农村惯行调查刊行会,2:273—291。

注释:在比较此处沙井村与表 1.2 马村时,重要的一点是要记住日本占领下的华北地区 1942 年的物价为 1939 年的 2.64 倍(贾秀岩、陆满平,1992;中国农民银行经济研究会,无日期)。

在这里,一个重要的问题是,为什么沙井村的农民要到市场上销售他们的产品。要解释这一问题,我们需要考虑农民的家庭预算。平均来说,每户土地上的毛收入为 613. 18 元,再加上其他的收入,每户总的毛收入达 840. 53 元。然而,每户的年均支出(包括耕种和生活费用)总计为 966. 58 元。这样,农户不但没有盈余,反而出现了 126. 05 元的缺口(中国农村调查刊行会,2:290—291)。与冀中南马村的耕者不同,那里种植、销售小麦和棉花是为了经济盈余的最大化,而这里的农民出售作物主要是为了支付地租和赋税以及购买生活必需品。

我在这里无意去描述冀东北和冀中南商品化的全部特征。但是通过比较这两个各自代表所在地区生态约束和种植模式的村庄,我们看到这两个地区在商品化方面的显著差异。总体上,可以有把握地说,冀东北的低比例商品作物种植,相应地导致了较低的商品化水平,而且那里的农民出售以维持生计为主的作物,也是为了满足缴纳赋税、地租和家庭生活开销的现金需要。这种商品化,无法产生满足农民基本生活需要之外的经济盈余。冀中南的实际情况则恰恰相反。那里的耕户将大部分农田用于经济作物(棉花和小麦)的种植,这使他们在维持生计之余,还能获得相当多的经济盈余。这两个地区土地产量和经济盈余的不同,是它们在人口密度和赋税负担方面差异显著的关键所在。

人口密度

在一个大区中,人口密度是核心地区与边缘地区之间最重要的差异(Skinner,1977)。在此方面,冀中南与东北部地区的差异尤为显著。一般而言,华北平原地区比山丘地区人口稠密,与那些易受洪涝和旱灾侵害的地区相比,它还具有较好的灌溉和排水系统。由于生态稳定、耕种多样化,以及土地高产等因素,冀中南成为华北人口最为稠密的地区。在冀中南平原地区,平均每平方公里有434.94人,远高于其西部山区的176.20人。获鹿县有人口276 592人,面积为476平方公里,人口密度为每平方公里581人,仅次于河北省人口最稠密的安国县,那里的人口密度为每平方公里598.15人。总体上说,冀中南的平均人口密度为每平方公里278.14人。冀东北的人口密度远低于冀中南。燕山山脉以南的平原地区平均每平方公里有308.14人,这个数字是太行山脉以东平原地区人口密度的69.89%。冀东北的山区人口分布十分稀疏,只有每平方公里133.69人,为冀中南山区人口密度的75.87%(见表1.4)。整个河北东南部的平均人口密度为每平方公里214.49人,为冀中南的77.12%。

表 1.4　1930 年河北省各县人口密度(每平方公里)

冀中南				冀东北			
平原地区		山区		平原地区		山区	
安国	598.15	井陉	158.57	宝坻	224.66	昌平	152.08
柏乡	340.50	灵城	116.91	昌黎	327.58	抚宁	140.21
定县	371.73	灵寿	174.06	丰润	285.21	怀柔	134.91
藁城	377.86	内丘	151.27	蓟县	249.51	临榆	153.60
高邑	359.84	平山	117.95	乐亭	360.19	密云	108.73
获鹿	580.77	曲阳	211.35	滦县	414.94	迁安	145.04
景县	450.47	唐县	237.71	宁河	142.60	遵化	101.29
栾城	311.93	行唐	279.32	平谷	207.52		
深泽	488.06	元氏	196.54	三河	316.92		
束鹿	481.46	赞皇	118.34	顺义	308.05		
无极	502.66			通县	362.64		
新乐	293.57			香河	418.65		
赵县	440.38			玉田	387.36		
正定	491.73						
平均	434.94		176.20		308.14		133.69

资料来源:《河北通志稿》,1933(1931—1937):2866—2871。

田赋征收

田赋负担

一块特定地块的赋税负担通常取决于其肥沃程度;土地等级越高,税率也越高(Wang,1973b:31—32)。可以预见,冀东北和冀中南地区不同的土地生产力,决定了其税率的不同。冀中南的二十四个县,产量较高,因此赋额也较高。在1930年代早期,平均每亩0.25元,或者说,耕地净收入的5.27%用来纳税。冀东北的这一数字仅为每亩0.10元,相对于耕地净收入的3.15%(李鸿毅,1977[1934]:6382—6392)。

在20世纪之初,获鹿县的田赋由两部分组成。一部分为法定的土地税(地粮),自18世纪初就一直是固定的税额(全县23 160两)。随着三项非正式费用的征收,该项税额有所提高,包括占税额3.3%的火耗,2.18%的吏役薪饷(柜书纸张饭食)和17%的行政管理津贴(办公平馀)。这三项费用全县总计每年5 200两。因而实际的土地税共计28 360两。另一部分是附加税。1915年前获鹿县唯一的附加税是所谓差徭,税额为17 700 000文铜钱,也就是4400两。此外,县衙门还向纳税人收取串票费,每份串票征收3文,大致每年共计1 000元,也就是666两(656-1-103,1913;656-

1-243,1914)。[1] 因此,1912 年以前获鹿县实际的税银共计 33 426 两,可以换算为如下两种表示方式:每亩土地 0.075 文[2],或每两赋 额 2.44 元(见表 1.5)。

对耕种可灌溉耕地的农民而言,税额占其农业毛收入的 1.07%,或是农业净收入的 2.5%。对靠旱田为生的农民而言,税额 占其农业毛收入的 2.14%,或是净收入的 5%。[3] 大体上,这个税额 与王业健的估计是一致的,他认为清朝最后二十五年的田赋"在大 部分地区和省份为土地产量的 2% 到 4% 之间"(Wang,1973b: 128)。

进入民国以后,土地税在两个时期达到了顶峰,即 1914 年到 1916 年,以及 1930 年到 1934 年,这与国家政权扩张的两次高潮相 符。第一次发生在袁世凯执政时期(1912—1916),当时他极力加 强中央政府的权力。袁世凯政府采取的一个主要措施是废除赋税 征收中传统的银两制,并代之以银元制。根据 1914 年直隶省政府 颁发的一项法令,土地税及所有非正式的土地附加税每两计征银 洋 2.3 元,这就是时人所称的正税(有时仍指地粮或田赋)(656-1- 396,1915)。但是,当时人们普遍注意到,银两兑换银元的折算率 远高于法定比率(李鸿毅,1977[1934]:6351),结果造成实际赋税

---

[1] 按照官方的折算率,一两银相当于银元 1.5 元或铜钱 4 023 文(656-1-243,1915; 656-1-1223,1920;见参考引用部分开头对所引获鹿档案中这些数字的解释)。

[2] 1913 年获鹿的总耕地面积为 669 660 亩(656-1-103,1913)。

[3] 根据 1913 年获鹿县政府对直隶省政府所做调查的答复,耕种费用(包括种子、秧 苗、肥料和饲料的成本,犁地、除草、看青、中耕及其他相关成本的花费)为水田每 亩 4 元和旱田每亩 2 元。扣除所有开销后,耕种者的净收益为水田 3 元和旱田 1.5 元(656-1-103,1913)。

负担的增加。正如获鹿县的案例所示,1914年前每两赋额及各种非正式费用总共相当于1.84元。新的体系使税务负担增加了25%。在其后的两年,政府又创设了两项新的附加税(河工捐,计每两0.23元;警察费400文,或每两0.31元),使赋税负担达到每两3.04元,比1913年数字高出49%。(见表1.5)

表1.5   1910年—1936年获鹿田赋征收率

年份	正税	差徭	河工捐	警察费	区费	建设费	教育费	自治费	民团费	军事费	总计
1910	1.84	0.60									2.44
1911	1.84	0.60									2.44
1912	1.84	0.20									2.04
1913	1.84	0.20									2.04
1914	2.30	0.20									2.50
1915	2.30	0.20	0.23								2.73
1916	2.30	0.20	0.23	0.31							3.04
1917	2.30	0.20	0.23	0.31							3.04
1918	2.30	0.20	0.23	0.31							3.04
1919	2.30	0.20	0.23	0.27							3.00
1920	2.30	0.20	0.23	0.27							3.00
1921	2.30	0.20			0.26						2.76
1922	2.30	0.20			0.26						2.76
1923	2.30	0.20			0.26						2.76
1924	2.30	0.20			0.10						2.60

续表

年份	正税	差徭	河工捐	警察费	区费	建设费	教育费	自治费	民团费	军事费	总计
1925	2.30	0.20		0.40							2.90
1926	4.60	0.20		0.40							5.20
1927	2.30	0.20		0.40						2.30	5.20
1928	2.30	0.20		0.40							2.90
1929	2.30	0.20		0.40							2.90
1930	2.30	0.20		0.40	0.450	0.25	0.15				3.75
1931	2.30	0.20		0.40	0.450	0.20	0.15	0.60			4.30
1932	2.30	0.20		0.40	0.450	0.20	0.15				3.70
1933	2.30	0.20		0.40	0.450	0.20	0.15				3.70
1934	2.30	0.20		0.40	0.345	0.20	0.15		1.06		4.655
1935	2.30	0.20		0.40	0.345	0.20	0.15		1.06		4.655
1936	2.30	0.20		0.40	0.345	0.20	0.15		1.06		4.655

资料来源:获鹿档案:656-1-426,1910—1936。

注释:除了所列正税和所有附加税,县政府还向纳税人征收回执费(串票),1933年每份回执收3文。之后,每一税种征收0.01元的回执费。

在接下来的十年(1916—1925),赋税负担相对稳定,甚至略有减少,主要是因为河工捐在1920年后停征和铜钱兑银元折算率的降低。到1924年,这一折算率跌幅巨大,以致县政府不得不用银元代替原来的铜钱征收警察费(现在估定为每两土地税0.4元)(见表1.5)。

但1926和1927年是例外,当时获鹿县经历了战乱的煎熬。起初是北方军阀之间的战争,然后是控制着北京政府的北方最大军阀(张作霖)和国民党北伐军之间的战争。自 1926 年起,军阀政府开始预征来年的正税;1927 年,又进一步征收所谓"讨赤军事特捐",仅此一项就等于土地税额,造成了百姓负担的猛增。

1927 年国民党政权建立后不久,土地税随之急剧增加。1930年到 1934 年,增加了五种附加税费,分别是区费、建设费、教育费、民团费和自治费(其中自治费仅在 1931 年征收)。获鹿县的总税费负担在 1934 年剧增至赋额每两 4.655 元,相当于普通耕地每亩征收 0.17 元。[①] 因此,一个耕种可灌溉农田的中等之家必须用其净收入的 5.67%,也就是其毛收入的 2.43% 来支付税额。对耕种旱田的农民而言,这个数字分别为 11.33% 和 4.86%。这个税率十分接近北京东北顺义县的米厂村的数字,1937 年日本占领之前,那里中农和富农用毛收入的 3% 至 5% 支付各种税额(P. Huang, 1985:280)。[②]

[①] 河北省 130 个县的平均税率为每亩 0.172 元(李鸿毅,1977[1934]:6382—6393)。注意这一税率比卜凯对整个华北平原的估计要低(他称这一地区为"小麦—高粱"区)。根据卜凯的估计,1932 年该地区的"正税"增至每英亩 0.93 元,也就是每亩 0.153 元,"附加税"(这里指各种附加的税种)为每英亩 0.75 元,也就是每亩 0.123 元(Buck,1937:324)。这样正税和附加税合计达每亩 0.276 元。然而,华北的土地税总体上要比南方低很多。例如,江苏省南部大部分县的税率在 1912 年就已高达每亩 0.60 或 0.70 元,到 1934 年升至超过 1.00 元(Bernhardt,1992:210)。

[②] 最近的研究已强调 20 世纪初中国的土地税较为适度的特性。例如,罗斯基认为,在战前(1912—1936)几十年土地税加上公共支出仅占农业产出的不到 10%,每人的税负不超过 5 到 6 元。而且,在政府的税收中,土地税只占一小部分;政府越来越多依赖的是来自工业、运输和商业的非农业税。因此他总结道,这一现象"证明了军阀无力从生产者和消费者手中强取除一小部分外更多的经济产品"(Rawski,1989:19—20;另见 Faure,1989 的类似论述)。

大体上说,那时获鹿县的土地税是民国初年的两倍还多(从1912年的每两赋额2.04元到1934年的4.655元,也就是平均每亩耕地负担0.07元到0.17元)。在整个民国时期的几十年间,正税始终保持十分稳定。实际赋税负担的增加源于附加税的创设,附加税在1912年仅占正税的11%,而到1934年已升至正税的102%。(见表1.5)

应该注意的是,虽然获鹿县的附加税(每亩0.09元)高于河北省附加税的平均水平(1934年为每亩0.077元),但是获鹿县的附加税率(与正税之比)却没有其他地区高。[①] 在1912年到1925年,附加税未超过正税的32%;1930至1933年保持在87%以下,只是在1934年以后附加税开始超过正税。

除了常规的土地税和附加税,获鹿县的纳税人还承担着非常规和临时的捐税。晚清时期,这些税目在获鹿县偶尔以派捐、皇差或者捐办积谷的名义征收(655-1-913,1882;655-1-997,1884)。

在民国年间,尤其是1920年代,最臭名昭著的当属兵差。这是一种军事捐,由过境的军队征收或国家处于战争状态时征收。除了支付一笔现金,村民们还要提供手推车、草料和劳力。根据获鹿县议会(议事会和参事会)在1928年所做的调查报告,随着军阀混战的加剧,最近数年对村民征收的兵差急剧增加;对一个村庄而

[①] 例如,陈志让写道,"军阀在长江中下游地区征收的附加税——在江苏有147种,在浙江有73种,在湖北和江西有61种。在这些省份,附加税超出正当土地税的比例,江苏为26倍,浙江为3.8倍,湖北为86倍,江西为9.5倍。这就是1934年前的事态,此时南京政府已成立五年"(J. Chen,1969:31)。其他研究也有关于民国时期过度征税的类似观点(Chen Han Seng,1933,1936;Eastman,1974;Gillin,1967;Sheridan,1966;Tawney,1932;Young,1965,1971)。

言,兵差能高达一年几百甚至几千元(656-2-1120,1928)。在一份请求蠲免部分预征赋税的呈文中,县议会声称,附加在土地税上的兵差在 1927 年已达每两 100 元,换言之,是土地税的三十四倍多(656-2-1118,1928)。但是这些费用是局限于战区内的村庄(特别是县城周围的那些村庄),并且作为例外而非常规征收的。

过去的研究已经注意到 1930 年代和 1940 年代华北某些乡村中各种特别税(摊款)的激增。当时,地方当局面临着自治事业(如警察机关、新式学校、民团和区、乡公所)日益增长的财政需求。摊款(也称"亩捐")针对整个村庄而非单个纳税人征收,而且其征收是与土地税相分离的。在一些地方,摊款甚至超过土地税,成为当地政府最大的税收来源(P. Huang,1985:第 15 章;Duara,1988:第 3 章)。

表 1.6 1931 年冀中南二十四县纳税情况

县	完税比例(税额%)
元氏	100.00
赞皇	100.00
行唐	100.00
灵寿	100.00
平山	100.00
井陉	100.00
获鹿	99.94
曲阳	99.89

续表

县	完税比例(税额%)
景县	99.53
藁城	99.52
定县	99.31
栾城	99.31
赵县	99.18
柏乡	99.16
新乐	98.86
无极	98.58
内丘	98.39
唐县	98.35
束鹿	98.09
正定	97.46
临城	97.00
高邑	96.60
深泽	95.11
安国	92.25
平均	98.61

资料来源:李鸿毅,1977[1934]:6412—6424。

然而,在获鹿县,这些捐税却是以常规的附加税形式出现,并与田赋一起征收的。它包括自1916年起征的警察费和1930年起征的其他五项费用,用以维持区公所、地方建设、教育、自治活动和民团的活动。1930 年前,获鹿县地方教育和其他机构的经费,主要来自不断增长的土地买卖和房屋交易的契税,因此没有必要创设非常规的特别税。例如,依照获鹿县 1919 年的规定,契税(售价的 6%)的三分之一用作"自治经费",5%用作"学务公益"。典推契税(售价的 2%)的 35%用于"自治经费",5%用于"学务公益"(656-1-967,1917—1919;同时参见 655-1-876,1904;655-1-884,1905)。

田赋交纳

获鹿县及整个冀中南平原二十四县在 1930 年代初期都可以几乎全额纳税。例如,在 1931 年,这二十四县平均完税率约达到 98.61%,六个县 100%完成了应纳税额(详见表 1.6)。相形之下,冀东北的赋税短缺却达其应纳税额的 40%到 50%,尽管其税额还不及冀中南各县税额的一半。随着 1932 年赋税负担的增加,这种短缺急剧扩大(见表 1.7)。因而,冀中南的实际纳税额,如果按耕地面积计算,比冀东北高出四倍多。

表 1.7　1930 年—1933 年冀中南和冀东北税额完成情况

年份	冀中南(税额%)	冀东北(税额%)
1930	96.09	55.58
1931	98.61	60.28
1932	86.95	34.32
1933	83.68	12.98

资料来源:李鸿毅,1977[1934]:6412—6424。

冀东北较低的产量和人均收入无疑是村民纳税能力有限的首要原因。该地区糊口作物(高粱和玉米)占主导,经济作物(棉花和小麦)种植有限;对纳税人而言,这种模式不可能产生足够的剩余,以完成其纳税义务。1931年,村民只能完成60.28%税额的事实充分说明,1930年代前冀东北已有的赋税负担已经威胁到农民的生存,进一步增加负担只能导致税额短缺的相应增加。相反,在冀中南,尽管1930年代早期的税务负担有明显的提高,但大部分纳税户都几乎没有困难完纳税款。经济作物的广泛种植及相对较高的农业产量,带来了每亩4.74元的净收益,比东北部各县的数字高出三分之一。这种收入可以使大部分家庭的生活超过糊口标准,并使他们能够全额完税。

但是,土地生产率并不是决定农民纳税能力的唯一因素。征税是一个涉及国家和乡村社会间频繁互动的过程。在最终决定纳税能力方面,与土地产量同样重要的因素,是国家的征税方式,以及村民自我组织以应对国家的方法。因此,下一章将转向流行于获鹿县及整个冀中南地区跟地方控制和征税相关的各项乡村制度及其功能。

第二章　农民社群中的合作与控制——乡地制

在清代和民国年间,获鹿及邻近各县的村民根据不同的社群安排,在纳税和乡村治理方面形成了一种相沿已久的合作传统。这里称之为乡地制,是因为乡地在那些活动中扮演着中心角色。本章将考察乡地制的起源、支撑乡地制运转的社会规则,以及乡地制在20世纪初的延续和变动情况。我们将会看到,冀中南的自然环境和社会环境对当地村社和国家之间的互动方式产生深刻影响。相对同质化的社会结构,再加上牢固的亲族纽带,使村民能够在乡地服务和纳税方面相互合作。同时,稳定的生态社会环境使这种合作实践能够持续数个世纪。为了在中国乡村治理这一更大的背景下理解乡地制,下文还会把获鹿县的实践跟全国的其他地区进行对比。

乡地的起源

我们知道,清初法定的纳税体制是里甲制。里甲制承袭自明代,在清初又得以重建。理想状态下的里甲制,每一百一十户编为一个里,遴选出丁数最多的十户作为里长,其余一百户再分为十甲。里长一职每年由这十个大户轮充,其职责是催促里中各户纳税,并协助官府更新丁册(Hsiao,1960:96—98;孙海泉,1994)。

然而,在冀中南,里甲制从未按官方的设计实施过。这里每个县都划分为十二个里(或社)左右(《灵寿县志》,1874,1:16;《栾城县志》,1872,2:4;《井陉县志》,1875:9)。明初获鹿县包括十四个里,到16世纪增至十八个里(《获鹿县志》,1990[1522—1566]:539—540)。有清一代,十八个里的建制毫无变化。每个里所辖的范围,由几个村庄到多达二十四个村庄不等(《获鹿县志》,1985[1876]:70)。在征税方面,里长的实际作用也与官方的规定不同。很多里长不是去催缴税款,而是从事包收活动。当时人普遍认为,这种非法行为已威胁到百姓生计,因为包收人不但可以从普通“小户”榨取额外的钱财,还能免除他们偏袒之人的税项(《井陉县志》,1730,2:14)。

1726年清政府决定将丁银合并到土地税中,并且终止了定期的丁册编审。这实际上就等于废除了里甲制,因为里甲制的基本目的就是更新丁册,便于征税。其后官方的征税方法是为人熟知的“自封投柜”制度。在官方话语中,自封投柜无论对官府还是花户都有益处，因为它能祛除任何形式的中间人，从而避免其侵吞国家税收，或者是勒索花户额外的钱财。

然而，自封投柜制的平稳运转有赖国家对乡村社会的有效控制。清初创立的地方治安组织称为保甲。官方标准的保甲制，每十户编为一牌，每十牌组成一甲，每十甲组成一保（Hsiao，1960：28；华立，1988）。废除里甲制后，国家将原先由里甲制承担的征税职责转移给保甲（罗远道，1994；孙海泉，1994）。不用说，地方的保甲实践总会偏离国家的设计，各地的实施情况也各不相同。到目前为止，对保甲制实际情况最可信的描述来自冀东北的宝坻县。黄宗智和王福明分别利用宝坻县 19 世纪的档案，发现最底层的半官方人员称为乡保，每个乡保管理约二十个村庄。二者的研究都表明，乡保由当地士绅推举，在乡村和国家之间起着缓冲作用。乡保的主要职责是督促其管辖的各户交税，并且弥补税缺（P. Huang，1985：224—231；王福明，1995：17—41）。然而，在中国的大部分地区，保甲制从未实施过。根据瞿同祖的说法，自保甲制推行以来，其在几个世纪中"基本上是无效的"并"徒具其名"，因为知县并不关心保甲制的实施和监督，"在 19 世纪，尽管皇帝和地方官员颁发了很多法令，要求执行保甲制，但这些法令很少得以实施，即使偶有实施，也几乎没有效果"（Ch'ü，1962：152）。[1]

在保甲制衰落并且国家影响微弱的地方，官方的税收体制就不可避免地会失灵或者无法足额征收赋税，从而产生各种各样的非正式惯例。由于保甲制消亡，三种不同类型的地方惯例应运

---

[1] 萧公权对保甲制也做过类似的评价（Hsiao，1960：82—83）。

而生。

第一种是包收。这种情况较为普遍,常见于国家无法靠自身力量征税和村社过于涣散而无法集体纳税的地方。包收人通常是县以下的里书或社书(社书乃跨村的半官方人员,负责记录各花户赋额的变化,并协助政府编造税册),其基本职责是记录地粮的变动情况。[①] 地方官员愿意与社书订立契约,让其去征税,原因有二:其一,在保甲制衰落的地方,县衙门很难使数以万计的花户纳税。在花户的真实姓名与其花名不一致的地方,这种情况尤为现实。其二,只有社书真正了解花户及其应缴粮银。为了减少税收拖欠,从而避免在考成中受到惩处,作为权宜之计,县官罔顾国家禁令,将本县部分或全部粮银承包出去。但是,包收人为了最大限度地获取利润,往往采取一切可用的手段榨取非法、额外的税银,例如征收附加和操控确定税额的银两与实际支付时使用铜钱的比价。这种行为对花户的危害超出了官府所为(江士杰,1944:60—66;王福明,1973:43—44;Prazniak,1980;陈振汉等,1989:281—283)。在19世纪末和20世纪初华北地区集体抗争中,包收行为通常起到催化作用(章有义,1957:695—699;Perry,1980:第5章;Prazniak,1980)。

第二种行为是包揽。这种情况盛行于大土地精英占据主导地位的地区,如长江下游。在帝制时期,作为功名拥有者的乡绅精英不纳丁银和其他劳役。换言之,相对于拥有同等数量土地或交纳同等粮银的普通花户,他们拥有少交税的特权。没有特权的人总

---

① 18世纪初里甲制废除后,这些里长人员仍然存在,并继续承担着原先的记录粮银变动和更新税册的职能。其中有些人不顾政府禁令继续从事包收行为。

想减少或逃避其纳税义务,乡绅则承担这些人的税负,以此获得可观的非法收益。由于受损的是国家而非花户,所以官府历来反对"劣绅"介入此类行为(Hsiao,1960;王福明,1973;西村元照,1976;山本英史,1977;Bernhardt,1992)。然而在华北地区,乡绅地主的数量较少,其作用也远小于高度分化的南方地区,因此他们从事非法包揽的活动远没有南方普遍。

保甲制衰落后还出现了第三种惯例,即在村社中选一人代表所有花户到官府递解粮银。在大多数成员都是小土地所有者且应缴税额都是畸零小数的村社,个人自行到县衙交税既不方便也不经济。因此取而代之的是,单一的代表承担了保甲在征税中的代理职责,甚至还履行了保甲的治安职能。

这也许就是冀中南平原各村出现的情况。获鹿县的档案大部分出自晚清和民国时期,没有提供乡地制起源的具体细节,但我的确从冀中南各县 19 世纪的县志中找到一些线索(《直隶定州志》,1849,7:52—56;《井陉县志》,1875,9;《灵寿县志》,1874,1:17;《栾城县志》,1872,2:4;《柏乡县志》,1932,2:73)。据《井陉县志》(井陉位于获鹿以西)记载:

> 雍正四年,人丁摊入地亩,革去里长,令花户自封投柜……然富者粮多,自封投柜尚可。贫民之银,几钱几分不等。自封投柜,究有未便。故各村择公正殷实之人,设一乡长,花户不论何社,皆乡长一人催收粮银,到柜分社投纳。上下有益无弊,今从之(《井陉县志》,1875,9)。

这段文字揭示了有关乡地(或乡长)的三个事实。① 第一,1726年废除里长制后,花户自谋乡地制以适应官方的自封投柜制。第二,由于省去亲赴粮柜交税之劳,这种合作体制使所有花户受益。第三,乡地存在于乡村一级,而不是像19世纪宝坻县的乡保那样存在于跨村层级。在19世纪末和20世纪初,获鹿县约有200个村庄。② 大约三分之二的村庄只设一名乡地,其余三分之一的村庄再进一步细分为若干牌,每个牌设一名乡地。③ 在这一时期,获鹿县村级和村级以下的乡地共500人左右,到1931年废除乡地制时达到峰值514人(656-3-431,1931)。

在征税方面,获鹿有两类乡地。第一种是催粮乡地,负责催督其辖下的花户按时赴柜交税。如花户不能在最后期限内足额完税,乡地则必须为其垫付余款,否则将会面临处罚,通常是扣押于县衙(656-1-392,1915;656-1-419,1915)。乡地交完欠款后,凭粮串要求各欠款户还钱(655-1-997,1884;656-1-419,1915;656-

---

① 在获鹿县的一些地方,乡地也被称为"乡长"。事实上,正如一些有关乡地充任纠纷的档案记录显示,这两个名称可以互换,也可能指的是同一个人。"乡长"一词常出现在村民的状词中,乡地则出现于官方文献中。

② 根据1876编纂的《获鹿县志》,晚清时期该县有197个村庄。在县志编纂之时,该县的总人口为176 741人。如果每户平均有4. 86个成员(江太新,1991),那么该县会有36 366户人家。这样,每村平均约为184户,897人。然而,实际上一个自然村的规模由数十户到700多户不等。由于行政区划的变更,到1920年代后期,获鹿县的村庄数量增至211个,分八个警区。根据1929年国民政府公布的县组织法,这些村庄又进一步组建为182个乡。乡以上是八个区(河北省民政厅,1933)。

③ 一个村庄中牌的数量为两个到十四个,平均为四或五个。每牌由20到50户组成。在户数较多的村庄,牌再细分为更小的单位。我所发现的最大村庄是山下尹村,有700多户人家,由十一个牌组成(656-1-1065,1918;656-2-967,1927)。

1-1091,1919)。①

　　另一种是垫款乡地,获鹿大部分乡地是垫款乡地。根据当地的安排,垫款乡地必须垫付所有花户的正税和杂税。很多村社设有专作乡地垫款之用的基金,或者把公地用于出租以帮助筹集垫款。乡地基金的数额在30 000文至40 000文(20到30元)。② 公地面积在10亩左右(656-1-1216,1920),这种规模的土地获得的租金,接近乡地基金的数量。③ 但是,乡地基金或者从公地中收到的租金,只能缓解乡地的负担,绝不会达到垫款的数额。④ 在没有特别基金或没有公地的地方,乡地只能向当地高利贷主借钱,并且自己支付借款利息(656-1-1232,1922)。年终,当乡地准备将其工作转交给继任者时,他会请村中一位识字者,通常是教师,帮他结算各户所欠之数,以便收回垫款(656-2-406,1924;656-2-1120,1928;656-3-57,1929;656-3-434,1931)。获鹿知事在1921年这样描写这一习俗:"获邑各村庄,完纳粮银,多系乡长先为借钱完纳,与花户散串,敛钱归垫。"(656-1-1232,1922)

---

① 一份1927年分别来自不同村庄(南辛庄村、段庄村和谷家峪村)的三名乡地的联名述词最能说明这一纳税方面的安排。"身等各村庄,花户自行柜完纳,各完各名,乡地只负鸣锣催完之责。历来如是,毫不紊乱。"(656-2-992,1927)

② 姚栗村的乡地基金为40 000文(656-1-1099,1919),徐家庄村为30 900文(656-2-814,1926),南故城村为30 000多文(656-2-27,1921)。银元兑铜钱的折算率在1921年为1∶1500,在1926年为1∶3881。

③ 在1910年代和1920年代,获鹿县的地租在每亩3000文至4000文之间(656-1-1099,1919)。如果这些保留地的租金平均为3500文,那么南庄村的乡地可获得35 000文的租金,跟其他村庄的乡地基金差不多。

④ 以徐家庄为例,虽然该村有30 900文的公款,但现任乡地在1925年的垫款数额总计为101 651文,至少比这笔基金多三倍。

　　这种合作惯例有双重的优势。首先,乡地的垫款使所有花户受益,他们免去了亲赴征税点(通常位于县城)的劳顿之苦,而且避免了包收人从事非法包收交易的勒索。但是,乡地自己不能从垫付税款中获益,因为其行为受到同乡村民的密切监督,他们熟知彼此的土地数量和粮银。乡地垫款和花户还款的数额确切地呈现在税册(红册或红簿,在征税季到来前送至乡地手中)之上。在一般情况下,乡地无法向花户多收税款,也不能私吞任何钱财(见第四章)。实际上,充当乡地通常是一种费力不讨好的负担,虽然乡地可以作为中间人抽佣,以弥补其因垫付税款而遭受的损失。

　　乡地制也使国家受益,因为对衙门而言,通过其代理人乡地处理整村或村以下邻里的事务,要比直接与单个花户打交道方便得多。因此,这种惯例得到县衙门的认可和实际上的保护便不足为怪,尽管这背离了要求花户亲自赴柜交税的法令。下面这个案例足以说明官府对此种地方惯例的实际态度。1929 年,南辛庄乡地和村正一起递状控告四名同乡村民违反村规。据他们的指控,这四人反对乡地为村中所有花户垫付税款,要求听任其"各纳各粮"。然而,诉状继续指出,村民因为大都不识字,所以并不想改变村规。因此,原告请求惩处这四名违规者,以捍卫村规。县长做出回应,派区警负责人调查此事,并要求依照村规解决(656-3-57,1929)。县衙门保护乡地制,是因为村民遵从当地村规,便能保证足额按时纳税,而完税情况是历来地方官员考成中最重要的项目(Ch'ü,1962:34)。也许正是因为这种惯例,《获鹿县志》的编纂者断言该县"官赋易完"(1985[1876]:72)。

　　要理解获鹿各村的花户如何在交税过程中形成他们自己的合

作惯例,我们需要考察当地各种不同的安排,正是这些安排决定了乡地的选任方式,并明确乡地和村民之间的相互义务。

乡地的选任

关于合作制度的起源,社会学家给出两种不同的解释。第一种强调共有的认同感,这种认同感会导致作为一个团体的合作行为。根据这一理论,当置身于联系密切、朝夕相对的环境,且必须捍卫自身的完整和利益时,人们会愿意将自己视为团体的一员。植根于相互义务和彼此忠诚的网络中的人类情感纽带,构成"团结体制"的基础,合作行为从中产生。一旦个体感知到集体认同和集体利益,并在之后形成伙伴关系和成员身份的观念,他们便开始为实现共同的利益而赞同合作的行为(Mayhew,1971)。

另一种关于制度起源的解释,将合作视为人们共同努力的产物,这些人有一些相同的目标,受制于一系列义务,以及精心设计的执行和控制机制。如果个体的权利大致相等,在一些目标上意见一致,并承担共同的义务合作,那么,合作制度会在这样的地方出现并延续。当他们遭遇诸如战争、入侵、瘟疫和自然灾害等不利事件,并都有愿望分享仅靠个人策略无法获得的"共同生产的私人产品"(或共同产品)时,他们便开始合作(Hechter,1987,1990)。因此,就合作制度的产生而言,共同的目标比共同的认同感更为重要。

这两种理论看上去对比鲜明,却并不矛盾。实际上,在乡地制的形成和延续过程中,共有的认同感和共有的利益都扮演了重要的角色。这在乡地选任过程中体现得十分明显。

为规范乡地的选任,获鹿村民创行了各种非正式的规则,在当地以"村规""乡规"或"旧规"的形式为人知晓。这些规则在各村不尽相同,但都明确乡地遴选的方法以及即将卸任乡地与接任乡地交接的日期。一个贯穿这些村规之中、普遍被接受的原则,是村社中所有符合条件的村户,每年都要轮任乡地。例如,据北降北村乡地所言,村中乡地充任是"轮流每户,周而复始"(656-1-717,1917)。在另一例中,七名乡地在 1922 年的集体禀状中称,他们各自村中所有花户"轮流门户,按年换充"(656-1-1232,1922;另见656-2-15,1921;656-2-406,1924)。

在村民提供乡地服务的合作中,最重要的因素是宗亲纽带。在只包含单一族系的社群中,通常由这个族的各房或各户为整村轮流提供一名乡地。例如姚家栗村 1920 年共有约 180 户人家,均为姚姓。这些村户分为八房,轮流为全村提供一名乡地,为期一年(656-1-1099,1919)。再如南故城村,全村都姓杨。这里的村规要求,各户都要轮流为全族提供一名乡地,并规定现任乡地与继任乡地的交接日期为每年农历十月初一(656-2-27,1921)。

在多姓村庄,管理乡地服务的村规大致有三类。在第一种类型中,各花户轮流为全村充任乡地,而不管其属于哪一姓。第二种类型是不同家族按年轮流为全村提供一名乡地。例如南谷村由王、李两姓组成,其村规要求这两姓轮流为全村提供一名乡地。李姓的人做完一年的乡地后,接着做两年的村正,王姓的人做完一年的乡地后则要做两年的村副。各族的族长根据家族成员拥有土地的多少决定乡地和村正的人选(656-2-1120,1928)。

然而,更为通常的做法是,村中诸姓倾向各自组成一个比村小的单位——牌,每牌从本家族选出自己的乡地,为牌内各户服务。例如范谈村,包括两个家族,范姓和谈姓。两个家族虽然共用一个粮册,但分别组成"前牌"和"后牌",每牌有自己的乡地为本牌花户服务(656-3-230,1930)。村中家族的数量不一,各村牌的数量也不等,少则两个,多至十四个(参见656-1-419,1915;656-1-1216,1920;656-2-15,1921;656-2-23,1921;656-2-139,1921;656-1-1232,1922;656-2-406,1924;656-3-911,1934)。

无论乡地是由不同族、房,还是由村或牌中各户轮流充任,在当地的合作组织中,乡地的推举总是与各户田赋数额或土地数量挂钩。通常一户粮额越大,其充当乡地的机会也就越早,充任次数也越多。在很多村庄,人们根据税额的多少,编造乡地人选名册,其中所列各户都要依次充当乡地(656-2-852,1926;656-2-967,1927)。还有一种情况,村民依据各户田亩数量,决定轮任乡地的顺序和周期。有些地方各户税额与其实际拥有土地数量不符,从而造成土地拥有者田赋负担分配的不公,在这些地方依据田亩而非税额决定乡地选任,尤为可行。为缓解地少之户的负担和保证村规的平稳运行,依据田亩而非税额选任乡地很有必要。充任一年乡地所需的最小土地数量为10亩到20亩。例如,南庄村的村规规定,有20亩土地的村户充当乡地一年,有40亩土地的村户充当乡地两年,有60亩土地的村户充当乡地三年,以此类推(656-2-6,1921)。马庄的村规更为复杂。这里有地100亩或100亩以上的门户,要充当乡地一年。有地不足100亩但又超过10亩的人家,几家结合起来,凑足 100 亩,集体提供乡地服务。其中某户如果想要免除乡地之责,必须拿出津贴给在任的乡地。津贴的数额,由做过乡地的村民确定。若有人认为此津贴过高,则他可以提出一个较低的数额。乡地之职将由提供最低数额的门户担任(656-1-1212,1920)。

很明显,村社成员共有的认同和共享的利益都推动了乡地制的形成。同一族或同一房的人们之所以有合作意愿,是因为他们受同族耆老的领导,并在事关家族的福祉方面有过合作。这种认同提供了一个自然的基础,村民们容易在乡地服务方面展开合作。然而同样重要的事实是,村民在纳税方面有避免自己赴柜交税的合作需求,因为自封投柜总比轮做乡地的成本更高。正是这一共同目标,而非其他,才将村社中不同家族或不同姓氏的各户融入这个合作体制中来。

需要进一步澄清的是村民参与乡地服务的程度。村社中所有成员每年轮流充当乡地的原则,只有在满足下面两个条件的情况下才能实现。首先,村社规模不能太大。这样每户都能在可预见的将来轮任乡地,比如十五年或二十年。换句话说,这个村社必须是不超过十五户或二十户的小团体。对于有五十户甚至一百户的村社而言,让所有村户轮流参与为全村提供乡地服务绝对是不切实际的,因为没有人能够预知其中任何一个门户在几十年甚至上百年后会发生什么变化。这也许就是一个大村经常被分成许多牌的原因之一,这样牌中各户在未来数年中可能都有机会充当乡地。其次,团体内各成员所拥有的地亩和所承担的赋额不能过于悬殊。既然乡地的主要任务是为其成员垫付税款,那么让无地或少地的村户与中等之家和家境较好的农户承受同样的负担是没有道理的。因此我们可以有把握地说,所有的村社成员平等参与的乡地服务,通常局限在较小的、未分化的社群,即小规模的村庄,或者由一个家族或族内一房构成的牌。

在阶层分化的村庄,情况更为复杂。正如前面章节所讨论的那样,大部分获鹿村落是以拥有 10 亩到 20 亩或更多土地的花户为主导的村社,村民通常能够达到一年乡地服务的最低要求。大多数村户因此参与乡地服务。无地或者土地少于 10 亩或 20 亩的农户(占总户数的 10% 到 40%)不必参与乡地服务。由此引出的问题是:对于财产不同的村民而言,最低的土地数量要求意味着什么?究竟意味着穷人免费搭车分享乡地的集体服务之益,还是只让富人凭借其特权垄断乡地职位?

一个明显的事实是,在把乡地轮任与土地数量挂钩的地方,地多的花户要比家境较差的花户更为频繁地充任乡地。但是,这不应被解释为富人将穷人排斥在乡地权利之外。事实上,在大多数情况下,充当乡地是一种负担,而不是一种获利的机会,因为乡地服务的付出,通常要超过可获得的补偿。因此,穷人免于充任乡地,但同时又被允许获得乡地代垫税银的好处,这对穷人来说是一种有利的安排,而非剥夺其权利。

在乡地制下,贫户能够免费搭车有两个原因。其一,他们的经济状况达不到要求,无力为村民代垫税银或者为了贷款自付利息。因此强迫穷人充任乡地,会危及这种合作体制的平稳运行,这反过来又会威胁村社其他成员的共同利益。这样,穷人的免费搭车就是一种"理性"的选择。但是,这并不能充分解释穷人的免费搭车行为,因为我们也许要问,为什么其他的土地拥有者或对乡地制做出贡献的人不是简单地将穷人排除在合作体制之外。我们要记住,那些少地的村民,对于村社中大多数农户而言,并不是局外人或陌生人。他们是这些参与轮充乡地各户的邻居、朋友和族人。对这些相对富裕的家庭来说,不顾亲邻的贫困而限制其分享共同的好处,在道义上是不合情理的。对穷人来说,自己单独去交税更不合算,因为他们所交税款非常之少,而且很多人生活在糊口的水平。为保证穷人的生存和村社的团结,让穷人有权共享乡地制的好处,在道德上是十分必要的,虽然他们没有对此做出贡献。

显然,在乡地制下起作用的是一种生存伦理,这种生存伦理根植于以亲族和自耕农为主的同质村社中。让富人承担更多责任,同时让穷人免费分享合作的好处,在社群成员间产生了"再分配效果"(Scott,1976:40—41)。理性选择的假设认为有效持久的合作体制必须消除免费搭车。与此观点相反,像在获鹿的这些农民社会的村规,既包括理性的安排,由此产生仅凭个人努力无法实现的集体利益,也是一种再分配手段,有助于贫户的生存并维持村庄的凝聚力。

作为中间人的乡地

为补偿乡地的开销,特别是因代垫税银借债而产生的利息和到县城赴柜递税的盘缠,获鹿各村都形成了自己的村规,用以明确花户对乡地的义务。最通常的做法是允许乡地在当地的交易中作为中间人抽取佣金。作为中间人,乡地有以下典型的职责:首先,为村中想买卖财产的村民寻找卖家和买家;第二,推动双方以可接受的价格达成协议;第三,邀买卖双方到待售的土地或房宅中,用本村的公共尺杆对其丈量;最后,用官方契纸为双方立契。[①] 为保证乡地作为中间人的特权,村规通常要求买家或卖家邀请乡地做中间人,而乡地也有权要求买家或卖家支付佣金,不管其是否在事实上充当了中间人。

以下两个有关此一村规的实例,说明了乡地作为中间人的特权是如何与其代垫税银的服务相关联的。1924 年东营村乡地吴德连在其诉状中指控当地一村民不付佣金时,这样陈明:

> 身村轮充乡地,催办钱粮,并有一切杂差,花钱若干,均归乡地承担办理。迨至年终更换时算帐(账),向花户派敛:乡地之害也;村中无论何人典卖房田,归乡地成交抽用:乡地之利也。此乃村中旧规,由来久矣。(656-2-406,1924)

1926 年梁家庄村三个花户的联名控诉中也有类似的陈词,他们指控乡地多收垫款:

> 民等梁家庄立有村规:乡地一役,自有应得之利益。对于

[①] 由于各村使用的杖尺长度不同,不同村庄的村民进行交易时常会引发纠纷。例如,1912 年西龙贵村乡地起诉邻村南龙贵村一买家坚持用本村的杖尺(比西龙贵村的短)丈量土地。这起纠纷经村正和区警调解无效后,县官派衙役用该县官方杖尺丈量这块土地,并最终解决了这一纠纷(656-1-16,1912)。

买卖田房,许伊成交使用。对于树株果品一切等物,凡有买卖性质者,许伊成交使用。惟对于官银杂派,过粮税契,一切重要之事,丝毫不让伊舞弊。如有违背村规者,有人告发,立即革除。(656-2-852,1926)

在这些村规中,乡地作为税收代理人的服务与作为中间人的权利之间的联系十分明显。那些没有邀请乡地做中的交易被视为"私买私卖",也就不足为奇。村民张淘气便被乡地指控,以146 000文的价格私卖3.5亩土地,并以88元的价格私卖房屋。在乡地看来,这是"有害身代受拖累,有利与身无干"(656-1-419,1915)。因此当乡地发现这种逃避行为使自己无法收取好处费时,乡地与村民之间的纠纷在所难免。在以下案例中,乡地无一例外地诉诸村规,以证明其对违规者的指控是正当的,并以此要求得到佣金。

1919年2月24日,于底村乡地刘某对村民谢某提出控诉。他在诉状开篇写道,"村中旧规,买卖房地产业,向系乡长成交立契",谢某却私自与同村另一村民交易,以75 000文的价格将1.5亩的土地出售。据乡地陈词,当双方丈量土地时,他发现了这起私卖行为。因此他指控双方"私买私卖"和逃避契税。县知事做出回应,派一名役警前去调查。十天后,村正向县知事报告称,他本人与当事双方"均系交好",不能"袖手旁观",已调查和解决此事。谢某已向乡地支付佣金,双方愿意息讼(656-1-1093,1919)。

在另一起相似的案例中,北降北村乡地姬福红,指控村民姬二妮企图逃避佣金和契税,因为二妮在未通知乡地的情况下,从本村村民手中买来10亩地,还"偷写"契约,而根据村规,如有买卖房地者,乡地有权"说合成交"。在县知事的指示下,警察迅速来到此村,督促支付契税和佣金。两个自称是争端双方"乡谊"的村民立即前来调解。经调解,买卖双方最终根据当地村规向乡地支付了中间人佣金(656-1-1095,1919)。

东营村乡地吴德连与村民吴连德的纠纷,也明显地体现了村规的重要性。吴连德在未告知吴德连的情况下,将5亩地卖给另一个村民。1924年1月20日,乡地对卖家提起诉讼。在陈述上引村规后,乡地埋怨道:"乡地受害,利归他人,于理不合。"因此,他请求县知事下达指令,明确其有权处理正在进行的交易,以阻止"紊乱村规"的行为。接到诉状后,县知事指示争端双方"查照旧规",自行解决争端。一个月后,乡地再次提起诉讼,控告吴连德不顾村正和村人的调解,依然"私卖"土地。随后衙役进行调查,并开庭审理。据乡地所述,吴连德本已将卖地一事托交乡地,乡地也已找到买家。但后来吴某又找另一村民做中间人,并以20元的价格把地卖给其亲属。为避免支付契税和佣金,买卖双方当庭否认这笔交易。由于缺乏书面证据,乡地无法得到县知事的支持,尽管事实是吴某的亲戚已耕作这块土地。县知事要求双方保证息讼后,了结了此案(656-2-406,1924)。虽然乡地未能从其所述的交易中获取佣金,但是涉案各方(卖方、买方、调解人和县知事)都承认乡地在当地交易中作为中间人的权利,相关村规的有效性是不容置疑的。

很明显,有两套村规支撑着乡地制的运转。第一套是关于乡地选任的,将乡地服务与纳税户的土地数量或税额挂钩。另一套与乡地和纳税村户彼此间的权利和义务相关。但是,必须强调的是,尽管这类村规在获鹿县各村早已存在,并为所有村社成员承认,但它们通常没有法律文本,只是在当地村民中代代口耳相传。只有当村民之间出现纠纷时,人们才公开谈及这些村规,并引起官府的注意。这些地方村规,以及村民对其在社群内所扮演角色的共同信仰,形成一套与特定地方相连的认知,在此意义上,我们可称之为一种"地方知识"(Scott,1985)。

为理解这一本土认知如何影响当地居民与外来管理者之间的交流,我们将引用一个很有说服力的案例。1925 年 3 月 18 日,北谷城村现任乡地张喜贵递交诉状,控告同村村民张拴宝"紊乱乡规",因其在卖给同村霍喜秀织布机时未请他做中间人。根据诉状,该村向有旧规,每户在买卖土地、房屋、林木和农具时,都要请现任乡地经手交易,并支付佣金。但是诉状接着说,卖家在乡地索要佣金时非但拒不支付,还对乡地恶语中伤。因此,原告请求票传张拴宝,"以正乡规"。县知事对此批示:"张拴宝价卖织布机子与霍喜秀,该乡地无抽用之必要。既向有规则,仰即将规则检出呈阅核夺。"显然,县知事不知道这一村规,因为他否定了乡地的要求。由于没有成文村规,原告无法提供这样一个书面"规则"。很快,县知事收到该村村正提议结案的请求。村正报告称,他作为双方的朋友,已调解这一纠纷,卖家已依据村规全额向乡地支付佣金(565-2-569,1925)。很明显,这一村规虽然不为县知事所知,但在村正的保护下却没有失效。

村规与习惯法

让我们讨论一下这里所描述的村规,与以往中国乡村研究所探讨的各种习惯法之间的差异。总体而言,我们可以有把握地说,那些习惯法调节的是农民社会中的契约行为(参见 Chen and Myers,1976,1978;Duara,1990;梁治平,1996)。然而前面对乡地中间人角色的分析,显示了村规在当地交易中的重要性。在如下几个方面,村规有别于基于契约行为的习惯法。

第一,与习惯法下的中间人不同(习惯法下的中间人的活动,涉及各类契约安排,范围很广,包括借贷、土地租赁、土地买卖甚至婚嫁和收养),乡地作为中间人,职责仅限于当地的买卖活动,尤其是土地和房屋的交易。乡地之所以避免涉及借贷和土地租赁,是因为这些活动往往负有调解和解决纠纷的义务,而根据村规,乡地做中的唯一目的就是抽取佣金以补偿其代垫税银的支出。事实上,为保证乡地获取足够的佣金,其中间人的角色经常扩展至不需要中间人的销售领域,如农产品的销售,包括棉花、水果和林木等,甚至日用品的销售,正如梁家庄的案例所示。重要的是允许乡地抽取佣金,而不管其在这些活动中的实际作用如何。

第二,除了促成交易,习惯法下中间人所起的重要作用还有调解纠纷,甚至在必要时担当正式借贷中的保证人(P. Huang,1996:52—58)。相形之下,乡地作为中间人的职责仅限于促成交易;调解和保证借贷的事务由村中其他成员去做。

第三,在习惯法下,其他地方的中间人通常是社群中名声极好或富有的人,因为只有这种关系广泛的"头面"人物才能在调解争端时受到信赖。不过,与职业的掮客不同,这些中间人通常不从他们的服务中收取费用。相反,对他们的回报通常只是象征性的,如一件礼物或一顿饭等。当地的精英人物通常将此服务视为重建权威而非获利的手段(Duara,1990;P. Huang,1996:52—61)。相形之下,在获鹿县做中间人的皆是普通村民。根据村规,在当地交易中充当中间人完全是乡地的职责,乡地也由此获取佣金。不请乡地做中或者不付乡地佣金,则是违反村规的行为,会导致正式的控告。

乡地与普通中间人之间的这些差异,揭示了村规如何有别于习惯法。规范契约行为的习惯法几乎随处存在(Chen and Myers,1976;Duara,1988:182—192;P. Huang,1996:52—58),并不一定体现农民社群的集体特征。然而这里描述的村规,却是支撑乡地制社群安排必不可少的组成部分。这些村规明确了乡地做中抽佣的特权,有利于纳税中社群合作的平稳运行,并和其他制度一道,使村社能够作为一个集体来应对国家政权。因此,在获鹿县所见的村规,在规范地方交易方面的作用,已超越了习惯法。正如此前案例所示,习惯法下的正常行为,如请亲朋好友做中间人,在村规之下则为非法行径。

1900 年后的延续与变化

田赋

传统上,晚清时期获鹿各村的乡地为村社代垫的不只是赋银,还有各种附加税(如差徭)以及各种临时捐税(如"派捐"和"捐办积谷"之类)(655-1-913,1882;655-1-997,1884)。1900 年后,获鹿县的杂税由一项(差徭)增加到 1930 年的五项(详见第一章)。所有杂税都与田赋同时征收(所谓"随粮带征"),并仍由乡地负责代垫所有附加税及田赋(656-2-1120,1928)。

在 1920 年代后期军阀统治的动荡年代里,乡地的负担极端沉重,这时他不得不联手村正,一起应付兵差及田赋和附加税。有时,捐税的数额数倍于正赋,远远超出他们垫付的能力。因此,在 1920 年代,获鹿县的许多村庄出现了一种新的实践,即乡地继续负责田赋和常规性附加税,富户垫付军事捐。正如 1928 年获鹿县议事会所言,近来兵差频繁,数额甚巨,每村常达数百甚至数千元不等。乡地均已无力垫付。惟靠富户临时垫付,再按各户赋额,向其摊派所垫之款。然垫款和归垫皆不可拖延过久,通常仅为三个月或半年。此法虽非定规,然已通行各村(656-2-1120,1928)。

这里我们再一次发现农民社会中生存伦理的作用。由于兵差负担激增,要求乡地同时垫付田赋和兵差,只能导致其破产。因此有必要改变历史悠久的村规,将最沉重的垫付兵差的负担转至富户。但是,这一任务对富户来说也过于沉重,以至于他们不能像乡地那样等到年终再收回为村民所垫之款。为减少因借贷垫款而产生的利息,收回代垫税银的期限只能缩至三到六个月。为度过战乱危机,以及避免合作性乡地制的崩溃,无论普通花户还是富户,都在生存伦理的压力下做出让步。在危机时刻,对村规做了必要的调整,这一举动折射的是乡村凝聚力的持久性,而不是农民社群的弱化。

地方管理

除了与税收有关的职责,乡地在传统上还承担着许多地方行政事务。官府指望乡地在地方治安中承担这样一些责任,包括查明并向衙门禀报村中"窝贼、偷窃、聚赌、窝娼、生事扰害之人";拴拿村中"逞凶伤人者"送官府纠办;遇有"差传之票"到村,乡地则需"即将人证指交原差,遵限送案";倘有村民涉讼,乡地接到"差饬之票",即需"速为查理,据实禀复";如两造情愿息讼,乡地则需"妥为调处,带领原被来案具结"(《直隶定州志》,1949,7:54—56)。作为半官方人员,乡地履行着原先由保甲承担的职责。[1]

需要阐明的是,1900 年村长或村正职位设置(详见第六章关于乡村政权部分)以后乡地在地方管理中的作用。国家设立乡村政权的真实意图,是以正式任命的村领导取代旧式的半官方人员(包括乡保和乡地),从而将国家政权扩展至地方。这种制度变化,可能导致这样的推断,即 1900 年后新的地方控制手段(乡村政权和地方警察)实施后,原来的保甲(或乡保)等代理人员完全消失(王福明,1995:40,58,102)。然而,获鹿档案显示的 1900 年后乡村政治,却是一幅不同的图景。这里乡地的职位,一直延续到 1931 年才正式被新设的乡长一职取代。因此,那里便存在一种"二元"的乡村机构,即旧式乡地与新设村正并存。这里,我们颇感兴趣的问题

---

[1] 按照清政府的意图,这种半官方人员负责"税收管理、田宅纠纷、核实诉状、处理盗窃及杀人案件"等。当征遣劳役时,其职责还包括提供工具,招募和控制这些劳役(《皇朝文献通考》卷 21《职役考》1)。

79

是这二者之间的关系,以及正式的村政权的创设是否导致了乡地传统的行政代理角色的终结,即出现和乡保一样的结局。

诚然,正式村机构的设立,不可避免地弱化了之前由乡地承担的行政职责。村正作为最低一级的管理人员,负责"村中一切公事"(656-2-438,1924)。例如他处理一切有关"地方自治"(656-2-139,1921)的事务,其中最重要的就是兴办和维系学堂(见第七章)。在很多情况下,村正也同时兼任学董(656-1-1099,1919)。乡地则主要承担与土地税收相关的事务。

然而在实践中,二者的分工并不十分明确。在许多村庄,乡地取代村正继续担当行政代理人。在村正仅以名义存在或无力处理村务的地方,此情况尤为明显。例如一名村正称其"常年在外营谋,不能回村办公"(656-1-733,1917;另一起相似的案例见656-1-561,1916)。一些村正"年事已高,无法视事",因此请求辞去公职(656-1-70,1913;656-1-377,1915;656-1-1158,1919)。在这样的情况下,乡地不得不承担村正的职能。在一些村庄,"充膺乡地,系一乡之领袖"(656-2-967,1927)。因此,国家不得不继续依靠旧式乡地来执行某些管理职能。

1900年以后,乡地继续担负行政职责最明显地体现在学堂的兴办上。在县官的要求下,村正和乡地一起承担在本村建立学堂的一切事务,如选址、建设校舍、任命学董和教师,以及征收学款(656-1-175,1913;656-1-301,1914;656-1-292,1914)。实际上,征收学款通常是乡地的职责。如果村正和学董想要平稳地建立和运作一所学堂,乡地的合作是不可或缺的。因此,乡地能够对学校管理(包括教师的聘任和薪酬等)施加影响(656-1-499,1915;

656-1-1012,1918)。当乡地和村正或学董意见不合时,他会拒绝从村民中征收学款(656-1-163,1913)。1913年在石家庄村就发生了这样一起纠纷,一方是村正和学董,另一方是同村的四名乡地。据村正和学董的诉状所述,四名乡地对学款的征收已使他们能够长年控制学堂;在学堂里,村正和学董徒有其名,并无实权。当学董试图聘用本地村民为教师,以代替四名乡地所支持的一名外村教师时,乡地们立即决定不再征收学款,称"教员非由我请,经费我不担任"(656-1-155,1913)。双庙村也发生过类似的纠纷,乡地(同时也是代理学董)与村正就各自提名的两位教师的资格问题发生争执(656-1-817,1917)。

作为管理者,乡地在村正的任免过程中,也起到了重要的作用。通常当村正职位出现空缺时,县官会派一法警命令该村乡地"另举妥人",或"阖乡另举"以充任此职(656-1-70,1913;656-1-377,1915;656-2-814,1926;656-1-561,1906;656-2-2,1921)。1921年郄家庄村的乡地与村正因出售一块公地发生争执。乡地的影响力很大,召集一百多村民在村庙中集会,并选出了新村正(656-2-23,1921)。有时乡地仅邀请村中几位有名望之士决定村正人选,而非召集所有村民进行投票(656-2-139,1921)。在所有这些活动中,乡地能够在一定程度上影响村正的选举。

当村正申请辞职时,乡地的态度则更为重要。一旦收到辞职请求,县官典型的做法是,在该村乡地提名一个合适人选接管此职后,他才会允许村正请辞。在此情况下,乡地可以通过拖延时间和不找继任人选,阻碍这一过程或给村正找麻烦。如果乡地禀称未找到合适人选,知县会要求现任村正留职(656-1-561,1906)。例如,在郑村的案例中,乡地竟以提名现任村正本人的方式,阻止了村正的辞职(656-1-377,1915)。北同冶村的案例也颇类似,1917年村正和村副皆以生意繁忙、无法料理村务为由,申请辞职。知事怀疑背后另有隐情,派一名警员指示乡地调查此事。四周后,警员回复,乡地已经调解此事并要求村正和村副重新履任(656-1-733,1917)。在这些情形中,乡地的影响力是显而易见的。这说明,1900年以后,乡地不仅是服务其社群的征税代理人,还继续在地方行政中担当着半官方角色。

乡地制的有效性

1900年以后乡地一职在获鹿各村的延续,表明农民社群中纳税和乡村治理方面的合作,是富有生命力的。甚至在1930年后,乡地制仍以一种改良的方式继续存在。当时国民政府重组地方行政,在村一级以正式任命的乡长代替乡地(见第九章)。然而,结果是乡长在服务社群和处理与国家的关系方面与原先的乡地并没有太大差别。

表 2.1　1912 年—1929 年关于乡地服务正式提起诉讼的纠纷数量

年份	正式提起诉讼的纠纷数量(起)
1912	0
1913	1
1914	2

续表

年份	正式提起诉讼的纠纷数量（起）
1915	4
1916	2
1917	3
1918	2
1919	4
1920	1
1921	3
1922	2
1923	0
1924	4
1925	2
1926	0
1927	1
1928	1
1929	2
总计	34
平均	1.9

资料来源:获鹿档案相关各卷。

　　为进一步评价 20 世纪初乡地制的效果,我们可以观察一下由乡地充任引发的纠纷数量。在乡地制运行良好时,这个数量应该很低,反之亦然。表 2.1 显示,民国时期获鹿县每年平均有两起关于乡地充任纠纷正式涉讼,也就是每200名乡地才有一起官司(获鹿县共有约400名乡地)。当然更多关于乡地职位的纠纷在社群内得以调解,未进入法庭诉讼。但是,即使调解的纠纷数量是庭审的纠纷数量的十倍,也要每年每二十个乡地才会有一起纠纷。这意味着村民们较好地奉行着乡地轮充的村规。

表2.2　获鹿县和河北省税额完成情况

	获鹿县			河北省
	应征税额(元)	实征税额(元)	完税率(%)	实征税款占应缴税额比例(%)
1915	53 448	53 343	99.8	无
1930	54 119	54 043	99.86	76.5
1931	53 915	53 881	99.94	81.09
1932	53 915	53 453	99.14	66.47
1933	53 915	50 905	94.42	67.53

　　资料来源:1915年的数字来自656-1-396,1915。1930年至1933年的数据来自李鸿毅,1977[1934]:6412—6424。

　　我们也可以把赋额的完成情况,作为考察乡地制效果的指标。当乡地制运行良好时,税额很可能全数完成;而当其不能正常运转时,就会产生税收拖欠。正如19世纪末获鹿县方志(《获鹿县志》,1985[1876]:72)所称,长久以来,获鹿县以其良好的完税记录而闻名。民国早年的数据证实了此一评论。在有据可查的年份,获鹿县几乎是全额完税。1923年获鹿知事向河北省政府报告时称,该县"向系年清年款,并无民欠"(656-2-288,1923)。此一陈述甚至在 1930 年代早期获鹿县经受国家渗透和税额剧增期间,也是符合实情的(见表 2. 2)。因此,可以有把握地说,20 世纪初的乡地制,或者说关于乡地充任的村规,在很大程度上继续保持着效力。

比较视角下的乡地制

为进一步说明乡地制的性质,我们可以将晚清和民国时期获鹿县的实践与中国其他地区的乡村管理制度加以比较。首先让我们比较一下冀中南的乡地制与冀东北的两种制度,即宝坻县的乡保制和昌黎县的半牌制。

冀东北

乡地制是与冀中南阶层分化不明显的社会结构紧密结合在一起的,那里 90% 的民户拥有土地,因此也都是纳税人。这种社会同质性为全社群参与乡地充任奠定了基础。但是,社会分化不明显和以自耕农为主导的特征,并不是这一中心区域所独有的,而是广泛存在于华北平原的其他地区。同质性并不一定产生共有的认同感,而对前资本主义社群的人们来说,共有的认同感是为追求共同利益而进行合作必不可少的条件。冀中南之所以明显有别于华北农村的边缘地带,合作制度之所以能在此处盛行,主要是因为其强大的宗族凝聚力,这才是这些村庄的显著特征。正是基于稳固的宗族组织,村民才为共同利益而合作,一起应对官府。宗族组织的主导地位,又是生态稳定和土地产出较高的结果。这些有利条件使宗族组织得以繁盛,形成了紧密结合的村社,还使他们的合作能在稳定的环境下得以延续。

与此形成鲜明对照的是,19世纪宝坻县的乡保制没有涉及花户间的合作。与获鹿县村民每年轮充乡地不同,在宝坻,由当地村社中富有和有名望之人,从中等之家甚至无地人家中推荐乡保人选。乡保承担征税事务,并充当这些大户与官府间的缓冲器。当征税出现缺额时,虽然国家让这些推举乡保之人协助乡保补足缺额,但几乎没人这样做。而且,与乡地代垫税银直接使同村村民受益的情形不同,乡保仅做官府指派之事,即催促花户交税和在期限过后补足差额。乡保制对花户没有起保护作用。与获鹿村民设立公共基金或公地帮助乡地垫付税款的情况不同,宝坻的村民缺乏这样的保障机制。最后,与获鹿村民为乡地提供服务给予物质补偿的情形不同,乡保制没有这样互惠的安排。因此,很难将乡保制视为一种合作实践。①

乡地和乡保的差异,还明显地体现在两者在19世纪末和20世纪初不同的命运之中。由于不能完成补足税款差额的职责,很多乡保干脆一跑了之(P. Huang,1985:224—231)。在有些地方,当传统的乡保制无法满足国家日益增长的税收需求时,非法的包收行

---

① 在这里我不同意杜赞奇的观点,他将宝坻的乡保制看作一种合作(Duara,1988:52)。

为随之出现。[①] 由于要负责二十多个村庄,乡保也无法跟每家每户打交道。因此,乡保制在20世纪初便完全消失了。这就与获鹿县乡地制的延续存在及有效运转,迥然不同。

另一种值得提及的制度,是出现在19世纪冀东北昌黎县的半牌组织。半牌通常由十或十五个村庄组成。在这一安排之下,每个村庄捐助一笔基金,半牌代理人以此处理地方事务,包括贿赂衙门官员和支付各种费用。村民也有义务每半年一次付给代理人薪水。半牌可能有保护当地利益的功能,但是现有的资料无法说明这些代理人是如何运作的。杜赞奇的研究没有表明半牌人员涉及征税、纳税这一最重要的地方行政事务。考虑到华北平原大多数村庄的封闭状态,我怀疑这种跨村组织的有效性和持久性。昌黎县的农民的确想建立像青苗会那样的跨村性防御组织。然而,由于无法有效地协调各村,这些努力全部以失败告终(Duara,1988:53)。到目前为止,尚未发现华北边缘地带在纳税方面有实质性合作的证据。

冀中南的村庄是华北平原的中心地区,其社区凝聚力高于边缘地区。有一点需要反复强调,获鹿乡村出现的互助性安排,源自相对稳定的自然环境下所形成的同质社会结构和稳固的亲族纽带。再对比一下冀东北地区的情况,那里血缘组织涣散,又处于易

[①] 王福明指出,甚至在1900年以前乡保制就已失去其原有职能,并让位于包收制。他注意到,“从现存档案来看,乡保直接从衙门领取税册并督促纳税的事例并不多。乡保主要是协助书手或衙役催征税款”(王福明,1995:37)。因此,在原有乡保制架构下,实际起作用的很有可能是包收制。这一现象在其他研究中也得到确认(尤其参见李鸿毅,1977[1934])。

受灾的环境,这就很难,也许甚至不可能,在地方管理中产生并维持合作制度。

华南

不用说,同质的乡村结构、稳定的生态环境、紧密的亲族纽带,这些滋养乡地制的因素,并不局限于冀中南平原。在条件相似的地方,跟纳税和乡村治理相关的合作实践就可能出现。例如,在珠江三角洲地区,由于生态稳定、宗族凝聚力强,在纳税方面的合作也较为盛行。在那里,乡民往往聚族而居,形成单姓村庄。这种社群发展出十分复杂、等级分明的宗族组织,族长高高在上。其中心是"祠堂",由族长掌管,并由族田(通常占可用耕地的40%)提供经济支持。祠堂不可避免地会参与纳税事务。它既催促其成员按时交税,也直接从族人中征收税款,然后集中上缴官府。一些祠堂也为其所有成员垫付税款,然后从后者收回垫款并加5%的附加费。在这些情形中,为保证全额并及时纳税和还垫而制定和实施的严格"族规"并不罕见。根据这些族规,那些未能履行纳税义务的成员,通常被排除了同祭先祖的资格(叶显恩、谭棣华,1985;刘志伟,1988,1997;陈支平,1988:139—160;片山刚,1982a,1982b)。

在所有形式的税收合作中,最接近获鹿县乡地制的是出现在华南一些地方的义图制。正如一个典型案例所示,在这种制度下,拥有土地的花户(田亩合计3000亩左右)组成一个征税单位,称为一图(通常为一个自然村)。每个图再进一步分为若干次一级单位,称为庄。庄的税收代理人从拥有土地最多的村民中选出,然后每年轮流担当全图的税收代理人。在征税期间,庄代理人首先从他负责的各个村户中征收税款,然后将这些款项交至图代理人。后者再将其所在图的税款递送县衙门。庄和图的代理人都对其所在单位内的拖欠税款负责(万国鼎、庄强华、吴永铭,1971[1934];陈登原,1938)。显然,义图与获鹿的地方实践有很多共同之处,因为二者都是旨在使村社免受衙役和税款包收人侵扰的合作安排。二者都有满足国家财政需求的职能,因此也都得到官方的鼓励。但是,二者也有显著差异。与乡地的服务能得到某些特权作为回报不同,图代理人(现保或值年员)履行其职责是"有义务而无权利"的(万国鼎、庄强华、吴永铭,1971[1934]:86)。而且,与获鹿的村规相比较,义图在地方管理中发挥更大的作用。在19世纪末,政府就提出将义图作为打击非法包揽行为的工具(Faure,1976;Kuhn,1978—1979;森田明,1976,1981)。在1930年代,当地政府再次为确保税收而试图恢复和巩固义图。由于国家加强介入,每个图皆以书面形式制定了自己的图规,细化图代理人和纳税村户的义务。然而,这种过多的国家介入,也正可以解释,为什么义图制在清末和民国初年随着国家政权在农村的弱化而日趋衰落(万国鼎、庄强华、吴永铭,1971[1934])。相比之下,乡地制基本上是一种村社自愿的产物,因而比义图制显示出更长久的生命力。

总体而言,乡地制彰显了华北大区中心地带的合作制度。与华北其他地区一样,冀中南也是自耕农的村社占主导,这使得在全村范围内进行纳税和地方管理的合作成为可能。与生态不稳定的地区不同(那里亲族纽带薄弱,很难在纳税方面使村民形成有效和持久的合作),冀中南环境优越,土地肥沃,滋育了稳定的村社、强大的宗族组织和各种形式的合作制度。这些特征使这一区域与其说与华北其他地区相似,不如说与中国南方地区更相似。在国家—乡村关系中,乡地制既有别于华北边缘地区的实践,也不同于中国南方地区中心区域的做法。由于缺乏保护性的安排,华北边缘地区的农民易受衙役和包收人的侵扰,常造成乡村和国家间关系的紧张,特别是在1900年后国家大幅提高赋税之时。另一方面,华南的单姓村社过于强固,以至于它们的本土安排淹没了国家政权的外来影响力,这可以从乡村生活中族规的至高无上看出来(费成康,1998)。与这些制度不同,乡地制的运行依靠国家和社群成员的共同支持。作为一种内生的合作制度,乡地的作用主要是方便村民纳税,同时保护村社免受外来侵扰(包括衙役的敲诈和包收商的勒索)。乡地制下的村社展现出高度的内聚性。然而,这种内生的制度并不排斥政府的影响。相反,在乡村管理中,乡地承担了某些官方职责,国家借此将权威渗透至乡村。更为重要的是,乡地制的平稳运行保证了田赋及时、全额完纳。因此,国家接受了这一地方制度,将其视为日益弱化且功能渐失的保甲制的理想替代品。总之,乡地制既体现了当地村社的凝聚力,也折射出国家在乡村的影响力。

第三章　规范、自利和策略——乡地充任纠纷

正如上一章所示,晚至1920年代,乡地制仍在获鹿乡村有效地运行。这里需要进一步阐明的是,为什么乡地制能在农民社群中如此持久,以及村民是如何遵从或者背离乡地制下的惯行和规则的。本意将聚焦乡地充任纠纷,旨在分析形塑村民行为的各种因素,诸如他们的集体利益、团体认同、共有经验和观念,以及界定社群内每一个体特定利益的财产关系和权力格局。所有这些因素结合在一起,构成一种场境,村民在此之中考量自身的利益,解读他人的行为,并选择自己的策略。

纠纷的社会背景

获鹿档案中有34起发生于1912年至1929年的讼案,十分完

整地记录了有关乡地充任的纠纷。[①] 这些纠纷大体上分为两类:一类是竞争乡地职位的(5 件),另一类是逃避乡地职责的(29 件)。当乡地的好处大于损失之时,纳税人则争做乡地,因为充任乡地有利可图。乡地作为中间人从当地交易中抽取的费用有时是相当可观的。在获鹿,乡地除了充当税收代理人,通常也在土地、房屋和其他商品的交易中充当中间人。乡地从交易中抽取的惯常佣金,清代为卖价的 2%,民国时期为 1.5%(656-1-947,1918)。但是,在实践中,乡地能够获得的费用远高于此比例。例如,他在田契上写立的价格可能远低于实际价格,这样买方将少付很多契税。作为回报,乡地将得到比惯常数额高出许多的酬金(656-1-749,1917)。

充任乡地的津贴也具有吸引力。为补偿乡地代垫税款,很多村庄为乡地提供一笔资助(津贴或工食钱)。例如,在徐家庄村,津贴为 8000 文,也就是 2.66 元(656-2-814,1926)。在另一例中,津贴总计达 23 000 文,也就是 15.3 元(656-1-1212,1920),这相当于一个农民耕种 7 亩中等田地所能获得的净收入。因此,丰厚的佣金或津贴极易引发对乡地一职的争夺。

然而,大部分纠纷与乡民试图规避乡地职责有关。当乡地的

[①] 村民关于乡地充任的涉诉纠纷平均一年只有 2 起,最多 4 起(见表 2.1)。这与 19 世纪北京以西宝坻县的"行政案件"(涉及乡保或牌头的委任和职责,乡保或牌头与乡地类似)的涉诉率十分接近。1861 年至 1881 年宝坻县行政案件的平均数量为每年 2.15 起(见 P. Huang,1996;表 19)。要注意,宝坻县的人口略多于获鹿县,二者 1932 年分别为 312 282 人和 276 592 人(李鸿毅,1977[1934];6548—6551)。但是,相对于这一人口规模,民国时期获鹿县的民事诉讼案件数量远低于县级发案率的平均水平(每年 100 至 200 起诉案)(见 P. Huang,1996;表 19)。

负担超过其所得利益时,村民便会做这样的选择。在 1920 年代晚期,逃避乡地职责的情况较为常见,当时华北各派军阀间的军事冲突升级,而作为战略重镇的获鹿遭受了战争破坏的巨大冲击。由于当地商业活动日趋衰落,大多数乡地已失去做中抽佣的来源。与此同时,由乡地代征的各项杂税却在激增。在很多地方,乡地充任成为无法忍受的负担。

因此,乡民们的确表现为理性的行为人,追求自身利益的最大化。当乡地一职有利可图时,他们为充任乡地而竞争;当充任的代价大于收益时,他们则选择逃避。同样,如果乡地不受欢迎,村社的领袖会帮助其受庇护人规避乡地职责;反之则亦然。然而,村社中几乎没有人公开违反乡地制的相关惯例。相反,纠纷各方都用村规证明其行为的正当性,不管实际上他们是遵从还是背离了村规。他们的目的往往与他们的表述脱节。

要理解村民进行算计并做出决定的社会背景的复杂性,我们需要考虑让村民形成共有观念和态度的客观条件,也要考虑影响个体决策的即时境遇。我们先讨论在获鹿乡村见到的形塑农民集体意识和习惯的社会背景。

生活在以自耕农和亲族为主导的村社,乡民们融入相同的社会关系中,也受制于相同的规则,这些规则规定了村民在合作行为中的相互义务。例如,他们都知道谁将充当下任乡地,何时接手,怎样履职,以及这项任务所必须承担的一切。生活在彼此亲近和熟知的环境中,作为邻居、朋友或亲戚,村民们彼此也都十分了解他们的实际能力和潜在能力,他们行为的目的,他们可能选择的策略,以及他们想要实现的结果。这种客观条件的同质性产生出“惯习（habitus）的同质性"，使他们的实践和表达都易于理解（Bourdieu，1980:58）。

村民对乡村制度及其运行机制也有广泛的共识，其中最明显的当属社群生活中对村规至上的认同。在大多数村落或村以下的牌，乡民无一例外地承认有关乡地充任的村规的极端重要性。涉及乡地充任的纠纷各方，皆用村规支撑各自的主张。呈交状词时，原告总是控告对方"破坏村规"，其诉状通常首先陈述有关乡地充任的旧规，结尾则请求一个公正的裁决，"以正村规"或"保存旧规"。不用说，村民构建和延续这一共识，是因为遵从相关规定对于成功实现社群整体和个人利益都是至关重要的，而违背村规可能给社群带来灾难性的后果。正如一村民在其有关乡地人选拒绝充任的诉状所述：如果违背村规的行为可以容忍，那么"村众人等俱照效尤，以后推换乡长，万难办理"（656-1-554，1916）。几乎每一起进入庭审的案件，其诉状都会有类似的词句（例见656-2-6，1921；656-2-967，1927）。这种对村规的强烈认同，至少部分解释了为什么在大多数视乡地充任为理所当然的村社，不一定要有书面或成文的村规（见 H. Li，2000a）。

形成村民习性或倾向（dispositions）的另一因素，与个人的社会地位相关，而这种社会地位又与其能否履行社群所规定的职责紧密相连。对获鹿乡村的普通农民而言，充当乡地不仅是一项实现集体福祉的职责，还是维系其村社成员地位的必要手段。不足为怪，任何人若违背村规，就会发现自己处于舆论的巨大压力之下。一个卷入纠纷的村民便称"硬坏村规，恐遭唾骂"（656-2-967，1927）。村社中的领袖也必须保护和遵照村规，以确认和再生其在村社中的名望和权威。无论是士绅还是普通成员,当他们的影响力或生存手段主要源自社群内部时,社会地位和名声便与物质利益一样重要。因此,虽然普通人和权势人物都有欲望违反村规,从而使他们的物质损失最小化或使物质利益最大化,但是他们都不得不对违背村规的行为加以伪装和制约,以免名声受损。

在形成农民观念和行为的过程中,外部权威的态度同样重要。村规的合法性固然主要依赖当地居民的承认和认同,并不期待外部力量的认可。当纠纷发生时,村规总是社群调解的基准。然而,正如以下考察的各例所揭示的那样,仅靠村规或对其的认同有时不足以达成纠纷各方都能接受的解决方案。一旦这一纠纷诉诸外部机构(无论是县官还是县议会),社群外部的看法就变得至关重要。对于那些本质上是地方惯例的纠纷,因没有国家法规可资借鉴,地方官员自然会依赖村规做出决定。这种做法反过来又加强了当地村规的正当性,并在村民中间增强了村规至上的共识。

最后一点也很重要,那就是由村社内所有成员共同拥有的过往经历。社群成员的习性不仅反映了现状,而且把他们先前经验的记忆合为一体,这些经验加强并再确认了他们对社群事业的态度。当事关乡地充任的纠纷出现时,原告总是强调相关村规在村社中由来已久、合法有效。在这些诉状中,经常有如下陈述:"向来旧规,不记其年"(656-1-1212,1920);"村中旧规,由来已久"(656-2-406,1924);"相传数百年,咸遵乡规"(656-2-6,1921);或者"周而复始,毫不紊乱"(656-1-1216,1920)。① 当然,他们的陈

---

① 在656-1-554,1916;656-2-967,1927;656-2-1120,1928等档案中也发现类似的陈词。

述并不必然说明自村规产生以来,其运行便不受破坏或违背,而是反映了村民的某种认知和惯习,即过去的经历有着重要的地位。正如布迪厄指出的,惯习是"连续性和规律性……的法则",或者"是一种过往,这种过往通过其法则建构,将自身呈现在实践中,存在于现在并趋向在将来永生"(Bourdieu,1977:82)。

因此,这些因素形成了一个社会和历史情境,在此之中,社群的所有成员彼此互动,以追求其个体和集体目标。正是同质的生活条件、对社群制度的认同、相同的与外部力量互动的方式,以及了解并形塑村民如何思考和行动的共有的经历和记忆,使他们有了共享的话语,并以此协调其行动。

但是,要理解社群中个体的行为,我们就不能将注意力局限在上述约束村民的因素。个体不断变化的境遇也是同等重要的,它影响着个体的动机和行为。最明显的就是村社团体的稳定程度和个体在团体中的位置。农民社群的内聚性各不相同。一些社群稳定而又强大,这可以从他们精心设计并确立的制度和针对背离社群规则的社会制裁中看出来。在这些地方,当个人发现很难背离规范和准则时,他就不得不审慎地做出决定或行使权力。在松散的社群中,情况恰恰相反,那里缺乏制度约束和社会制裁。同等重要的还有某人在社群中的地位。例如,一个在当地居住时间不长并被视为外人的村民,会渴望充任乡地一职以建立其在村社中的成员资格,而且当其充任乡地的机会受到其他竞争者的威胁时,他也不会轻易放弃。同样,如果一个有权势的人是一个外来者,并因此不受制于当地规则,他就易于滥用自己的影响力。

另一个因素是个人在当地社会权力格局中的地位。大体上,我们可以把村民分为三类：弱势者，即家境较差或处于权势人物庇护网络之外的人；普通人或中等之家；权势人物，其实力和权势基于财富、职务或社会地位。当纠纷发生在两个势均力敌的村民之间时，各方都倾向依照村规为其主张辩护。在这种情况下，村规执行得最好，因为没有人能够有足够的权势为其利益而曲解村规。然而，如果纠纷双方实力悬殊，有权势者就可以为其利益而操纵村规。较弱势的村民可能在试图捍卫其权益无效后放弃其主张，或者根本不去进行自我保护而直接退让。每个人不同的选择取决于其在村社中的实力。

因此，要理解农民的行为，我们不仅要考虑形成农民社群所有成员共同倾向和惯习的社会条件，还要关注自身的物质利益和象征利益，以及其在权力格局中的地位。正是这两方面因素的互动，影响了农民各自不同的策略，同时使这些策略在村人眼里易于理解甚至可以预测。

为说明村民如何思考和采取行动，下面的考察集中在六个案例上，每一案例都揭示了涉案村民的独特境遇以及所采用的特定策略。[①] 这些纠纷分为三组，分别体现村社中普通人、弱势者和有权势者各自所采用的策略。

---

① 在所有三十四起有记载的乡地充任纠纷中，十五起（44%）只包含一件诉状及县官的批谕。另外八起（24%）包括了一份警察或村正在县官指示下所做的调解报告。其余十一起则是比较全面的诉讼，包括纠纷各方的诉状和反诉以及庭审记录。总体来说，这些纠纷显示了黄宗智在清代民事司法研究中所确认的模式。他的研究表明，在所有进入诉讼的纠纷中，一大部分是通过他所称的"半官方"途径解决的。这种解决方式以法庭、诉讼当事人和潜在的调解人之间的强烈互动为特征；只有少量案件通过正式的庭审予以解决（P. Huang, 1996）。

普通人的策略

如前所述，与华北平原其他地区一样，大多数获鹿乡村依然是社会分化程度不高的村社。不足为怪，在大多数案例中，纠纷各方都是实力大致相当的农民。他们的经济地位相似，可利用的资源和选择也相同。因此，他们所选择的策略也较为相似。以下两个案例揭示了他们卷入纠纷时的决策。

山下尹村

出于征税目的，山下尹村分为十一个牌。大多数牌为单姓社区。每个牌都有自己的乡地和关于乡地轮任的牌规。例如，在所有门户都姓翟的第一牌，根据其规定，各户按赋额多寡逐年轮充乡地。粮银最多的，最先充当乡地。每年农历十二月初，现任乡地将提名其继任者，并要求本牌的乡约通知被提名者服务的轮次。[①] 如果被提者发现某户的税额高于自己，后者便要出任来年的乡地。

1927 年 1 月 30 日，该村第九牌的一名乡约向县知事报告了一起纠纷。根据他的禀状，村民翟自有已被一牌的现任乡地提名，但乡约在通知其履任时遭到拒绝。据乡约所述，翟自有声称他的赋

---

① 按照清政府的设计，乡约是社群中负责思想教化之人。然而，在大多数地方，这些人员被纳入保甲制之中，到 19 世纪已不复存在。山下尹村存在乡约的现象是极少特例之一。

额只有 1.4 两，而翟清和有 2 两多。因此，翟自有认为应该由翟清和充任乡地。由于担心可能耽误来年的纳税任务，乡约请求县知事票传二翟，并决定由谁承担此职。在乡约呈递禀状之后，翟清和也提交了诉状，控告翟自有提名他为乡地是"违乱旧规"。他声称，如果乡地充任的次序是由应交税额的多少决定，那他在三年内都不应充当乡地，但他没有明确说明其税额是多少。他的诉状激起了翟自有的反诉，翟自有同样指控翟清和"不依乡规"，称翟清和的税额远高于自己，因此应该充任本年乡地。

为澄清事实，县知事派警察到村，会同村正一起调查此事。2 月 22 日，村正（翟清和的叔叔）向县知事报告，称已查明此事，"依据村规"，翟自有应接充乡地一职。县知事据此批复："该村乡地既照惯例应归翟自有接充，仰该村长传谕遵照，勿得推诿。"

但是，三天之后，翟自有另投一状，坚称其赋额低于翟清和，并且据其记忆，翟清和在过去十五年从未充当乡地。接着他指控，"村长、乡约狼狈为奸"，袒护其侄，并帮助他逃避服务。翟自有警告说，如果他被迫接充乡地一职，"似此硬坏旧规，恐人唾骂"。因此，翟自有请求知事传翟清和到庭，并指定其为乡地。县知事拒绝了翟自有的请求，之后翟又第三次提出了申诉，重申其主张。这次，知事命令区警而不是村正去调查此事。区警很快做出了答复报告，称依照村规，应由翟自有接任这一职位。

在该警员报告后，前述乡约又与另一个名叫翟官保的乡约连续递交了三封禀状。在前两状中，他们报告了翟自有拒绝接任乡地造成的连锁反应：自翟自有之后，冯二妮也拒绝接充第九牌乡地。这两名乡约称，更为严重的是，"别牌之乡地，均以伊二人能抗不办公,亦皆坚辞不充乡地。现时各区均向村中要草,无人办理"。在第三状中,这两名乡约再次重申这一观点:"伊抗不接充,若使人人效尤,将来乡地之名目,即得取销矣。倘公署如有所需,村中无乡地,何人接办公事,必致有误。"这两名乡约的诉状又引起了翟自有的反诉,但他只是重申了其主张。这一次,知事传翟自有、两名乡约和村正到庭。在庭审中,县知事做出了有利于乡约的裁决,并令翟自有充任乡地。

庭审后,翟自有这个坚持不懈的村民又第五次呈交了诉状。此后,本案向有利于翟自有的方向发展。在其诉状中,翟自有重申其主张,甚至向知事挑战说:"(上次)蒙恩传案,不容身分辩,即判今年身牌乡地,应身充当,不准推诿。亦未明白批示,据何理由判身充当,令身实难意揣。"翟自有进一步指出这一决定可能的后果:"身若接充本年乡地,明年身据何牌规,据何理由,推交何人?难免益多纠葛。"因此他要求县知事收回原判,并"保存旧规",重令翟清和任乡地。翟自有坚持道:"倘令身接充乡地,明示批示,据何理由令身接充。否则明年无法推交,不知按何理由推谁接充,定然益多纠葛……"知事做出回应,要求翟自有提供征粮"红簿"上的真实户名,以便弄明其钱粮数额是否确低于翟清和。在查明翟自有的税额后,知事批示:"查验红簿(与所称粮钱数额)相符。候谕饬粮多之翟清和充膺本年本牌乡地。"

但是此案并未就此终结。两周后,第一牌乡约向县知事报告说,翟自有与其两兄弟一起,应交 4 两的田赋,远高于翟清和的税额。"伊因躲避充膺乡地,故将粮银按三份分开……每人一两余。此伊等刁狡取巧之计算也。"县知事决定再次开庭审理,承认兄弟三人粮银，合则多于翟清和，分则少于翟清和。"彼此以习惯相争，各执理由。"在庭审中，双方都重复着各自的主张。最后，知事做出妥协的裁决，令翟自有和翟清和一起充任乡地（656-2-967,1927）。

　　显然，在山下尹村，充任乡地是一桩不受欢迎的差事。然而，在这起纠纷中，双方都没有用公然拒绝履行义务的方式违反村规。相反，翟自有和翟清和都坚持村规，并以此来证明其拒充乡地的正当性。对翟自有而言，逃避职责最好的策略就是将粮银在三兄弟之间平分，使自己的税额低于翟清和的税额，这样，依照村规，翟清和就必须首先充当乡地。对翟清和而言，唯一的选择就是否认这一平分的合法性，强调翟自有将粮银分解是逃避责任，而这在他看来是不道德的。实际上，从法律上讲，翟自有的做法无可厚非，因为没有规则或规定禁止他这样做。既然在分解后他的税额的确低于翟清和，后者就不得不首先轮充。这就是县知事在核实粮银后接受翟自有禀状的原因。但是，翟自有在轮充乡地前将粮银分解，确有故意逃避责任的意图。从知事的观点看，这虽然合法，却违背了道德规范。当知事通过阅读乡约的报告和二次庭审认识到这一点后，他便改变了最初的决定，让纠纷双方共任乡地一职。这样做，知事既考虑到翟自有的合法行为，又顾及了翟清和的道德诉求。

　　然而，很明显的是，在纠纷中，尽管所用手段不同，但双方都强烈认可村规的中心地位。当事双方在捍卫自身利益、指控对方时，都口称遵从村规。而权势人物，包括村正、两名乡约和县知事，都声称是根据村规做出判断和决定的。作为对宗族强大凝聚力的反映，这种共识使村社中任何人都不可能以公开的方式违背村规。

那些试图放弃职责的人，其策略就是巧妙利用社会惯例所许可的"合法"手段，而这些手段本身与村规并无冲突。

纠纷双方能够坚持不懈，不仅是因为双方都有合理的理由来捍卫自身利益，还因为双方都有必要的资源进行诉讼活动。翟自有的土地在分解后为30亩，虽然比翟清和的40亩略少，但也远高于华北农村地区平均的土地拥有量。这笔财富使他可以坚持不懈，为达到目的而呈递五份禀状。翟清和的财富也许稍多于翟自有，但他真正的实力来自他做村正的叔叔和两名乡约。村正显然是村中的实力人物，因为他能够动员村中不同牌的两名乡约起诉翟自有。正是乡约的一诉再诉，才使得翟自有和翟清和共担乡地。因此这起纠纷的结果不仅反映了他们平等而又合理的主张，也反映了他们各自的实力。

南庄村

南庄村是一个小村落，由五个族姓共二十三户组成。为了在村庄管理和纳税方面展开合作，村民将各户按地亩拥有量排序，并在一张折子上列出乡地人选的名单。根据村规，来年的乡地要在腊月十五日到现任乡地家中，从这位即将卸任的乡地手中拿走铜锣等器物，并在正月初一开始充任乡地。根据乡地人选名单，以80岁的王克俭为户主的一家应在1920年充膺乡地。但是王克俭与即将卸任的乡地耿云芳在交接程序上发生争执，并拒绝到耿家去拿乡地物件。

1920年4月4日，耿云芳提出诉讼，指控王克俭"不按折接充"。他还随同诉状呈递了乡地人选的名单。县知事的回应很简单,他将名单退回村正,指示其令王克俭"按照村规"立即接充乡地。然而四天后,村正又将名单交还知事,并报告说王克俭强硬地拒绝接充乡地。在 4 月 14 日的庭审中,王克俭之子王法英代表其80 岁的父亲陈述,称其父并非不愿接充此职,而是因为耿云芳未按村规在去年腊月十五交代他接充,还因为耿云芳拒不移交铜锣家具等物给他。这些物件,既是乡地召集村民的工具,也是乡地一职的象征。根据县知事的指示,王法英呈交了保证书,声明他愿意替其父承担乡地一职,并到耿家接收铜锣。

　　然而,纠纷双方继续就铜锣的移交争执不休。王法英控告耿云芳占据此职,拒绝将铜锣交给他,而耿云芳反告王法英虽经多次催促仍不接收铜锣。作为折衷,知事要求村正将铜锣面交王法英。但是,村正对此予以拒绝,理由是他家的三间房因其向知事的报告而遭烧毁,他怀疑王法英为纵火犯。作为反击,王法英呈交诉状,指控耿云芳和村正私买房屋和土地;还说他们为逃避契税,用普通纸单代替官方契纸立契。王法英还指控这两个人私下参与几起交易,并作为中间人将所有的佣金装入私囊。这一案例的结局是,县知事强迫王法英直接从耿云芳手中接收铜锣,认定他对未能接充乡地负全部责任,但同时鼓励他再单独呈状起诉耿云芳滥用职权(656-1-1216,1920)。

　　正如王法英最后一份诉状所示,王法英与耿云芳冲突的主要原因是,即将卸任的乡地和村正侵占了本应由王作为唯一合法的中间人所得的物质利益,这是村规赋予乡地的一项特权。为避免向王法英支付佣金,耿云芳和村正私下进行交易,不请王法英做中间人。对王法英而言,更不能容忍的是,他们又进一步在其他交易中私下做中,抽取本应属于自己的佣金。然而,未能拿到佣金不是王法英拒绝充任乡地的正当理由。实际上,王法英并非不想做乡地;在1920年代初,充任乡地这一任务还不像后几年那样繁重。王法英的唯一目的就是发泄其对即将卸任的乡地和村正的不满,而耿云芳未能依据村规在腊月十五那天告知他交接程序,为王法英提供了极好的借口。这就是为什么王法英在收到县知事威胁性的指示前,仍固执地拒赴耿家接管铜锣。

与前述案例一样,这起纠纷在语言表达上都是符合村规的。冲突各方都指责对方违背村规,也都用村规为自身利益辩护。然而,这起表面上只是有关铜锣移交的冲突,背后却是两个实力大致相当的农户之间的竞争。王家拥有80多亩土地,远高于村中平均水平,在其身后是五户同姓的支持。耿家只有40亩左右的土地。但是,耿姓家族也与王姓规模相等(5户);更为重要的是,他得到村中最有影响力的人物村正的支持。这些资源的差异,直接影响了诉讼的途径和结果。王家的富足使其能在县知事介入前一直坚持其立场,也能通过曝光乡地和村正的滥权而对后者造成威胁。但是由于得到村正的支持,耿家最终赢得了这一战役。

这两起案例都包含一些对理解村民的行为和动机有意义的启示。无疑,涉讼双方都是自私自利之人,他们主要关注的是其自身的物质利益。因充任乡地造成损失或者因未能获取乡地应得的好处,彼此讼争不已。但这些村民同时仍是村社的成员,而他们所在的村社仍具高度的稳定性。这种稳定性体现在诸多方面,如村规的有效运行、村规至上的强烈共识,以及对违背村规者的社会制裁。因此，在追逐个人利益的过程中，没有人敢于完全无视村规。当双方实力相当时，其情形尤为如此。为保护自身免受攻击，也为避免社会制裁，他们不得不声称依据村规行事。作为有策略的、精于计算的行为者，他们必须小心谨慎，力求在自身物质利益最大化的企图与村社规范、道义责任及公共舆论的束缚之间实现一种平衡。

弱势者的策略

这里将农民社群中的弱势者界定为那些生活在糊口水平的人们，那些因缺乏族人的支持或权势人物的保护而在社会上处于不利地位的人们，或是那些因意外灾害而处于窘境的人们。然而，弱势者或者穷人并不必然是被动、温驯和无助的。像村社中的其他人一样，他们使用可利用的资源，形成各自的策略。以下两个案例说明了在不同情况下他们所能采取的行动。

南郭村

南郭村由王姓和李姓两个族姓组成。根据村规，两姓每年轮流为全村提供一名乡地。轮到某姓接任时，该姓的族长就会根据本姓各户拥有的土地数量，在有地20亩以上的门户中提名乡地。在从即将卸任的乡地手中接收到铜锣和其他"官中一切公共之物"后，新乡地将在农历新年开始服务。1928年，应由李姓提名乡地，其族长指派李生群的祖父担任此职。因为李生群的祖父已 90 多岁，无法亲自履行职责，所以李生群的两个兄长以其祖父名义充当乡地。然而，李家接任此职才两周，李生群的两个兄长就被"枪匪"打死。于是，李家放弃了乡地一职，而作为排行第三且已被过继出去的孙子，李生群将乡地用物还给族长。由于没有乡地，南郭村的村正和村副接管了乡地的职责，为同村村民代垫了随后几个月的税款 200 元。但是，他们无法获得补偿，因为没有乡地从各户征收税款。因此，村正村副在 4 月 11 日呈交了禀状，称李生群"紊乱村规"，原因是其在两兄长意外死亡后，未接任乡地。县长同情处在悲痛状态中的李生群，没有让他承担此职，而只是要求他协助村正和村副收回其垫款。然而，在村正和村副要求下举行的庭审中，李生群对此予以拒绝并为自己辩护。据李生群所称，乡地一职本应落到其祖父身上。由于自己已被过继出去，他没有义务接管其亲生家庭的职责。县长考虑到李生群"痛兄情迫"，就要他让李姓族长在本姓中选出一合适人选出任此职。县长还指示村长要"体念李生群隐痛，为之帮同地方事务，或帮同另觅妥人接充乡长"。当村正和村副在回复报告中说李生群拒绝询问其族长时，县长也仅仅要求村正等人要么任命其他合适的人选，要么继续暂时充任此职。

这使村正等人的处境为难。他们当然不愿承担乡地的任务。但是，他们不能强迫李生群充任此职，也很难说服其他人充当乡地。他们唯一的选择就是求助于李姓族长在李姓中提名一个新乡地。族长的意见是"如再派乡地，理应李庆成充膺现年乡地"。但是，这一提议也并不正当，因为根据村规，李庆成应在来年正月初

一接充乡地。意识到很难说服李庆成提前半年接受此职，村长等
人转而求助于县议事会，请求其讨论此事，并决定谁应充任来年乡
地。县议事会很快举行了会议，决定李庆成应任乡地。于是县长
就此做出相应的批示。

获悉这一指派后，李庆成逃跑了。4 月 28 日，其子李扣德呈递
诉状，指控村长等人，并且声称，虽然在李庆成名下登记的土地有
50 亩，但实际上其三个儿子已经分家，每户土地不足 20 亩。因此，
无论他们兄弟三人还是他们的父亲，都不应充任乡地。

这一次，县长派区警至村"核查实情"，确保乡地一职"按村中
旧规"充任。区警很快报告了调查结果。根据报告所述，李姓族长
坚持认为应由李庆成代替李生群的祖父充当乡地，并且对李庆成
分家之事一无所知。族长称，如果他们可以在轮任到来时分家，那
么其他人家也会这样做，来逃避服务。因此，他决不批准这一分家
行为。报告继续说，尽管根据当地乡规，李庆成应充任此职，但他
对此强硬拒绝。于是，区警将纠纷各方带至法庭。

在 6 月 11 日举行的庭审上，李扣德坚持认为，年中不是其父接
充乡地的适当时机。如果他被迫承担此职，他将不管代垫税款，只
做跑腿的事。而且，他不应负责上半年的"害"（指临时性的兵差）。
在权衡双方的主张后，县长裁决李庆成为当年乡地，但垫付税款之
事由三方平分：村正、村副和乡地（656-2-1120,1928）。

这起纠纷的确很难处理，因为村规不适用于涉讼各方。在李
生群的亲生家庭中途放弃乡地之职时，尽管村长指控其"紊乱村
规"，李生群却认为自己不接充乡地的做法很正当，因为他已不再
是自己亲生家庭的成员，没有村规要求他代替已故的兄长承担乡

地一职。毫无疑问,李姓族长提名李庆成为已故乡地的继任者是正确的,因为李庆成按照业已确定的乡地接任名单,的确排在李生群的祖父之后。但是,李庆成也能找到两条理由拒绝这一提名:一是根据村规要求,现在不是接充乡地的正确时间;二是在分家后,其拥有的土地不足以让他有乡地充任的资格。显然,纠纷的原因与其说是他们违犯村规,还不如说村规根本不适用于任何一方。

纠纷的最终解决表明农民社群中生存伦理的有效运作。在李生群的两位兄长意外亡故后,他们的老祖父成为家中唯一的成年男性。由于不能履行乡地职责,这位老人别无选择,只能拒绝这一任务,这一行为确实有违村规。但考虑到李家的不幸,县官不再要求他继续承担其乡地职责。在李生群坚决拒绝村长等人最初提出的要求后,村内和村外的官员都没有对他进一步施压;这样,他的亲生家庭也就成功摆脱了乡地职责。村社伦理在这一纠纷中起到了至关重要的作用。

马庄村

马庄有四个族姓。当地规范村民合作活动的村规十分复杂。根据村规,有地 100 亩或更多的门户必须充当一年乡地。有地不足 100 亩但又超过 10 亩的各户,要结合在一起,凑足 100 亩,共同充当乡地。但是,按照村规,其中一人若想免除乡地之责,就必须资助其他人。资助的数额由以前当过乡地之人确定。如果任何人认为此津贴过高,他可提出一个较低的数额。乡地之职将落至提出最低数额者身上。与很多村社少于 10 亩或 20 亩土地的农户可以免除乡地之责的做法不同,这里所有拥有土地的家庭都不例外,只是责任程度不同而已。

1920年2月15日,一起纠纷引起县知事的注意。纠纷双方分别是马庄村乡地候选人王麦收和当年乡地的一个竞争者马保子。王麦收与两名即将卸任的乡地一起提起诉讼,指控马保子"扰乱村规,阻塞乡长不能更替"。诉状首先叙述了前面提及的有关乡地轮任的村规。据王麦收所述,总共有七户人家凑足100亩,一起履行乡地义务。其中五家愿为放弃乡地之责而提供津贴。因此,曾充当乡地的马保子提议未来乡地的津贴数额为23 000文。为保住乡地之职,王麦收提出了16 000文的津贴数额,远低于马保子所提出的数额。除了马保子,其他各方都同意王麦收应成为乡地。诉状继续说,由于马保子的反对,即将卸任的乡地不能移交其职,王麦收也无法接充此职。原告请求县知事票传各方,进行庭审。

收到诉状后,知事只是循例批谕原告"仰邀村正、副,查照旧规,和平理了,毋庸涉讼"。然而,三天以后,王麦收又速呈一状,重复其对马保子的指控。这一次,知事直接派一警员到村,并指示村正"查明控情,妥为理处"。

村正于3月12日做出答复,声称根据村规,马保子应充任乡地,其他五户同意为马保子提供津贴,但是王麦收表示反对,并坚持自己充任此职。紧随村正报告之后,马保子又对王麦收提出反诉。马保子提出了自己所理解的关于乡地选任的村规。根据马保子所述,村规要求拥有土地较多的村民首先承担乡地一职。他自称"地多",所以应接充此职。他进一步声称,村正已同意其承担此职,并且作为折衷,村正也已允许王麦收充当乡地的助手。但是,王麦收还是拒绝这一提议，坚称自己应独任乡地。

知事对村正报告的回应是可以预料的。基于村正提供的"事实"，他裁决马保子应为本年乡地，并禁止王麦收干预公事。村正请求息讼后，知事便了结此案(656-1-1912, 1920)。

在这起纠纷中，我们发现当地村规有两种不同的版本，王麦收和马保子各执其一。村正在给知事的报告中提及其他纳税人同意津贴乡地人选，此一事实意味着王麦收的版本可能是真实的。相反，马保子的叙述倒不太可信，因为如果乡地依拥有地亩而定，似乎就没有必要贴补乡地了，一如我们在其他大多数村庄所见。而且，如果马保子的版本是真的，他是充任此职的合适人选，那么村正应该早就对乡地选任做出明确的决定；对村正来说，没有理由同意王麦收做乡地助手。更有可能的情况是，马保子自己想当乡地，首先提出了乡地津贴的数额。当王麦收为得到乡地一职提出了更低的津贴时，马保子和村正一起阻止了王麦收当乡地，以确保自己获得职位。马保子很可能串通村正，使村正在给县知事的报告中支持其主张。

与地多且得到村正支持的对手相比，王麦收就显得贫穷而弱小，无力对事态施加影响并坚持到庭审，不能像山下尹村的翟自有那样，顽强地诉诸村规而坚守自己的主张。而且，王麦收无法得到生存伦理的支持，因为他竞争乡地职位的动机是使自己富足，而非避免生存危机。不足为怪，他一得到县知事的回应，就放弃了自己的主张，而县知事的回应也仅仅基于村正的报告。

这两个案例揭示了弱势者所能利用的不同策略。在内聚性很强仅有一两个族姓的村社，处在不利地位的人们很可能会求助于生存伦理，寻求有利于他们的解决方案。然而，只有当充膺乡地负担沉重，以致威胁其生存时，求助于集体准则才可能收效。在乡地一职有利可图的地方，那种伦理根本不起作用，同村村民极有可能争夺此职，权势人物亦有可能为此滥用其影响力。这在组织松散的社群，尤为如此，因为那里对滥权者的社会制裁很微弱。然而，在社群大致保持完整、合作安排继续存在之地，有权势者就不能完全无视村规；他必须为其名声将不正当行为的影响降至最低，必要时会对受害者做出一些让步。无论如何，他要通过表面上对村规的遵从，将滥权行为隐藏起来。

权势人物的策略

一个人在其群体中所能行使的权力，取决于他所积聚或可动员的资源、能力和资质。货币的和物质的财富，也就是经济资本，是生活安康和社会影响力的重要源泉。然而，同样重要的还有社会资本和文化资本，前者是"与一个持久的网络相连的实际或潜在资源积聚"，后者则以教育资格的形式出现，如学术地位和其他成就（Bourdieu，1986：248—249，243ff.）。布迪厄告诉我们，所有这些都可以轻易转化为"象征资本"，正如某个家族和某个名字所显示的威望和名声那样。作为也许是前资本主义社会最有价值的积聚，象征资本可以转变还原为经济资本，因此象征资本是物化的"经济"资本一种变换了的伪装形式（Bourdieu，1977：179，183）。

在获鹿村民中，最有权势的人物一定是那些拥有一种或同时拥有几种不同形式的资本的人。正是他们的亲族关系、朋友关系和庇护关系构成的社会网络，或者他们的教育背景，或者他们作为家族首领和乡村首脑的威望和地位，造就了他们在村社中的影响和名声，而这些反过来又可以使他们追逐私利。下面两个案例揭示了这些显要人物如何使用他们可利用的资本，使其社会利益和物质利益最大化，并压倒竞争对手。

孙村

该村分为七门("门"是标准术语"牌"的一种变换形式)，每个门轮流为全村提供一名乡地。在每一门内，那些已充当乡地的人称为旧丁，其余则称为新丁。在农历年底提名乡地之时，七个门的头目(门头)通常将优先考虑至少拥有 20 亩土地的新丁户。

1920 年，一起纠纷在孙村的两个家族——梁姓和任姓——之间发生。前者有胜过村中其余各姓的教育传统。他们的祖先是功名拥有者。该姓有一人为生员。全村三个学董都来自梁家。由于先祖的绅士地位，梁姓在帝制时期享有豁免乡地之责的特权。但是，该姓在村中的居住时间相对较短，移进该村仅百余年。因为他们入住该村较晚，再加上毋庸担任乡地之责，所以许多村民都视他们为外人。梁姓努力要获得乡地一职，正是因为他们把此职看作获得村社成员资格的途径。另一方面，任姓是村中的本地族姓。虽然他们的教育背景无法与梁姓相比，但是他们家族的规模和根深蒂固的社会网络胜于梁家。这些实力上的差异，直接影响了他们各自在竞争乡地充任中的策略。

1月17日，梁姓中有希望成为乡地人选的梁官凤呈交诉状，指控任氏家族的任长青。据梁官凤所述，其家族尽管已在该村居住一百余年，但从未充当乡地。作为一个拥有30亩土地的新丁，根据村规，他应该可以担任此职。但是，诉状继续说，任长青贪于近年来因棉花和稻草销售旺盛而产生的丰厚佣金，"恃其蛮横，强欲破坏乡规，把持乡长"，尽管其本人已多次充当乡地。由于害怕得罪任姓，村正和村副对其违规行为不置一言。因此，梁官凤请求县知事传唤违规者进行质询，以"维持乡规"。对此诉状，县知事批示："尔村乡长任长青应否更换，及应换何人接充，应由该村村正副绅民等公议办理。尔一人出头，率请传究，断难照准。"1月29日，梁官凤再投一状，重复对任长青的指控。县知事的回应只是指示其毋庸再烦扰县衙。

在1月31日村正递交陈词后，衙门才开始真正重视此案，而这距县知事拒绝梁官凤的第二份诉状仅过了两天。村正称："按村中规则，理应梁官凤充当乡长……任长青硬行狡乱村规，自以为是，硬充乡长。似此狡乱乡规，于理不合……诚恐至期不能推换乡长，无人在村办公。"县知事批示："该村正副等既称该村乡长按照村规应由梁官凤接充，准即谕饬遵照，以杜争执。"五天后，村正等人又呈复报告，称任长青坚持占据此职，并拒绝将其转交给梁官凤。作为回应，县知事派一警员至村，处理此事。县知事谕令："如任长青仍敢抗不推交，准即将其带案，以凭讯究。"2月15日，三位梁姓学董联名提交一份敦促状，再次指控任长青"破坏当地村规，与理不符"。他们声称："身梁姓如不充乡长者，该村徒棍口称身等不为孙村人。遇有公事，不令身等干涉。"

知事于 2 月 15 日和 3 月 2 日两次开庭。通过细致的审讯,他发现梁官凤的指控中有几点与事实不符。经证实,上年的乡地是一个姓杜的村民,而不是梁官凤所称的任长青。另外,并不是任长青自己占据乡地一职,拒绝将其移交,而是任长青为阻止梁官凤成为乡地,而让一个姓张的亲信充任此职。梁官凤坚持应该由其轮任乡地,就是因为他认为自己是一名新丁,而张某是一个已三次放弃充任此职的旧丁。

但是庭讯也将任长青恃强凌弱的行为曝光。正如所证实的那样,上年腊月二十日晚,大多数村民参与了在村中寺庙中举行的七门头聚会。根据村规要求,村民该在此时推举新乡地。作为门头的任长青,通过胁迫其他族姓、不准其发表意见的手段,成功操纵了提名,将张某推上他们相中的职位。其他族姓的门头,正如他们在庭审中作证所说的那样,在提名过程中不发一言。村正和村副抱怨任长青的行为"不依旧规办理",拒绝出席张某为庆祝担任乡地所办的宴席。前任乡地杜某认为张某充当乡地"与村规不合",也拒绝将铜锣和乡地所使的其他用具交给张某。但是,在腊月三十日,任长青召集数十名同伙来到杜家,强迫其将乡地器物移交给张某。根据村规,第二天就是乡地职位交接之日。由于害怕任长青,杜某在当夜逃往村外一小客栈。第二天交接日到来,任长青再次聚众到杜家,破门而入,拿走所有乡地用品交与张某。

尽管任长青公然操纵提名并诉诸暴力,知事在两次庭审后,仍做出了有利于张某的裁决,理由是张某是在七门头和村正、村副都在场的集会中被正式"提名"的。在县知事看来,无论村中恶霸如何为自己的图谋而扭曲村规,这一程序是符合村规的(656-2-6,

1921）。

　　显然,涉诉双方各自都有超过对方的优势。梁姓的实力在于其士绅背景和较好的表达自我的能力,而任姓的实力在于其在村社中根深蒂固的家族力量。这种权力格局形塑着他们在对抗中采取的策略。梁家充分利用了他们的书写能力,首先将纠纷闹上法庭,并在诉讼初期主导了纠纷的表述。为证明其充任乡地一职主张的正当性,梁官凤在陈词中反复论及村规,指责任长青违背旧规。实际上,梁官凤并非孤身一人与任长青斗争。村正等人在给县知事的报告中也指控任长青"破坏村规"。即将卸任的乡地拒绝将此职移交给任长青,也正是因为他深信这一提名与村规不符。

　　置于这一语境下,即使不顾后果如任长青者,也不得不避免公然违反村规。作为充当过乡地的旧丁,任长青自己当然没有资格再任此职。唯一能阻止其对手充当乡地的办法,就是让其同伙张某就任此职。在他看来,这样做并没有违背村规,因为张某从未真正做过乡地,因此是一名新丁或新人选,尽管事实是他曾三次放弃充当乡地的机会。但是,任长青绝不能简单地通过暴力将此人推向他们想得到的职位。为使自己行为"合法化",任长青利用其族姓势力,轻易支配了貌似符合村规的任命程序,并且使众人不敢在任长青面前公开反对这一结果。虽然任长青最终以其意愿扭曲了村规,但面对拥护村规的公共舆论,他还是不得不借助徒具虚文的提名程序,掩饰其不正当的行为。

位同村

在解决乡地充任的纠纷中,村正起着显著的作用。通常,村长必须调解纠纷。如果争执发展成为官司,他还要在县知事和诉讼当事人之间扮演上传下达的角色,向衙门回报调查情况,并执行县知事的指示。考虑到村正是农民社群中的一员,生活在亲族关系、朋友关系和邻里纽带织成的社会网络中,在整个官司过程中,村长可能会滥用权力。我们已从山下尹村的一起纠纷中看到村长是如何企图帮助其亲戚逃避乡地职责的。在下面位同村的案例中,村长不顾当地社群的强烈反对,试图帮助其朋友夺取乡地职位。

位同村由三个牌组成,即东牌、中牌和西牌。每牌约有 70 户,各有自己的乡地。与其他大多数地方不同(那里乡地一直在村民间轮任),这里的牌规规定,乡地由本牌纳税户集体提名,即将卸任的乡地于农历新年这天向新乡地移交铜锣。

这起官司始自村长李登先于 1925 年 2 月 3 日呈递诉状,要求撤换东牌乡地邢洛香,据称邢某在此前的服务中留有侵占公款的不良记录。作为替代,李登先提名一个名叫侯六保的人为东牌乡地,声称此人家道殷实,在村民中名声很好。县知事答应了李登先的请求,谕令侯六保就任新乡地。

但是,邢洛香抗拒了县知事的命令,甚至在县知事依照村长的请求发布了催促文告时,仍拒把铜锣交给侯六保。据中牌乡地呈交的报告,邢洛香拒不移交铜锣的原因是,他过去是从提名他的东牌村民手中接过铜锣的,除非该牌各户皆要求其交回铜锣,否则他不会遵从。

与此同时，东牌 21 位村民向县知事呈递了一封集体诉状，控告村长李登先提名侯六保充当其乡地是"紊乱乡规"。据诉状称，东牌村民已于农历新年元旦提名邢洛香为其乡地，并根据牌规将铜锣交给他。诉状接着说，李登先提名其他人的原因，是村长憎恨邢洛香已久，而且他提名的新乡地(侯六保)只是其"走狗"，侯六保还很年轻，无法承担乡地职责。诉状继续道："恳祈仁天恩准谕饬邢洛香充应乡地，以照公允，而正乡规。"

于是，县知事不得不要求中牌乡地调查此事，并澄清谁应成为东牌乡地。中牌乡地很快做出了答复，称所有东牌人家都对村长任意专断、提名侯六保感到不满，而村长也对他们提名邢洛香很不满意。知事做出批示：既然李登先的提名"未得大众同意，群起反对，仰即转达，另行公举"。

4 月 26 日，西牌乡地侯梦旗向知事报告，称其已与中牌乡地一道和东牌各户协商，并已提名邢洛聘为当年东牌乡地。知事立即表示同意。然而，值得注意的是，侯梦旗很可能是与村长站在一边的，因为不仅他们都住在西牌，而且侯梦旗是被村长提名的侯六保的弟弟。他们的关系在之后的事实中得到进一步确认——侯梦旗的诉状与村正的诉状笔迹相同。这暗示着侯梦旗的诉状实际上是由村长准备的。村长和侯梦旗肯定共谋以阻止邢洛香担任乡地一职。

此后，村长和邢洛香之间的斗争主要在他们各自的代表，即侯梦旗(西牌乡地)和邢如科(东牌居民)之间展开，焦点是铜锣的移交。5 月 16 日，侯梦旗再呈一状，控告邢洛香占据铜锣，导致县知事下令催促邢洛香交出铜锣。邢洛香依然拒不执行县知事的命令,且得到邢如科和其他三位东牌居民的支持。据他们的禀状所述,"并非邢洛香抗不交铜锣,实是身等东牌花户人等阻拦,不让交锣"。他们称,作为本牌纳税各户一致提名的现任乡地,邢洛香已预先为本牌纳税人垫付税款,且未得到补偿。他们进一步指控村长"破坏乡规,滥举乡地"。据该禀状称,村长新近提名的另一名乡地(邢聘三)是一个穷困潦倒的乡村教师,以前还被这名村长指控挪用学款。但是,禀状继续指出,他们现在因不为人知的原因勾结在一起。禀状断言,东牌所有村民决不会接受李登先新近的提名。

一周后,邢如科会同更多东牌居民(共 13 人)也提起诉状,再次指控村长。在他们看来,李登先为西牌居民,无权"干预东牌之事"。他对邢聘三的提名"违反村规"。

由于双方各执一词,知事不得不再次开庭。在庭审中,知事责怪邢洛香无视其多次谕令,拒不放弃铜锣。县知事还要求邢洛香保证将铜锣移交给西牌乡地侯梦旗。然而,知事也没有批准村长新近对邢聘三的提名。"邢聘三须从多数人同意,始能接充〔该牌〕乡地。"

县知事的命令,并未结束这起纠纷,反而引起进一步的争执。6 月 14 日,侯梦旗提交另一份诉状,指控邢洛香不顾县知事的裁决,拒绝将铜锣交与他。在侯梦旗提诉后,邢如科也提起反诉,称邢洛香之所以拒绝将铜锣交与侯梦旗,是因为侯梦旗来自西牌,无权干涉东牌事务。他还指出,邢洛香已将铜锣交还给本牌纳税人,由他们轮流保管。他们还称,东牌居民已举行一次选举新乡地的投票,邢洛香获得最多选票。同样的事实在随后的两份禀状中再次得以确认。其中一份来自邢世泰，他是邢氏家族的一员，在外做生意，不久前刚回村；另一份来自东牌的八名"代表"。县知事将信将疑，派一警员到村中调查。该警员带着出自侯梦旗的报告返回。正如可以预期的那样，侯梦旗否认发生过选举，并断言铜锣仍在邢洛香手中。

于是县知事不得不在 7 月 7 日举行第三次庭审。在庭审过程中，他裁定，当年东牌乡地应从除邢洛香外的该牌居民中通过投票选出，并且邢洛香应保证不充当本年乡地。为确保选举公平进行和选举结果被官方承认，在八名代表的请求下，县知事派一名警员监督选举过程。

出乎知事意料的是，该警员在 7 月 24 日的答复报告中说，邢洛香获得了 42 张选票中的 41 张。县知事没有选择的余地，只得认可这一结果。最后，这起纠纷以村民上书要求撤换村正，并获知事批准新选出的村正而结束（656-2-568，1925）。

在本案中村正的滥用权力是显而易见的。作为一个西牌居民，村正相对于东牌而言自然是"外人"，东牌的牌规对他的约束力要少于对本牌的领导人。他因此可以公然滥用权力，这在此前的案例中是看不到的。如果东牌不做抵抗的话，村正的企图就会得逞。然而，他在这里所面对的，是一个凝聚力很强的团体。这在他们无休止的诉讼和再次选邢洛香为乡地的过程中得以充分体现。他们的集体努力最终挫败了村正阻止邢洛香充任乡地的企图。知事虽然最初同意了村正的请求，但在意识到村长的提名"未得大众同意"后，很快就改变了主意。更有意思的是，尽管知事禁止东牌各户重选邢洛香为乡地，他最终还是容忍了第二次选举的结果，而这与其原先的裁定相矛盾。概言之,在本案中,村正对村规的公然违背和社群的强力抵抗,是同等明显的。

这两起案例共同表明了农民社群中有权势者滥用权力的可能性和限度。作为有目的的个体,那些当权者总是运用自身的实力(诸如教育背景、社会网络或是官职)追求私利。但是,加之于其身的社会约束同样是显而易见的。权势人物如果来自社群内部,因而受制于社会制裁和同村村民监督,便不得不隐藏其滥用权力行为或者为其辩护,因为他们的名誉与遵从社群安排紧密相连。如果社群很弱小,外来的权势者就可能无所顾忌,而且可能取得成功。然而,在村民表现出强烈内聚性的地方,他就要冒在着社群内外名声扫地,甚至丢职的风险。要形成谋求私利的最优策略,一个有权势的人不仅要考虑其物质利益的直接得失,还要考虑其象征资本的生产和再生产。

小结

本章探讨了卷入纠纷的村民所采用的三种可能策略。两个财富或实力大致相当的对手,总会试图避免误述村规或操纵村规的运行,因为双方都没有强大到足以压倒对方的程度。相反,他们都愿意遵守同样的村规,并把争论的焦点集中在其竞争对手不符合资格上面。而且,因其地位相近,他们在诉讼中互不相让,经常导致数次庭审或县官代理人的调查。除非妥协方案能使双方满意,或者有利于一方的裁决发布,否则任何一方都不会轻易放弃。

　　一个弱势者或贫民,其所作所为很有可能偏离村规,但同时又能获得社群生存伦理的支持。然而,在纠纷中,只有在乡地负担沉重、威胁其生存,并当村社自身凝聚力较强,足以使生存伦理起作用时,这一选择才变得可行并且可被接受。如果乡地充任有利可图,村民很可能会用村规而非生存伦理,去获得这一想要的职位。在那些凝聚力较弱的村社,实力人物会发现更多滥用其影响力的余地。而弱势者在最初的抵御失败后,也很可能就此放弃。

　　当涉讼双方都是有权势者时,由于都拥有或垄断村社中不同类型的资本,冲突可能会十分激烈。各方都会运用和动员一切可利用的资源。依靠可资利用的手段,纠纷一方会最大限度地运用其能力,动员其社会网络的支持,或者利用村正这类的职位来把持诉讼。在这种情况下,违反村规就无法避免了。然而,在村规占据至高无上地位的社群,任何对村规的滥用都只能是隐蔽的,并且不能威胁这些权势人物在社群中的名望,或者削弱其影响力的"合法性"。当遵守集体规范被视为这些权势人物必要的"美德"和维持并再生其权力的根本时,那些试图逃避乡地充任义务的人就不得不以村规或牌规的借口来掩饰其目的。①

　　显然,影响诉讼当事人策略的,既不是简单的对私利的"理性"算计,也不是对村规的应担义务,而是相互关联的多种因素之间的

---

① 正如布迪厄所指出的,前资本主义社会的领导者是通过遵从集体规范来维系其权威。在这一体制下,"伟人"是那些在官方规范前最不放任自己的人……并且,杰出人物所付出的代价就是高度遵从集团的价值,而集团价值是所有象征价值的源头。体制内的权势人物很看重个人美德,他们只有通过付出个人的代价才能积累政治权力,不能简单地通过再分配商品和财富;他们必须拥有这种权力所应具备的"美德",因为他们权力的根基就是"美德"(Bourdieu,1977:193—194)。

互动：一方面是诸如集体规范、共同规则、共识和社会制裁等因素，另一方面是当事人的个人处境，如界定其在社群中地位的经济、社会、文化或者象征资本，还有其在特定环境中对不同类型资本得失的考虑。个人能力和动机与所处环境中的约束机制的互动产生了许多原则，这些原则又使得村民采用各种不同的策略。虽然私利最大化的动机和欲望可能致使个人背离村规，但社会情境有很强的约束力。因此，实际的策略往往是在综合考虑了所有因素后做出的。当约束力强大且他们所能利用的资源有限时，村民易于遵守村规；当约束力薄弱而他们拥有足够的资源压制他人时，他们就可能扭曲、滥用或者操纵村规。在约束力缺失的地方，他们就会无视惯例，成为自私自利的行为人。

正是在这样的背景下，我们能够理解为什么乡地制在获鹿县能如此有效和持续。那里大多数村庄是稳定和同质的村社，以自耕农为主导，成员多属于同一族姓。强烈的团体认同感，使社群成员能够借助社会制裁力去维护并确保合作制度的运行。由于这些约束机制在起作用，所有村民——无论是权势人物还是普通人——都必须将其对私利的追逐限制在环境许可的范围内；他们对成规惯例的违反行为，不得不加以掩饰和限制。除非社群解体或者被融入未给地方制度留有空间的全国性体系，否则这些约束力会一直有效。但是这些变化直到1930年代和1940年代后期才出现，是时日本的侵略，以及随后的共产党革命从根本上改变了乡村制度和社会结构。

第四章　征税

在清代和民国时期,行之于各地的税收制度,大体上分为三种,即自愿合作纳税的非正式惯例,这在获鹿乡村最为常见;官方的自封投柜制,这在该县并不普遍;非法的包收制,这种方式在获鹿主要限于居住在本地却要向邻县交税的土地所有者,或者是在获鹿拥有土地的不在业主。本章将展示这些制度在获鹿县是如何运作的。在村规明确规定乡地有义务为其村民垫款,以及村民必须在最后期限内向乡地还款的地方,完粮纳税效率最高;在经乡地催促,人们自赴粮柜纳税的地方,完粮纳税便不那么顺利;完税效率最低的则是包收制,由于既没有村规,又缺少社群调解,这种方式极易引起征税人和纳税人之间的纠纷。

本章首先分析乡地缴纳税款和县衙门催征税款的情况。下面对发生在垫款乡地和纳税人之间纠纷的考察,将显示村规在田赋征收过程中是如何发挥作用的。最后两部分分别考察存在催粮乡地和寄庄地村庄的征税过程,这些地方的另类做法,与大多数乡村的合作实践形成鲜明对照。我的主要关注点是不同税收制度下国家与乡村之间关系的变化，以及其对理解华北乡村治理性质的含义。

县衙门和乡地

田赋每年分上、下两忙征收。上忙通常在每年农历二月初二开始，四月十五结束，这期间征收花户应纳税额的一半。下忙则要完成另一半的税额，从八月初二持续到十月十五。下忙的截止日期不时会有所变化；根据实际的征税情况，以及国家对财政收入的需求，这一日期可能会提前至十月初一或推迟到腊月初一(656-1-366,1915—1927)。[1]

为开征赋税，县衙门的户房(或民初的"第一科")循例以县官名义准备一张告示，张贴于县城四周城墙入口处及市镇的公共场所。[2] 同时，税收部门还向各村乡地发送一份"征粮红簿"和官方当年的征粮办法文告。征粮红簿列明每户应纳银两若干。征粮办法则会告知纳税人，对其每两税银要征多少银元或铜钱。征粮告

---

[1] 1926 年的情况是一个特例。当年，由吴佩孚领导的北方军阀联盟与西北军阀冯玉祥发生激战，军事开支陡增。获鹿县政府下令，县内所有纳税人均须在八月十五前完税，比通常的规定期限提前了两个月，并且随即于次日开征来年的田赋。

[2] 该告示以正规格式书写，命令"阖邑绅民并乡地花户人等"即刻赴柜全额纳税，而不顾该县大多数地方是由乡地为其所在村或所在牌代垫税款的事实。迟至 1925 年，情况才发生变化。该年征税告示分发至各村，并直接注明"阖邑乡地"。在该告示中，县知事要求乡地"代表"其所在村交纳该村当期税款(656-1-366,1915—1926)。

示和具体办法的通知都会张贴在村中公共场所(656-1-426,
1915—1934)。

在帝制时期和民国最初两年,河北(当时的直隶)省的所有税
银以铜钱支付。因此,以银两形式列在税册上的赋额,需要折算为
铜钱。因为每年的折算率都有变化,所以土地所有者每年实际交
纳的税额也不尽相同。普遍认为,这种纳税方式和对折算率的操
控,容易给非法多收税款创造机会(例如,H. Huang,1918;李鸿毅,
1977[1934])。另外值得注意的是,除了法定的田赋,纳税人还必
须随同田赋交纳许多附加税。获鹿县自1831年即有这样的成规,
每两田赋加征0.175两的附加费,主要为"火耗"(用以弥补将碎银
熔化为银锭所造成的损失)、解费和办公费,另外还有0.0218两的
附加费,用来支付经征官员的纸张笔墨和饭食费。除此之外,纳税
人还需交纳3文钱作为粮串费(656-1-103,1913)。

为简化征税手续,直隶省政府决定,自1914年4月1日起,以
银元代替钱文征收田赋。此时纳税人每两税额计征银洋2.30元;
除了粮串费,上述所有附加费均被取消(656-1-216,1914;656-1-
396,1915;详见第一章)。但是,纳税不到1元的农户仍需用铜钱
缴纳。每天,当地商会公布银两和银元之间的折算率。很难判断
衙门吏役如何通过操控每日折算率,盘剥税户以肥己。1920年获
鹿县知事在向直隶省财政厅的报告中完全否认由折算率造成的税
外征收。据其所称,征税期间所有经征人员都处在其频繁和严密
的监督之下(656-1-1203,1920)。

表 4.1　1914 年、1917 年和 1920 年获鹿县田赋征收累计月报

月份	1914			1917			1920		
	年度应缴税额	已征税额	应缴税额百分比(%)	年度应缴税额	已征税额	应缴税额百分比(%)	年度应缴税额	已征税额	应缴税额百分比(%)
一月	54 878			53 272			53 167		
二月		0	0		0	0		0	0
三月		0	0		0	0		0	0
四月		14 605	26.61		1026	1.93		0	0
五月		18 055	32.90		9959	18.69		1481	2.79
六月		0	0		26 624	49.98		26 631	50.09
七月		0	0		0	0		0	0
八月		0	0		0	0		0	0
九月		0	0		0	0		0	0
十月		42 131	76.77		0	0		0	0
十一月		—	—		32 120	60.29		35 407	66.60
十二月		54 403	99.13		38 361	72.01		41 778	78.58

资料来源:净征地粮月报册稿(土地税征收月度报告草稿)(656-1-216,1914;656-1-719,1917;656-1-1204,1920)。

注:1917 年和 1920 年第二征税期第三个月(来年一月)已征税额的数据欠缺。

乡地解交税款

在获鹿,大多数乡地能够按时解交税款。表 4.1 依据手头现有的征税月报,显示每月所征税款的累计量。例如,1914 年上忙开

始于 2 月 24 日,到 3 月底,该县 26.61% 的税额已如期完纳。换言之,在第一个月,该县的乡地就缴纳了上忙时节应纳税款的 53.22%。到 4 月底,该县已完成上忙税额的 65.80%,亦即全年的 32.90%。上忙于 5 月 6 日结束;很难判断到此截止日期时乡地的已纳税数额。但是到 5 月底,乡地已交纳全年税款的 49.11%,几乎为上忙应交的全部税额。下忙的情况也相同。到征税的第一个月(10 月)底,乡地已递交全年税款的 76.77%,也就是超过第二期应纳税额的 55%。下个月的数据无法得到。但是,到 12 月(第三个月)底,获鹿的纳税人已几乎全部交清应纳税额。1917 年和 1920 年的数据与 1914 年数据差别不大,只是 1917 年的上下两忙起征稍迟一些,1920 年则更晚(几乎比 1914 年晚一个月)。

一般而言,纳税人,主要是乡地,在上忙的头两个月就大约缴纳了其全年应纳税额的 30%,也就是该征税期 60% 的税额。通常,到第三个月底,他们基本能够如期交付全年税额的 50% 左右,这一数字接近该税期的全部应完税额。因此,我们可以推测,到第三个月月中,即该征税期的结束日,纳税人已经完纳全年税款的约 40%,也就是当期 80% 左右的税额。鉴于乡地在一个征税季中通常是一次而非多次赴县缴纳税款,我们可以有把握地说,在截止日期前,获鹿绝大多数乡地都为本村或本牌垫付了田赋款项。

县衙门对田赋的催征

为了在规定的期限内尽可能多地征收税款,县衙门会采取几个步骤。在赋税开征后的两个月,县官通常会指示其辖下村正"督催"乡地在规定时限内完纳。如果乡地反应消极,村正必须上报县官。然而,几乎没有村正为遵守县官的指示而不惜损害其与乡地的关系;事实上,连一起村正指控乡地拖欠赋税的案例也未发现(656-1-953,1918—1921)。

第二步,县衙门经征人员向县官提交一份尚未完税村庄的清单。县官会分批传唤所有这些办事拖沓的乡地(通常一次传唤五个乡地)到庭,"谕催"他们尽快完纳。事实证明,这种方法也没什么效果。例如,在1920年上忙时期,负责全村41两税银的符家庄村乡地,竟被指名票传多达六次,然而他一次也没到庭。因此经征人员建议县知事拘留该乡地。该乡地接到传票,即刻交纳了税银,称自己病了两个多月,所以未能遵从早先的传唤(656-1-953,1918—1921)。

县知事也会动用本县八个警区的警官,指示他们派遣警员到村负责"守催"(或"坐催")乡地纳税。如果乡地到截止日期未能全额完纳,那么,警员既可以向县知事提交一份欠款乡地的名单,也可以直接将其带至衙门(656-1-953,1918—1921)。

在征税期截止以后,县官将动用执法人员(法警或1930年代的政务警)代替区警处理欠款乡地。一名法警负责催促若干乡地(因此称为"警催")。那些未能付清欠款的乡地将会受到控告。在接到禀告后,县官总会票传被告。事实上,为使催促有效,执法人员经常先弄到一张针对欠款乡地的传票,然后拿着传票亲自到村催收税款("票催")。大部分乡地在收到传票后,基本上都会付清税款(656-2-1,1921;656-3-916,1934)。那些未能完成税额的乡地无一例外地被带至衙门,并被拘留于此。例如,庄窠村的乡地贾纪仁因未完成上忙的税额,于 1917 年 9 月 16 日被拘押。县知事要求其在五日内付清所欠税款。三天后,其亲属交纳了所有欠款,贾纪仁得以释放(656-1-757,1917)。[①]

上述县衙门催征税款的措施,并不意味着拖欠税款的现象在获鹿很普遍。实际上,正如表 4.1 所示,该县大多数乡地都能及时缴纳税款。未能如期完税的乡地只占该县乡地总数的五分之一,而且,在衙门催征的巨大压力下,这些欠款乡地在截止日期后也很快付清了税款。然而,这种压力并不是乡地全额完税背后唯一的原因。同样重要的是乡村纳税上合作制度的有效运转。

有关差徭的村规

在第二章和第三章,我们已看到,在晚清和民国早期,获鹿乡村存在各种各样与乡地充任有关的乡规(或村规);同样地,在征税方面,也有各种村规要求乡地为村民代垫税款,而后者有义务归还代垫款。下面先讨论晚清时期有关差徭供应的村规。

晚清时期,差徭是获鹿唯一的附加税。[②] 差徭包括县衙门用于为朝廷提供劳役(当地称"大差"或"皇差")的开支及用于地方事务的费用("小差")。每年差徭的数量各不相同,取决于知县的实

---

① 除了法警,粮柜书记也可能状告欠款乡地。例如,丙字柜的书记骆多文于 1917 年 7 月 24 日(上忙结束两个月后)递交诉状,控告良政村乡地许树仁欠缴粮银 36.688 元和治安费 18 426 文。书记称他已派一名法警多次收取欠款,但乡地拒绝交纳。因此他请求票传该乡地(656-1-750,1917)。

② 本章早先提及的各种杂费,如火耗费和办公费,都是随同田赋而不是单独征收的。

际需求和当年的收成。差徭与田赋分开征收。对单个纳税户而言,田赋为定额(以银两列出),且定时征收;而差徭征无定时,并征以钱文(详见第九章)。

在获鹿县大多数村庄,为其村社代垫差徭是乡地的义务。由于差徭的征收无定,与田赋征收相比,乡地与村民更容易在差徭征收上出现矛盾。实际上,在手头可资利用的获鹿档案中,晚清时期所有的征税纠纷记录都和差徭有关。村民们因此有必要创建相应村规,规范代垫和偿还差徭的活动,以减少纠纷的出现。

总体上说,这些村规分成两类。依据其中一类村规,富户必须协助乡地垫付差徭。例如,在东平同村,所有拥有 80 亩以上(含 80 亩)土地的村户,都必须帮助乡地垫付差徭。1875 年,四名富户以乡地未要求其他有地 80 亩的门户分担集体义务为由,拒绝协助垫款,认为乡地违背了"旧例"。在庭审中,知县直接裁定,村中税额在 1.5 两以上的门户必须协助垫付差徭。知县选择使用税额代替实际地亩作为分担乡地职责的标准,是因为从衙门档案中很容易获取所有纳税户的税额,而很难核实涉讼村民的实际地亩(655-1-901,1875)。莲花营村也有类似的"旧规",即在征收"皇差"时,所有富户均需协助乡地按时完成。根据该村乡地 1875 年的一份禀状,村中富户李二胖拒绝履行其义务。李二胖立即被传唤到庭,在庭上,他承诺协助乡地完成皇差(655-1-978,1875)。第三个案例出自高迁村。当地村规要求,除了乡地(当地称"红名乡地"),根据拥有的土地数量,每年还要指定另外六名"帮办乡地"。这六名帮办大多数是村中的富户,必须分担乡地垫付田赋及差徭的职责。如果帮办未尽职责,乡地则需补足税款的差额,然后从失职的帮办那里收回垫款。1884 年,乡地杜元元不得不为一个叫梁有仁的帮办垫款,后来因梁有仁未能偿还其 44 000 文而提起诉讼(655-1-997,1884)。

另一类村规与田赋的代垫和偿还的方法一样,要求乡地先独自垫付差徭,再根据各户拥有的土地数量收回垫款。休门村的一个案例便是很好的佐证。根据该村"旧规",乡地必须为同村村民垫付差徭,再根据各户的田亩数分派款项("按地派差")。1882 年,该村每亩土地摊派的差徭为 81 文钱,已由乡地垫付。然而,该村将一块 9 亩的土地出售给邻村石家庄的姚永清。姚永清只向休门村乡地支付 900 文的田赋垫款(每亩 100 文),但拒绝偿还 729 文差徭垫款。于是,乡地控告姚永清"不按小的村规行事"。知县收到诉状后,票传姚永清。姚永清的儿子代父到庭,承诺回家后偿还差徭垫款。三天后,乡地呈递结案禀状,称姚永清请村中长辈调解后,还清差徭欠款,并保证来年"遵守旧规"(655-1-913,1882)。

显然,到 19 世纪后期,此类村规在获鹿许多村庄已牢固确立,用以规范差徭的征收。差徭作为一种附加税,由于征收没有规律,比田赋更容易引起乡地与同村村民之间的纠纷。纠纷双方的一方若违背这一规定,另一方就会利用村规,打起官司。同样,县衙门在裁决有关差徭的纠纷时,也总会尊重当地的村规。

有关田赋的村规

村规

1912 年获鹿县议事会决定将差徭征收率固定下来,并随同田赋一起征收,由此消除了非经制性附加税征收引起的纠纷,也结束了相关村规的运行。民国期间,关于征税的纠纷凸显了与征收田赋相关的村规的作用。

如第二章所述,在征税期间,大多数获鹿村庄的乡地为本村或本牌的所有村民代垫税款,然后在农历年末,从纳税户那里收回垫款。然而,这种合作制度的运转,依赖村规的支持。没有有效的村规,无论是乡地垫付,还是村民偿还,都是难以想象的。村规的目的,就是界定乡地与村民之间的相互义务;村规要求乡地使用本村基金或所借之款,在征税期间,为全村或全牌垫付税款,同时要求各户在指定时日偿还乡地。①

"善后粮捐"(详见第八章)的征收和随后的中止,对于说明村规的运转情况,是一个很好的例证。遵照直隶省长的决定,获鹿知事于 1921 年 9 月 2 日宣布善后粮捐随同田赋一并征收,使赋税负担增至每两 2.99 元。于是很多乡地以此税率垫付了税款。但是,

---

① 公款主要存在于只有一个家族的村落,靠族田收取的地租支付全族的税额(例如,参见 656-2-27,1921)。但是,在大多数村社,乡地必须借贷才能如期垫交税款,还要自己支付利息。

由于地方士绅的反对,直隶省长于 11 月 29 日决定将粮捐推迟到来年征收;根据省长的命令,所有多征的税款计入来年纳税款项当中。获鹿县政府因此停征了粮捐,并将税率恢复至原来的每两 2.50 元。

征收税率的中途变化,让所有已垫付税款的乡地处境为难。第一,虽然乡地已按每两 2.99 元垫付,但此时纳税人坚持只以削减后的每两 2.50 元的比率还垫。由于大多数村庄的乡地是用贷款而非村中公款代垫税款的,并且要支付利息,所以,以削减过的税率偿还,意味着乡地无法还清其贷款。第二,在大多数获鹿村庄,乡地充任是由各户按年轮流的。现任乡地只负责垫付当年税款,因此也需要在当年年终收回其所垫之款。如果像省政府要求的那样,将多征的款项计入来年,就会给来年的垫税和还款造成更多的混乱。

因此,许多乡地上书县知事要求立即获得退款。这些呈文大多援引了各村关于垫付税款的"旧规",接着强调了上述两个原因,要求立即退还多交的税款。县知事对这些呈文最初的反应,只是简单地谕示乡地以新税率(每两 2.99 元)收回垫款。但是,在收到更多呈文后,县知事改变了看法,于 12 月 14 日向省财政厅报告了此事,和乡地所做的一样,请求退还多征的税款。三周后,该厅批准了这一请求,所有乡地从衙门收回了多交的税款(656-1-1232,1922)。从此例可以明显看出,1920 年代早期,关于乡地垫付税款的村规在大多数获鹿村庄依然有效,并得到国家的尊重。

不遵守村规的行为

然而,在获鹿各村,也不乏纳税人违背村规的案例。那些违背村规的情形总体上分为三类:有些村民完全不守旧规,坚持按国家法定制度纳税;有些乡地向纳税人浮收垫款;有些纳税人拒不偿还乡地垫款。先看第一类案例。

虽然乡地制的运作对全体纳税人有利,可以保护他们免受渔利型外来者的盘剥,但是,村民有时无视这种业已存在的由乡地垫款的村规,这在政府在全国范围重申"自封投柜"制度后尤为明显。1929年国民政府宣布废除"社书",以杜绝弊窦丛生的包收行为。包收在当时极为普遍,经常为社书所垄断。一如清廷所为,国民政府决心恢复征税中的自封投柜制。这一措施虽然旨在消除包收现象,但是也为一些村民挑战村规、逃避乡地之责及拒绝归还垫款提供了借口。1929年10月,南新庄因此发生一起纠纷。该村村正薛得余控告四名本村村民"破坏乡规"。根据其向县长呈递的诉状,长久以来,该村的惯例是乡地在征税期垫付税款,然后请一位教师向各户分发粮串,以收回垫款。然而,诉状写道,四名村民皆为"无赖土棍","非改乡规不依",坚持"各纳各粮",并阻止乡地为全村村民垫税。但是,据村正称,村中大多数纳税人不识字,不愿意改变村规。这四名村民违反村规的行为妨碍了乡地履行其职。收到诉状后,县长指派区警调查此事,并嘱咐其按当地规定处理(656-3-57,1929)。

对村规的威胁不仅来自纳税人。乡地在收税时也可能违背惯例。我发现两起乡地浮收纳税户垫款的案例。1926 年 12 月 27 日,梁家庄村的三名梁姓村民呈递诉状,指控该村在任乡地梁继富。他们禀称,官府已公布当年的征税比率为每两税银 2.90 元或 11 252 文(铜钱)。但是,乡地多收垫款,每两多收三四十文到一二百文不等。县知事要求区警前往调查。区警回复道,据村正说,是乡地之前算错了账目。村正称,作为双方的朋友,他已调停这起纠纷,并重新核算账目,所有多收税款已退还给原告(656-2-852,1926)。

另一起相似的案例发生在郑家庄村。1920 年,该村乡地吴惟一在上忙开始之时,接到县官命令,规定当年的征税比率为每两 2.30 元,再加上每两 0.20 元的差徭(包括警费和河工捐),共计每两 2.50 元。12 月 18 日,四名史姓村民呈递诉状,指控乡地未在公共场所张贴新税率布告。他们说,垫付税款后,该乡地以每两 2.53 元的税率向村民收回垫款,比公布的税率每两高出 0.03 元,且拒绝退还多收的款项。在县知事的指示下,村正调解了这起纠纷,四名原告也收到退款(656-1-1243,1920)。

可见,乡地在收回其垫款时,有可能多收纳税人税款。但是,这种滥权并不是惯常现象。在通常情况下,乡地不能从征税中牟利,因为其行为受到村民的严密监督;他们不仅知道彼此的税额,而且征税比率的布告会按政府要求张贴在公共场所。因此,每个人都准确知道他们应还乡地多少垫款。那些多付乡地税款的村民,会毫不迟疑地要求退款,如乡地拒绝退款,村民则会发起诉讼。

在这两起案例中,乡地多收的数额很少,第一起中只占应交税额的 0.26% 到 2.6%,第二起则为 1.2%。如乡地收款过高,纳税人则会直接拒绝偿还。这正是 1921 年善后粮捐推迟征收时所发生的情况。在那起案例中,新税率比原税率低 15%,因此纳税人一致拒绝按原税率偿还乡地垫款。可见乡地从多收垫款中获利的机会极其有限。

纳税人不还垫款的发生率更低。我只发现一起这样的案例。1915 年百岭庄村乡地已为所有村民垫付税款,但村民王新顺拒不偿还乡地垫款,乡地对其提出指控。县知事立即传唤被告。王新顺当庭保证偿还所欠乡地之款后获释(656-1-424,1915)。

总体上说,在村民依照乡规进行合作的地方,田赋征收较为顺利。由乡地多收或纳税人拒还引起的纠纷很少,而且一旦发生,很快就会被依据村规加以调解或裁决。

催粮乡地

在获鹿大多数村庄,乡地负责为各户垫付税款。除此之外,少数村庄的乡地只是催促村民纳税;各户按照官方"自封投柜"的要求自行纳税。不用说,催粮乡地的负担比垫款乡地要轻很多,因为他不需要为垫款而借钱,也不需要从各户收回垫款。但是,他对国家的义务与垫款乡地相同。与后者一样,他要保证其负责的所有花户按时足额纳税。如果村民未能在截止日期前完税,催粮乡地则需补足差额;如做不到,则会招致一场庭讯,甚至可能被拘留。因此,催粮乡地和垫款乡地在与官方的关系上并无二致。二者都负责村民应缴税款的全额完纳。无论哪种安排,官府都只跟乡地而非单个花户打交道。

这两种乡地的不同之处在于他们与纳税人的关系。在村规运转平稳的地方,垫款乡地很少与村民发生冲突。与此不同,催粮乡地与当地村民关系紧张。为了避免征税期限过后补足税缺的负担,催粮乡地采取一切可能的手段,催促村民在期限内完纳税款。只有这样,他才能免受一场庭讯。如果已被传唤到堂,也只有在付清各户欠款后,他才能获释。由于没有村规界定乡地与村民之间的相互义务,欠税户觉得没有必要按时偿还乡地。相反,他们会尽可能地推迟还款,在某些情况下,甚至断然否认。催粮乡地跟村民之间的纠纷频繁发生,便不足为奇,占全县所有征税纠纷的72%(47起案例中的34起,包括寄庄地征税纠纷)。这些纠纷的缘起,既有乡地的催征,也有纳税人的拒不还款。让我们先考虑前者。

催粮乡地和同村村民之间的紧张关系,在征税期之初就开始了。为了避免在规定期限过后为欠税人垫款,乡地会强硬地催促村民交税。然而,并不是所有村民都能按时完纳税款;同样,也不是所有乡地都有能力为欠税户垫税。与垫款乡地不同,催粮乡地缺少制度上的支持,也没有族田租金或村公款之类的稳定资金来源用于支付欠款。对于贫穷的乡地而言,由于缺乏足够的信用,他们很难筹措贷款来弥补赋税缺额。所以,总有一些乡地因到最后期限时无法完欠被传唤和拘留。岭底村的乡地张永泰即在1915年12月被扣,原因是他未能付清村民张淘气所欠税款。在亲戚和朋友帮其付清后,张永泰才获释(656-1-419,1915)。

考虑到拖欠税款造成的麻烦,乡地会通过一切手段催促他所负责的村民去纳税。双方的紧张关系随着规定期限的临近而升级。迫使拖沓的纳税人按时缴税的一个有效手段,就是在截止日期前呈递一份指控他们的诉状。1919 年 1 月 8 日,永北村乡地刘顺心提交诉状,称王文宰和村中另外十五个村民无视其再三催促,不仅拒不交税,而且恶言相向,致使其难以履行公差。县知事以一纸对所有十六人的传票回应了此事。收到传票后,各户立即交清税款(656-1-1084,1919)。在另一起案例中,在城村乡地控告同村十二户村民拒不交税。这些纳税人在收到知事的传票后,立即付清应纳的款项(656-1-965,1918)。这里呈递一纸诉状的方法虽然的确管用,但也不可避免地恶化了乡地与村民的关系。

在大多数情况下,催粮乡地和纳税人之间的纠纷,是由后者不还欠款引起的。在这些案例中,多数欠款村民在乡地呈交诉状后,偿还了所欠乡地的债务。① 乡地们经常控诉,那些拒不偿还欠款之人都是无赖之辈。根据东同坪村乡地的状词,这些人"帐(仗)恃强暴,素不务正,在村无人敢惹"。据称,每年他们都拖延交税,迫使乡地为其垫付税款,事后拒不偿还垫款(656-1-599,1915)。在南同冶村,村民王玉林不仅自己拒不偿还乡地欠款,还鼓动他人推延还款。当乡地要求还款时,王竟声称除非收到法庭要求他还款的裁决,否则不会偿还(656-1-392,1915)。在这些案例中,乡地没有

---

① 例如,南郄马村乡地乔允芳在其向县知事呈递的诉状中抱怨道,当他催促村中纳税户缴纳赋税时,"俱是抗违"。因此,他不得不为所有在截止日期前未交税的各户垫付税款。村民乔洛黑共欠他 13.1 元,但只偿还了 4 元,拒不再还余款。因此,县知事派一警察至村,督催拖欠者还清债务。一周后,这名警察报告,乔洛黑已还清欠款(656-1-1091,1919)。又如,1924 年 12 月,南关村乡地王瓒指控三名同村村民欠款 10.52 元。县知事仍是派一名警察至村,结果欠款之人立即还清了乡地余款(656-2-438,1924)。

其他选择,只能靠呈递诉状来收回垫款。

总之,这两类案例说明,在缺乏合作约定的村落,催粮乡地和当地村民之间的关系是相当紧张的。不像垫款乡地按村规为各户预先垫付税款,同时也不像村民按村规及时还垫,催粮乡地要么使用所有可能的手段,迫使村民在截止日期前如期完粮,要么自掏腰包补足缺额。同时由于缺乏约定,纳税人觉得没有按时偿还乡地欠款的义务,有些人甚至否认所欠乡地之款。因此,涉及催粮乡地的纠纷发生率,就比涉及垫款乡地的纠纷高出许多。催粮乡地所在的村庄,自然也远不如垫款乡地所在村庄那样有凝聚力。

但是,我们不应该夸大这种纠纷的常见程度。事实上,大多数关于纳税和还款的纠纷,在乡地呈递诉状前,就已通过"乡众排解"得以解决;涉讼纠纷只占所有这类纠纷的一小部分。[1] 而且这些诉讼在县官发出督催缴税和还款的批示,或签发传票之后,很快就结案。在这一过程中,县官也会指示村正协助处理该案。一旦收到县官的谕令,村正就会调查纠纷的原因,并劝说被告偿还债务,然后向县官报告处理结果,并请求结案(例如 656-1-392,1915)。因此,村社调解在解决涉及催粮乡地的纠纷中起到了重要的作用。

寄庄地税银的征收

在获鹿,大多数地亩为本地居民所有,由县衙门课税。然而,

---

[1] 在帝制晚期,这种纠纷解决方式为大多数民事案件所采用(P. Huang,1996)。

139

那里也存在着大量规模不等的寄庄地，由邻县居民所有，但仍由获鹿县衙门课税。1913 年的统计数字显示，县内寄庄地共计 13 345 亩，应缴赋银 484 两，分别只占该县赋田总数的 2% 和该县总赋额的近 2%（656-1-103,1913）。① 同时也有一定数量的在获鹿之外、由获鹿居民所有，但由邻县课税的寄庄地。②

尽管获鹿县寄庄地的数量较少，但是外来征税人员和本地纳税人之间的冲突，远多于本地乡地与同村村民之间的纠纷。获鹿档案中有 41 起住在本地寄业地主和外来征税者之间的纠纷，以及 22 起获鹿征税者和邻县寄业地主之间的纠纷。这两类纠纷总计 63 起，占到了 1912 年到 1936 年 110 起正式涉讼纳税纠纷的 57%。同时这些涉及寄庄田主的纠纷，又大多发生在实行催粮乡地制的村庄，在这些村庄，乡地不为寄庄地垫付税款。

负责向寄庄地收税的通常是社书，因为只有他知道税册上纳税花户的真实姓名和确切住址。有时候县衙门也依靠执法人员（法警）向欠税的寄庄地所有者征税，就像在其直接管辖范围内对欠税纳税人所做的一样。

在开征伊始，县衙门通常向社书或法警签发一张"会票"，邻县衙门也在此票单上盖章，授权他到邻县催促那里的寄庄地业主交纳税款。意识到这些业户会"倚依隔属，抗不完纳"，县官总会让催

---

① 在帝制时期，与普通应征税土地不同，获鹿县内外的寄庄地可以豁免差徭。只是在 1916 年，差徭（曾在民国最初几年大幅度削减或者完全取消）在河北省大多数县开始恢复征收时，政府才要求寄庄户交纳差徭（656-1-243,1916）。

② 由获鹿县居民所有的县外寄庄地的税额达到 597 两，其中 291 两由正定县课税，40 两由栾城县，119 两由元氏县，17 两由井陉县，10 两由平山县，还有 120 两归寺庙所有（656-1-243,1916）。

款人员向其报告欠款的纳税人，以便对他们发出传票，甚至予以拘留（655-2-12, 1921—1927）。

但是，社书或法警在催征税款时遇到极大的困难。当征税截止日期到来时，他们经常要自掏腰包，为欠税的寄庄地业主补足缺额。之后他们就同样面临如何收回所垫之款的困境。几乎所有社书的诉状都提到，纳税人拒不还款的一个显而易见的原因，就是"仗地欺异""仗恃隔属"（例如 656-3-1102, 1919; 656-2-439, 1924）。作为一个外人，社书无法用强制力征收税款，因为债务人得到其亲属和朋友，乃至整个村社的支持。于是社书经常抱怨"身居异地，不便硬讨"（例如 656-3-455, 1931）。社书也不能求助于村社调解来解决其与当地债务人的纠纷，因为他不是该村社的成员。为了促使寄庄地所有者交税，也为了避免替他们垫付税款，许多社书选择在截止日期之前呈递诉状，控告这些纳税人，就像催粮乡地在处理同村村民税收问题时可能采取的措施那样。这对于负责多个村庄寄庄地的社书尤为如此。[1]

当与欠款纳税人发生冲突时，社书或法警唯一能讨回欠款的办法，就是提起诉讼。因此，对寄庄地业主正式提起诉讼的发生率非常之高。社书要在自己所在县衙门起诉。对于寄庄地所在县的县官而言，由于缺乏乡众调解，在邻县同僚的请求下，他们往往会直接签发对欠税户的传票，而非催促还款的通知。在大多数案例

---

[1] 例如，在 1918 年 2 月，前面提及的栾城县社书韩士杰控告 23 户，无视其"再三催促"，仍"拒不交税"。县知事立即票传所有被告。递送传票的警察很快回来报告，所有被诉村民都已把税款交到栾城县。报告还附有纳税人粮串和当地乡地的结案申请（656-1-909, 1918）。

中，这些欠税户收到传票后，很快就到邻县偿还所欠之款。①

　　在这些案例中，乡地的角色各异。有些村庄的乡地不负责本村村民的所欠税款。而在另外一些案例中，乡地必须分担本村村民的还款义务。例如，当被传唤的欠税人未能到庭时，乡地必须代其出庭。塔冢村乡地张瑞恒便是这样于 1916 年 4 月 4 日被带到衙门的。此前，警察未能找到那个欠税村民，他欠栾城县一个社书 0.07 两税款。乡地具结保证寻找失踪村民，并在十日内向衙门做出答复后，才得以释放（656-1-597，1916）。有时，社书或法警期望乡地能帮他们要回垫款。不足为怪，有些乡地不愿帮助外人，因此受到拒不协助的指控（例如，656 - 1 - 968，1918；656 - 2 - 101，1921）。② 南郊马村乡地韩洛掌甚至因拒绝与栾城县的一个社书牛珩合作而受到拘留，而社书负责对该村七十七户征收税银（共计

---

① 例如，许营村的苏宽因未偿还相邻的栾城县社书韩士杰为其垫付的 0.07 两税款，于 1917 年 1 月被传唤至获鹿法庭。在承诺十日内到栾城县城递送税款之后，苏宽获得保释（656-1-637，1916）。在一起相似的案例中，相邻正定县的法警控告小马村的王玉有拒绝偿还其垫付的 0.0286 两的税款。王玉有很快被传唤至获鹿衙门。正如法庭调查时王玉有的证词所述，他未偿还法警的理由是他的那块土地最近已被一家铁路公司买走，只是尚未过割钱粮。尽管如此，县知事还是令王玉有在钱粮正式过割之前，将那块土地当期应缴的税款递送至法庭（656-2-270，1923）。

② 例如，栾城县社书刘六于 1915 年呈递诉状，指控获鹿县贾村乡地。根据刘六所述，他已为该村一村户垫付税款。当他带着粮串到该村，请求乡地催促该村民还款时，乡地"硬不管理"。因此，为要回自己的钱，刘六请求票传该乡地。在邻县同僚的请求下，获鹿县知事立即传唤了被诉乡地（656-1-400，1915）。

20.973 两）。①

这些案例说明,关于寄庄地的纳税纠纷,要么发生在外来征税人员(社书或法警)和拒不纳税的寄庄业主之间,要么发生在外来征税人员和对欠税的寄庄户负有责任但拒绝协助外来人员的乡地之间。② 这些官司的发生率如此之高,不仅仅是由于纠纷双方处于不同管辖区域,还因为缺乏村社调解;而这种调解能解决大多数当地乡地和同村村民之间的纠纷。对外人而言,在无法指望当地的调解来解决纠纷的情况下,讨回自己垫款的唯一途径,就是提起诉讼,控告欠税人。因此,社书和寄庄户之间的正式涉诉纠纷的发生率,甚至比催粮乡地和同村村民之间的还高。在后者的案例中,正式打官司的纠纷数量,因社群调解而大大降低了。

---

① 照例,牛珩在 1916 年开征之初将税册转交给韩洛掌。之后,牛珩多次去该村要求乡地催促同村村民交纳到期的税款。根据牛珩的控词,韩洛掌再三拒绝社书的要求,称除非见到正定县知事的正式通知,否则村民们不会去递送税款。由于没有乡地的协助,社书无法征收税款,于是向自己所在县衙门呈递诉状,指控那名乡地。在邻县的请求下,获鹿县知事传唤了韩洛掌。在 5 月 20 日的庭审中,乡地称他已催促村民到栾城县递送税款。尽管如此,县知事还是拘留了乡地,并准备将其押往邻县进一步审理。然而,一周后,韩洛掌告知县知事,其村所有村户已到栾城交税,并随同禀状呈递了各户的粮串。获鹿县知事向栾城县同僚写信,请其核实这些村民的完税情况。由于栾城县知事没有及时回复,乡地继续被拘留在获鹿县城,直到 6 月 13 日南郊马村村正提交保释金后,才得以释放(656-1-607,1916)。

② 同样,因不与社书合作而被起诉的乡地大多是催粮乡地,因为在缺少相应村规的情况下,他们认为没有义务帮助社书收税。相形之下,涉及垫款乡地的纠纷就非常之少,因为当地村规要求他们代同村村民向社书还款。在获鹿档案中只有两起记载了垫款乡地在寄庄地税款上的纠纷案例。因拒不代村民偿还垫款而被起诉的乡地,在县知事的命令下,很快就到邻县付清所有税款(656-1-1248,1920;656-1-1214,1920)。

小结

三种税收制度共存于当地村庄之中,即垫款乡地制下的自愿合作、催粮乡地制之下的自封投柜制,以及社书对向邻县纳税的寄庄地实施的包收制。在不同体制下,纳税纠纷的频率也各不相同。在相互合作的村社中,纠纷非常罕见,因为那里的乡地已为同村村民垫付所有税款,而后者也会依照当地村规按时还垫给乡地。在乡地的催促下,村民各自交税的村庄,纠纷可能较多。纠纷发生率最高的,则是纳税人拒绝同外来包收人合作的地方。

纳税纠纷的发生率不同,村社对政府介入地方管理的需求程度也不同。在正常情况下,县官将征税任务交给非正式的代理人。除非未能按期完纳税款,或者是征税人与纳税人发生纠纷,否则县官不会插手征税事务。因此在实行相互合作的乡地制的村庄,县官所起的作用最小,因为村规的有效运转使纠纷很少发生。在催粮乡地制和包收制下,随着纠纷的增加,县官对当地事务的介入程度也逐渐加深。

在国家和乡村的关系上,不同体制的影响截然不同,这解释了为什么自宋代(960—1279)以来,理学家热切倡导自愿合作,将其作为最佳的治理手段。他们相信,这些合作制度在运转良好时,将会使村社和国家双方都受益,因为合作制度减少了国家的管理成本,同时保护了当地人民免受渔利型外来者的侵扰。当地居民发生纠纷时,自治村社很容易通过调解找到妥协的解决办法,而这进一步缩小了官方影响的范围。理学家认为,最佳的统治形式,即最小限度地涉入地方事务,让人民在自愿合作的基础上自我治理(参见吴定安,2000;曹国庆,1997;汪高鑫,1995)。

与此种自治理念截然相反的情形,自然是国家将管理任务移交渔利型代理人,如包收人或者衙门吏役。他们唯一关注的就是自肥,为此不惜损害民众甚至国家的利益。他们鱼肉百姓的行为必然引发与当地人民的冲突,而这种冲突无法通过村社调解得以解决,因此导致官府的频繁介入。相对于理想的合作自治方式与反理想的包收制,官方的自封投柜制看似是一种折中方案,旨在确保国家税收的同时,排除国家和纳税人之外第三方的逐利行为。然而,这一体制的弱点是它需要依靠国家对乡村社会的有效控制。当国家未能通过保甲网络深入至乡村时,它时常造成地方官府求助于当地自发措施的结果,要么是合作自治,要么是各种渔利行为。

在获鹿村庄,垫款乡地制下的自治合作与官方提倡的自封投柜制和官方谴责的包收行为同时并存,这可以看作华北农村地区不同治理方式的一个缩影。虽然在地方控制方面,这些方法在官方表达和儒家话语中会有不同的形象,但一个务实的地方官员并不难使这三者共存于乡村社群中。在他看来,这三种不同的体制实际上是互补而非矛盾的,因为它们各自出现在特定的背景之下,又协同运转确保国家的税收。因此,就地方行政而言,地方官员通常的做法,是容忍甚至鼓励地方的主动精神,只要这些非正式的实践能够实现征税和社会控制的预期目标。虽然这些非正式实践的出现从表面上看是国家无力在乡村实施其构想的结果,但在地方官员看来,深入乡村不仅在财政上没有必要(甚至可能产生相反作用),在意识形态上也与宋明儒学的简约政府(minimal government)和自治社会的宗旨相悖。

正是在这样的背景下,我们能够理解税收方面的国家法令与村规之间饶有趣味的关系。从村社的角度看,任何违背其惯例的行为都被认为是不可接受的。"各纳各粮"虽然是国家明确规定的纳税办法,但仍会被视为对地方村规的违背。对务实的地方官员来说,村规只要有利于征税,就与国家法律完全协调一致,而不管当地村规如何有悖于法定措施。这即是为什么地方官员在处理因村民坚持自封投柜而产生的纠纷时,会认可村规而不是国家法令。因此,用村规代替国家法令,是地方治理中的非正式手段的象征。迟至20世纪早期,这一做法在田赋征收中依然存在。

第五章　土地和税收管理

田赋征收包含一系列管理活动,除了征税,还涉及对土地买卖的管理,对白契的清查与课税、钱粮推收、税册编制与更新,以及清查黑地等。除清查黑地将在第十章讨论外,本章将考察所有这些活动。

上一章已讨论,在晚清和民国时期,获鹿县衙门主要依靠非官方的乡地征收赋税。本章将显示,县官将田赋征收方面的其他各项任务,同样分派给地方社会的非官方代理人,如乡地和社书:乡地负责与土地买卖和地契相关的所有事务,社书管理土地审册和更新税册。这种对地方代理人的依赖,作为典型的传统乡村治理方法,在民国早期政府对财政的需求急剧增长时依然得以延续。后来,国家亦未接手这些管理事务,而是终止了乡地在这些方面的职责,并把这些职责交给跨村的渔利型包收人,造成当地村社的不满,也引起士绅的抗议。深入考察民国早年的这类违法行为和地方抗议,将有助于我们理解为什么国民党政权在1928年以后采取激进措施,重组乡村管理体制。这些内容将在第九章和第十章讨论。

本章首先考察 1916 年以前乡地作为国家代理人在清查白契和征收契税活动中的作用;接着将聚焦于民国早年国家在契税征收中设置新式代理人的尝试,以及渔利型代理人的滥权和地方的抵抗;最后,考察社书在钱粮推收和更新税册中的活动。

作为官府代理人的乡地

晚清和民国时期,契税作为对土地和房屋买卖征收的税种,是政府的财源之一。在获鹿县,每年契税总额为 1500 到 2000 两,相当于该县田赋额的 6% 到 9%。[①] 然而,不同于田赋的全额提解省库,契税大部分由当地衙门和其他机构存留,用于支付其日常开销。[②] 在 20 世纪早期,契税作为县衙门最大的财政收入来源,为当地现代化事业提供资金。省政府的法令规定,契税的三分之一作为"自治"事业(如地方议会、新式学堂和近代警察机关的创建和维

[①] 1902 年以后,获鹿县的契税额被设定在 2980 两。这正是 1902 年在获鹿所征契税的实际数额。

[②] 然而,在帝制时期,契税按规定"净征净解"于布政司库(《户部则例》,10;《田赋》4)。

持)的专用基金。①

在征收契税方面,地方衙门主要关注的是由来已久的逃税现象。根据国家法令,每笔交易过后,买卖双方都要到县衙门登记过割的财产,并交纳契税。官方核准的契约要加盖红色印章,因此称为"红契"。但事实上,极少有人到县城加盖印章。通常他们持有的是通过中间人(在获鹿为乡地)写立的非官方契约,这类契约称为"白契",因为它们没有加盖官印。② 在整个晚清和民国时期,地方官府为增加税收,极力清查这些非官方契约。考察国家在这一领域的活动,以及地方对契税征收的反应,将为我们提供一个独特的视角,以观察其中的国家与村社的互动关系。

---

① 清代契税征收的法定比例为财物售价的 3%(《户部则例》,10:《田赋》4)。到 19世纪,这一比例增至 4%,其中四分之三上缴布政司库,其余作为公费由县衙门留存。这一比例在 1900 年后发生了变化,降至售价的 3.3%,其中上缴布政司库的部分保持不变,县公费的比例则降至售价的 0.3%。为给新式学校提供资金,1905年契税上调 1.65%,这样契税的征收比例就增至销售价值的 4.95%。1916 年后在官中(官方中间人)制下,契税征收比例增至销售价值的 6%。契税在省政府(1%)、自治机构(2%)、县政府(0.75%)、官中(1.5% 作为其"佣金")和私中(非官方代理人,0.75% 作为其"佣金")之间分配。1919 年后在"监证人"制下,这一分配比例稍作变化:省政府 1.5%,自治机构 2%,县政府 0.7%,监证人佣金 1%,学务和公共福利 0.3%,以及成说(非官方中间人)佣金 0.5%(655−1−876,1904;655−1−884,1905;656−1−967,1917—1919)。

② 当原业主对已售财产提出所有权要求时,地契常成为原业主和新业主纠纷的源头。在这类纠纷中,新业主经常发现自己处于不利地位,因为在政府看来白契仍是无效的(参见 P. Huang,1996)。

写立契约

1900年以前，乡地是基层村社中唯一的半官方人员，也是知县可资利用以执行其命令的唯一人员。因此，每笔交易过后，乡地负责为新业主写立"草契"（要成为合法的文件即红契，还需得到县衙门核准盖章），催促新业主到县衙门交纳契税，并协助衙门清查白契。这种依赖半官方乡地的状况，直至1915年都没有改变，此后政府设立了新的代理人，接管了乡地在契税征收方面的职责。

根据法令规定，乡地用于订立草契的纸张，须为官方契纸，由省衙门的布政使印制。为将契税置于其控制之下，也为防止县衙门侵吞税款，每年直隶省布政使都要求其所管辖的州县到其任所领取契纸，同时归还上年未用完的契纸。布政使还要求县衙门每季度（1905年后每月）向其汇报契税的征收数额。①

但是，获鹿县衙门仍自有办法侵吞契税。自1884年起，县里负责契税的部门（柬房）在知县的授意下，印制自己的契税表单（"小契"），代替由布政使签发的契纸（655-1-827，1884—1902）。这便减少了该县从省里领取契纸的数量。② 直隶布政使知晓这一行为后，在1895年给获鹿知县的批谕中明确指出："该县地方辽阔，烟

---

① 官方契纸印有连续的数字编号，并附有契尾。契尾的存根（契根）要填写买卖双方的姓名和住址。财产的价格和交纳契税的数量写在分离契尾和契根的穿孔处。布政使希望通过这种方法阻止县衙门侵吞契税和篡改契尾的行为（所谓"大头小尾"，指衙门职员在契尾填写低于契约中标明的财产价格）。

② 这一数量由1888年的1600份降至1895年的1300份，1902年的1000份，1906年的900份和1907年的700份（655-1-835，1884至655-1-880，1907）。

户繁多,买卖田房之户,自必不少。何以近年领用契尾,递相减少?……显有私用属印小契侵蚀税银情弊。"并且警告说,这种小契一旦查出,按白契处理(655-1-835,1888;655-1-853,1895;655-1-880,1905—1908)。在大多数情况下,县衙门仅将这类批谕视为具文,并照常印制小契。

减少使用正式契纸,只是县衙门侵吞契税的一个方面;另一方面便是最大限度地使用其私印契纸。作为县衙契税征收的代理人,乡地面临着来自衙门的要求使用小契的极大压力。自从1884年印制第一张小契始,每年县衙门都要求各村乡地领取所谓"官版契纸",并在乡地服务的年终,提交所有其在本村经手交易的报告,列明买卖双方的姓名及成交财产的价格。同时,乡地还需要向县衙门归还所有未用完的契纸。但是乡地很少及时回应知县的要求。于是在1901年5月,知县谢某在给所有乡地的谕令中写道,上一年到县衙领取契纸的乡地"寥寥无几",而购买土地和房屋的人"尚属不少"。知县指出,由于乡地玩忽职守,业户置买田宅,往往"无契可投"。因此,他要求所有失职乡地在年中就要到县衙(再次)领取契纸(655-1-827,1884—1901)。而按惯例,此事应在年初进行。

知县的命令并没有改善这一境况,乡地仍然不愿使用契纸。因此,知县在其批谕上抱怨,很少有乡地听从其饬令,向衙门报告村中的交易,并归还未用完的契纸。通常,知县在通告结束之时,对拖延办事的乡地以票传相威胁。但是从任何一位继任知县的谕令上看,均无迹象表明乡地的履职情况有所改进(655-1-827,1884—1901)。1898年知县刘某甚至要求乡地将其经手的所有交易都记录在册簿上,每月初一将册簿送至县衙,而非一年送交一次。不足为怪,没有乡地愿意如此频繁地造访县城,知县很快就放弃了这一想法(655-1-859,1898)。

乡地在契税征收中的玩忽职守,与其在田赋垫款方面表现出的高效率,形成了鲜明的对比。作为一名社群成员,乡地能迅速垫付田赋税款是遵照乡规行事的。然而,领取、填写和归还契纸的任务,是村社之外强加的事情,所以他对这种职责尽量予以规避。毕竟,乡地不是知县任命的官员,而是根据村规由村民中选出的。因此,他首先要对村社而非对国家负责。

催缴契税

清代法律规定对逃避契税者严加惩处,凡购买土地和房屋未交契税者,笞五十,并课以相当于财产售价之半的罚金(《大清律例》,9:《户律》)。然而,仍有很多人在购置了田房之后,不交契税。实际上,如果无人催缴,极少有人主动交纳。1885年签发私印的小契后,获鹿县衙门多次要求乡地督催白契持有人交纳契税。知县在其谕令中警告说,任何乡地若未能完成督催将被传唤至衙门,然而各村乡地又一次漠视了这一命令,甚至在接到传票后拒绝参加庭讯。

1887年情况发生了变化。在催缴契税的文告中,知县警告业主,"若再任意延搁……一并传案究惩"(655-1-827,1887)。正如这一通告所暗示的,现在首先是买主而非乡地承担迟交契税的责任。自1891年起,衙门进一步通过衙役来催缴契税,只是要求乡地予以协助。因此乡地实际上就在很大程度上卸掉了催缴契税的负担。

清查白契

通常,清查白契是社书的职责。作为一名半官方人员,社书主要负责钱粮推收。他是本社(各县为管理税收而设立的一个分区,大约包括十二个村)唯一了解土地和房屋交易详细情况的人,因为虽然买主不愿交纳契税,但卖主必须立即告知社书交易情况,以便将赋税负担过割给新业主。因此,每年知县都会指示社书带着税册到各村,调查新业户是否交纳了契税。在这一过程中,乡地要协助社书(例见655-1-871,1903;655-1-874,1904)。

尽管如此,知县有时也谕令乡地直接清查白契。例如,1892年知县张某就注意到总有"无知乡愚"在纳税过程中隐匿契约以逃税,有些人甚至持有白契几十年。知县要求获鹿所有乡地报告本村的白契情况,并警告要传唤和惩罚那些不能如期到衙门汇报的乡地。10月8日,八名乡地即因此被带至衙门,所有人都谎称因有病在身,无法走动,而未能按时上报。在呈交"今后好好办公"的保证后,所有人得以获释,未受任何惩罚(655-1-849,1892)。事实上,这么多乡地未参与白契清查,对知县而言,将他们拘留是行不通的。作为一种惩罚形式,知县经常针对的只能是未能如期完税的少数乡地。这些情况怂恿了乡地在清查白契时更加玩忽职守。

乡地在这方面的无所作为,源于乡地一职的性质。乡地是由村民选出的,迎合村民需要(垫付税款和在当地交易中做中间人),

而不是由知县指派,对县衙门负责。置身亲朋、邻里关系网络中的乡地,不可能损害自己与村人的关系,去严格履行契税征收中的官方职责。因此,几乎没有乡地指控本村村民未纳契税。[①] 乡地只会在村民拒不支付中间费时才会起诉他们,因为这事关乡地个人利益。

田房官中,1916 年—1919 年

乡地在契税征收中的消极表现,促使衙门创设了一个新的职位,即"田房官中",简称"官中"。官中于 1916 年接管了此前由乡地承担的职责。官中为无薪之职,且每年须向县衙门交纳 80 元以获得官中执照,还要另交 20 元的执照税。因此,一名官中一年共需向官府支付 100 元。1916 年获鹿县拟设置 20 个官中职位,可产生 2000 元的收入。然而,当年只售出 16 张执照,给衙门带来 1600 元的收入。根据规定,官中可从他所写立的契约中获取酬金或佣金,比率为契内财产售价的 1.5%(656-1-967,1917—1919)。然而,实际上官中能够通过各种形式滥用这一制度,获取远高于法定比率的好处。

需要注意的是,购买官中头衔的并不一定是富有和有权势之

---

① 我只发现一起案例:北甘子村乡地指控同村的冯某使用白契代替官方契纸,并且不纳契税。在法庭上,知县指责了被告不交契税和在契约中篡改价格的行为。但是,尽管如此,知县并未对他处以罚金——罚金的数额应为其新财产价格的一半,只是令其交纳契税并呈递按期交税的保证书(655-1-829,1885)。

人;通常情况下,一些人共同出资购得执照,集体充当官中。当地士绅则因这一职位的风险和经纪人性质而加以规避。正如我们以下所见,渔利型官中与当地士绅之间的关系,充满紧张和敌意,最终导致官中制在1919年的终结。

官中与1916年前的乡地有相同之处,即负责清查白契和写立官契。但是,与乡地不同的是,官中并不在当地交易中充当中间人。实际上,因为一个官中平均负责二十多个村庄,在其所辖村庄的所有交易中都充当中间人,远远超出了他的能力范围。另外,极少有人信任官中,托付其寻找买家或卖家,并最终成交,因为对大多数村庄的村民来说,官中是个外人。因此,在本村的交易中,乡地仍然充当中间人。官方文件称之为"私中"(1919年"监证人"制引入后也叫"成说"),与官中形成对照。

私中(乡地)和官中之间的职能区分十分明显。前者是真正的中间人,负责为买卖双方说合成交。后者只负责清查白契、核发官方契纸、为乡地草拟的契约签章和征收契税。1916年后,国家承认乡地在当地交易中的中介角色,允许乡地分享一部分契税作为酬金,在官中制下比率为售价的0.75%,在1918年后的监证人制下比率为0.5%(656-1-967,1917—1919)。

官中的营私舞弊

由于官中一职有利可图,因此在此职短暂存在期间,契税征收中的营私舞弊现象普遍存在。官中因侵吞佣金、不与合伙人分享、向衙门隐匿交易、不用官契写立契约和以低于实际价格写立契约等行为而频受指控。

为说明官中的滥权行为,我们先来看以下官中与合伙人之间的一则纠纷。1916 年,王文德与四名合伙人共同出资 100 元买得一个官中执照,以王文德之名注册。这五人同意按出资比例分享佣金。但是,1917 年 5 月,两名合伙人提交诉状指控王文德。根据他们的控词,王文德将所有收到的佣金据为己有,未与其合伙人分成。另外,在四起王文德经手的交易中,他未用官契写立契约,而是代之以加盖私章的非官方契纸,还向买方承诺不用向衙门交纳契税。王文德也反控这两名原告在处理土地买卖中未用官方契纸。县知事要求王文德呈交所有他经手交易的记录,供法庭核实。最终,县知事做出有利于原告的裁决。王文德被处以 20 元的罚金(656-1-1100,1917)。

官中另一种较为常见的渎职行为,是以低于实际交易价格的数目写立契约,以此获取较高的佣金。1918 年官中雷克香指控其合伙人姚某接受一个买家 7 元的贿赂,仅以售价的五分之一即160 000 文立契(656-1-947,1918)。实际上,低价立契不仅是获取高额佣金的手段,也是官中之间争取更多写契机会的方法。根据规定,买主有权自主选择官中为其订立官契。官中没有特许或专属管辖权。因此,为了吸引交易人,他们以低价立契的方式相互竞争。

例如,1917 年东良厢村的魏元常从本村村民手中以 380 000 文的价格购得一块土地。三个月后,来自别村的官中李洛祺让魏元常的一个亲戚游说魏元常,以获得立契机会,并许诺只以 200 000的价格写契,作为回报,自己也获得 10 000 文佣金。同时,卖主向魏元常介绍了另一个官中戎金德,也来自别村。戎金德向魏元常承诺以更低的价格(180 000 文)填写契约,但坚持要收取与实际售价相对应的佣金(13 680 文)。7 月 9 日,戎金德递状指控魏元常,称买家拒绝使用自己的契纸,并拒绝支付佣金。戎金德的指控立即引起了魏元常的反诉,魏将这两个官中之间的不正当竞争行为公之于众。在庭审中,经过反复讯问,县知事认为这两个官中"减价写契,肥私舞弊",要求魏元常另选官中,以实际价格立契(656-1-749,1917)。

与契主的冲突

官中和契主的关系与征税社书和寄庄户的关系很相似。对大多数村庄的契主而言,官中仅是一个渔利的代理人,其关注的只是"查出"白契和索取一笔佣金流入自己腰包。可以理解,几乎没人愿意向一个外人支付这么一笔佣金,因为官中根本不提供中介服务。于是,许多村民转而求助于当地乡地,订立白契,并尽可能地逃避契税。同时官中制为契主逃避契税开了方便之门。正如前面提到的,在这一体制下,买方有选择官中的自由。所以,一旦他们未使用官方田契和逃避契税的行为被官中发现,他们很快便会找来另一个官中,订立一份正式的契约。因此,官中和白契持有人之间的诸多争端都是由后者逃税引起的。

官中和当地人民之间官司频仍背后的原因,与社书和寄庄户之间的频繁争端如出一辙。作为外人,官中无法依赖当地村民的调解来解决其与契主之间的纠纷。他唯一的办法就是递交诉状。

佣金。在其影响力较强的村社,这种联合抵制确实有效。在这方面,赵梦笔扮演了重要的角色。他是劝学所(详见第七章)的一名劝学员,负责东南区各学堂,还是南杜村的村正。1917 年 7 月 24 日,该区三名官中状告赵梦笔在幕后劝说几个买家不用他们的契纸。据称:"自设立官中年余以来,身等极力催办,而税用并不畅旺。均被赵梦笔以小利鼓吹各绅,欲为把持,以致全境皆受影响。"知事不想伤害其与当地士绅的关系,未对该状发表意见。两个月后,其中一名官中又递一状,控诉在赵梦笔的鼓动下,某买家和某卖家在各自的交易中拒绝使用其契纸,并说赵梦笔"实属有意破坏"。这一次,知事也仅是让区警催促交纳契税(656-1-749,1917)。

由于知事未予介入,赵梦笔更加大胆,竟指派区警在该区到处分发传单,要求村民到其公所集合,讨论解除官中一事。赵梦笔还亲赴邻村寻求支持。于是,官中第三次递交了指控赵梦笔的诉状,还随附了赵的一份传单。然而,这一次,知事仍无动于衷(656-1-749,1917)。

士绅的对抗给官中施加了相当大的压力,以致一些官中放弃其职。例如,官中雷克香于 1918 年提出辞职请求,称他对合伙人在契税征收中的种种不法行为感到不满,根据雷克香所述,这些行为已招致"骂言四起,名誉扫地"。因此,他情愿将此职交给"公正士绅"。县知事接受了他的请求,指示这名即将卸任的官中自己寻找继任者(656-1-947,1918)。

由于全国范围内的士绅抗议不断升级,官中制终于在 1919 年被废除。大多数省份的议会都提议废除这一声名狼藉的职位,因为它对乡村造成了"滋扰"。基于他们的提议,北京的国会于1919年4月通过了一项法案,正式废除了官中制。随后,北京政府发布了一道命令,使这一法案很快得以执行。

官中制历时短暂,说明了民国在现代国家政权建设中的窘境。国家创设了跨村的官中一职,而不是通过业已存在的乡村政权来征收契税,这一事实反映了乡村政权的无效和国家无力深入地方社会(见第二章和第六章)。事实证明,官中仅仅是国家和白契持有人之间的一名渔利型经纪人。支付一笔既定的执照费后,官中就可以自行征收契费,因此他会借机使用一切可能的营私舞弊手段,追求最大收益。

以往的研究已注意到,国家努力去增加赋税收入的趋势,导致罔顾纳税人利益的渔利行为的蔓延(参见 Duara,1988)。然而,这些研究忽略了士绅对这种逐利活动的抵制。正如我们在官中的短暂历史中所见,士绅集体行为背后的动机是复杂的,既有保护当地村社的传统义务,也妒忌官中所拥有的获利机会。不管怎样,他们的反对有效阻止了官中的营私舞弊,并最终结束了这一短命的制度。

田房交易监证人,1919 年—1930 年

1919年4月,新设的田房交易监证人取代了官中。根据直隶省省长的命令,这一新职位将由村正出任;如果一县村庄过多,且村正不精通算术,县知事可以将该县划分为若干区,每区任命几名

监证人。这些监证人从该区村正中选择。如果某一村正不愿担任此职，则他需提名某人代理其职，但是全部责任仍委诸村正。

显然，国家意欲使村正成为其契税征收的代理人。村正创设于20世纪之初，用以取代旧式半官方人员（如乡保、地保或乡地）。然而，作为国家代理人，村正的作用很小，办事效率低。在获鹿县，村正只承担了乡地的部分职责，而乡村管理最重要的任务——征收赋税，依然由乡地承担。

意识到将监证人的职责委诸村正可能有困难，直隶省政府认可了一些变通做法。县知事根据本地情况，可从乡地、"自治"组织成员或者负责地方教育的人员中选择监证人。省长强调，这些变通性安排，只有在县知事解释清原因的情况下才可获准，而且村正将仍负有清查白契的职责。

作为一名监证人，村正担负着如下职责：向县衙门报告村中所有土地和房产交易；清查白契；签发官方契纸，征收契纸费，并加盖监证人印章；充当土地和房屋交易的证人。

与官中不同（官中需要支付执照费和每年一笔的捐费），监证人（在大多数情况下为村正）仅仅是一名政府低级职员，如同1916年以前的乡地；他不需要为其职位向国家支付费用，因此这一职位是没有风险的。然而与1916年之前的乡地不同的是，村正有权分享一部分契税，比例为售价的1%，而且对其签发的每份契约都可收取50文的津贴。同时，村正无须在当地销售和交易中做中间人，这仍是乡地的任务。

当地的显要人物，虽曾避免担任有利可图但风险较高的官中一职，此时却垂涎监证人这一有利而无风险的职位。凭借着在各村的影响力,以及比村正更直接与官方打交道的便利,士绅们为监证人一职与村正展开竞争。结果,1919 年 6 月 1 日,获鹿县知事发布一道命令,终止各村村正的田房交易监证人地位,同时授权该县五个区的劝学员担任各区的监证人,而村正只负责清查白契。

跨村的精英和村正之间的紧张不可避免。曾在 1919 年对官中发起挑战的东南区劝学员赵梦笔,根据县知事的新决定,成为他所在区的监证人,负责处理区内四十多个村庄所有的土地和房屋交易事务。1919 年 12 月,正值典型的年底交易高峰期,赵梦笔向各村分发通知,宣布所有已购置土地和房屋的业户应向他申领官方契纸。这一通知在村民中引起混乱,使他们在选择村正,还是选择赵梦笔写立官契的问题上举棋不定。同时,村正也对此感到不满,因为新规定剥夺了他们发放契纸和收取佣金的权力,但还让他们继续负责清查白契。

当获鹿县五个区的 200 多名村正联名递交禀状(日期不详),要求得到监证人一职时,劝学员和村正们之间的冲突达于极点。为支持自己的主张,禀状首先援引了允许村正担任监证人的省令,接着指出,劝学所的成员都忙于校务,无力担当监证人;土地交易将会使他们从主业中分神。而且,根据禀状所述,虽然劝学员以筹学款为由控制监证人一职,但是学款中契税的比例仅为售价的 0.5%。对比之下,劝学员从契税中分享的税额高达售价的 1%。禀状继续说道,如果那些劝学员真正致力于促进教育发展,他们就应该放弃自己的份额,以增加学款的比例。不管这份禀状如何雄辩,县知事仍拒绝了村正们的请求,并援引另一段省令,即在必要时允许负责教育的人担当监证人。

不过，劝学员担当监证人的时间并不长。县教育会很快发现，这些成员为达个人利益，热衷于土地和房屋交易，几乎没时间料理校务。为避免"教育瘫痪"，县政府于 1920 年 8 月终止了劝学员的监证人职责；作为替代，任命该县新成立的"财政所"五名成员分别为各区监证人。财政所是由当地士绅组成的自治机构（详见第八章），履行先前县议事会承担的职责，诸如决定新税种和管理地方自治机构的财政需求。财政所有五名"调查员"，同时充当监证人。这一情况一直延续到 1924 年，是时财政所被裁撤，并将其职责委任给重新召集的县议事会。此后，监证人从各区村正中选举产生，不再由县知事任命。

由于缺乏自上而下的有效监督，监证人在契税征收中滥用职权的行径与官中一样严重。这一新代理人与村正之间的紧张关系依然如故。我们可以从一个案例中看到这种情况。在此案中，南二区的村正成功地使滥用职权的监证人宋焕文免职。1924 年，宋焕文被选为监证人，负责该区九个村庄的契税征收。根据该区一名村正的诉状，宋焕文之所以能获得这一职位，是因为他是一个区警头目的亲戚，这名区警头目"强迫"该区的村正选宋焕文。然而，宋焕文年龄太大，无法料理其职；他不得不将大多数职责转交其子宋新正，其子又被认为太年轻，无力处理当地交易。宋新正写立的契约造成了很多混乱。而且，根据该区六名村正于 1927 年 2 月 27 日递交的一份联名诉状，宋焕文之子有勒索之恶行。例如，他总是要求获取高于官方比率（每张 100 文）的契纸费。当买方拒不使用其契纸时，他就将这笔未交税的交易报告给区警，导致买方受到严厉的惩罚。因此，新的业主只能从他那里购买契纸，而不管价钱如何。他订立的契纸也错误百出,所写成交数量和价格常高于或低于实际情况,以勒取更高的佣金或对受其庇护者示好。

在此诉状之后,村正们又呈递了四份诉状,指控宋更多的舞弊行为。根据村正们所述,宋在买方申领契纸时,要求买方直接交纳契税,然后他通过向政府少报的方法侵吞部分税款。为增加收入,宋还非法向买方收取一笔契税外的费用,其相当于售价的0.5%。

县知事对这些诉状的回应越来越不利于宋。他对第一份诉状的批示只是让区警调查此事。在第二份诉状上,他批示:"宋焕文被控浮收,不止一次。候传追究办。"这明显是在鼓励村正们对宋采取进一步行动。因此,其中的两位"日夜"调查监证人的违规行为,并向知事报告宋多收了某村民23 415文的税款。县知事批注:"候调查证据,传集讯明严惩罚,不准和解。"另两名村正报告说,村人秦某于1925年12月以191.66元卖了3.8亩土地,应交契税23元。但是,宋将交易日期改为1916年,将价格改为30元,将土地数量改为3.4亩。通过这种方法,这名监证人可非法获取一大笔佣金。县知事做出了激烈的回应:"宋焕文舞弊,大干国法。"

在5月10日举行的庭审中,六名村正和监证人悉数到庭,县知事裁定:"宋焕文充该九村田房监证人,眼目昏花,不能称职。着伊子宋新正代办,或向置地户多开用钱,或多索纸价,或誊(誊)契誊(誊)错,弊窦丛生,殊属违反定章。"因此知事根据相关规定,要求宋支付40元的罚金,并"斥革"了他的监证人职位。同时,县知事令这九个村庄选举一名新监证人(656-2-983,1927)。

总体上说,在晚清和民国时期,获鹿的契税征收经历了从1916年前国家所依赖的旧式、低效率的乡地到官中,再到1919年后监证人的转变。必须强调的是,无论是官中还是监证人,都是作为非正式代理人,存在于正规官僚系统之外的。两者获得其职的方法,或是购买或是当地提名,均非通过县官正式任命。所以,他们都不从县政府领取薪水,只靠抽取客户佣金或所征契税的一部分为生。因此,他们都会把自己的活动看作一种渔利行为,他们唯一关注的就是从订立契约和契税征收中获取最大的利润。

因此,1910 及 1920 年代契税管理的新举措,本质上是旧式乡村控制的延续,以国家依赖地方非正式代理人为特征。然而,与乡地不同,乡地的行为受制于村规和社群监督,而无论官中还是监证人都是作为外人来履行其职的,因此容易营私舞弊。在官中和监证人存在期间,渔利的外来者与地方居民之间的冲突始终未间断。但是,士绅的积极作为有效地抑制了他们的滥权。为维护自己的名声,这些地方显要在寻求机会以自肥的同时,也会保护地方村社。他们与契税征收中腐败现象的斗争,有效减少了官中和监证人的不法行径对当地村社的冲击。

粮银管理

对纳税义务的管理,或者更准确地说,钱粮推收和税册更新,是 20 世纪早期传统治理方式得以延续的另一领域。为保证田赋如期全额缴纳,除了用于邻里监督和犯罪控制的保甲制,清初重新推行里甲制。正如第二章所示,里甲首创于明代(1368—1644),清初得以恢复。在这一体制下,110 户人家组成一个里,其中交纳税

额最多的 10 户按年轮任里长,余下的 100 户再进一步细分为 10
甲。除了为里内各户征收和递解税款到官府,里长还要负责更新
审册以征收丁税,并记录税额的变动以征收田赋。里甲制重建后,
清初的统治者解除了里长的征税负担,但仍让其负责编制审册。
1726 年摊丁入地后,清政府进一步停止定期的人丁编审,并废除了
里甲制。但是里长管理税册的职能保留下来,并逐渐转由识文断
字之人负责,这些人最终成为负责各社税收的专职"社书"(又称里
书、册书、图承、图书、图头)。社是由若干村庄组成的非正式区划
(程方,1939:201—202;江士杰,1944:58;佐伯富,1965;川胜守,
1980;陈支平,1988:153)。担任社书一职的人包括低级功名持有
者、普通土地所有者、衙役,甚至无地之人(佐伯富,1965;山本英
史,1980)。

　　在冀中南,每县都包含十二到十八个社。[①] 在清代和民国早
期,获鹿县有十八个社。[②] 社的规模由两三个村庄到二十四个村庄
不等。为避免各户赋额的混乱,清初规定土地买卖和钱粮推收必
须在同社之内进行。然而,到了 19 世纪,跨社的土地交易和钱粮
推收已十分常见。当时人普遍认为,这种情况造成了纳税义务的
混乱(《获鹿县志》,1985[1876]:70)。

　　20 世纪早期,获鹿各社都有一名或几名社书,其主要职责就是
将某田块的赋额,从先前的业主过割到新业主名下。每一次钱粮

---

① 灵寿县和栾城县各有十二个社(《灵寿县志》,1874,1:16;《栾城县志》,1872,2:
　4),井陉县有十四个社(《井陉县志》,1875,9:43)。
② 明初时获鹿县有十四个里,到 16 世纪时增至十八个里。清初时十八个社等同于
　明代十八个里(《获鹿县志》,1990[1522—1566]:539—540)。

过割,社书都会在交易中按每亩 0.10 元收取费用(李鸿毅,1977
[1934]:6461)。社书因此得以保留私账,记载所负责的应纳税土
地的详情,包括土地真实业主的姓名,以及土地大小、位置和税额。
这些私账被视为社书维持生计的私有财产,不会轻易公之于众。
考虑到税额记录的垄断性,社书通常为世袭之职不足为怪(王元
璧,1935)。

社书的另一项任务是为征税而编造税册。税册在农历年初呈
交给知县,然后在赋税开征前分发各村(《获鹿县志》1985[1876]:
70)。税册依据社书对各户税额的私人记录编制,但只列出社书负
责的纳税人在官方登记的堂名和税额。税册上纳税人的堂名经常
几代不变,因此,在很多情况下与社书私账中纳税人的真实姓名不
同(程方,1939:201—206)。

社书对税册的垄断,至少部分地解释了县衙门在督催欠税人
交税时所面临的困境。由于不知道纳税人的真实姓名和位置,被
派往各村催税的衙役(1900 年后为法警),经常回报"查无此人"。
清代和民国时期,尽管国家多次禁止,尽管官方和士绅的话语都一
贯认为税收中的弊端和额外征税源自这种非法行径,但为了减少
税收赤字和改善自己的考成,县官往往愿意将征税的事务包给社
书,便不足为奇。在 1930 年废除社书制以前,河北省很多县普遍存
在这种行为(李鸿毅,1977[1934]:6459)。

然而在获鹿,乡地制成功地阻止了社书的包收行为。根据大
多数乡村的乡规,乡地的职责是为整个村社代垫税款。而社书的
基本任务是处理钱粮推收和编制税册。唯一的例外是征收"寄庄
地"税款,这是邻县居民向获鹿县衙门应交的税款。不交纳寄庄地

税款的现象十分常见,而且获鹿县衙门很难在管辖范围之外督催纳税。社书由于了解真实纳税人姓名和住所,因此,常常负责寄庄地税款的征收。当税额无法如期完纳时,社书就得支付短缺部分,然后向欠税人讨还垫款(见第四章)。

社书滥用职权

考虑到社书垄断着赋税记录,对其在钱粮推收和税册编造中舞弊行为的攻击充盈于官方话语和士绅笔端,便不足为怪。其中最臭名昭著的花招当属"飞洒",即减少或消除某些花户的税额,将它们"飞洒"到其他花户身上。另一个花招是"诡寄",即以假名登记土地,以便真正的业主能够逃避税负;或者以一个功名持有者的头衔登记土地,以便能以较低税率纳税;第三个花招是"换兑",即为了提高和降低税率而改变在册土地的等级,因为税额是根据土地等级而定的。这些在清代盛行的做法,在民国时期仍然遍及全国。[1]

虽然很难判断获鹿社书制的运转如何有别于全国其他地区,但是获鹿档案的确证明了上述滥权行为的存在。在编造税册时,获鹿社书经常使用的一种诡计就是提高赋额。对寄庄地的征税经常出现这种情况,因为社书负责征收寄庄地税银,在欠税户偿还其垫款时,可以轻易收取额外之数。以居住在宋村的涉讼社书李洛

---

[1] 对纳税义务管理中非法行径的进一步探讨,参见徐羽冰,1934;王元璧,1935;姚树声,1936;陈登原,1938:180—181;萧公权,1960:107;佐伯富,1965;山本英史,1980;陈振汉等,1989:292。

勋为例，1913 年 1 月，相邻正定县南高家营村村民何敏状告李洛勋增加其税额。根据此状，何敏过去一直以"何锦堂"之名完税 0.458两，但是李洛勋将其税额增加了 0.04 两，致使其税额达到 0.498两。更为恶劣的是，李洛勋蛮横地拒绝了何敏的更正要求。为表明其税额数量的确凿，何敏随状附呈了以往所有的粮串。在邻县同僚的请求下，获鹿县知事立即拘传李洛勋。李洛勋马上请县议事会调解这一纠纷，并保证取消额外的 0.04 两。但是，县知事拒绝就此结案，坚持要社书书面解释其如何犯错。根据李洛勋的辩词，他已 72 岁，而且老眼昏花，只是在编制税册时犯了一个笔误（656-1-69，1913）。

在一起相似的案例中，北寨村村正张洛和控告休门村社书赵吉荣对本村数户多征共达 2.18 两的税款，同时消除了一块约为 13亩的寄庄地的税款 0.383 两。村正称社书企图将寄庄地赋额转移给北寨村村民，以侵吞这笔税款（656-3-611，1932）。第三个案例来自小于底村，村民杨白妮长久以来以"杨宗义"之名纳税 0.408两。但是，社书赵洛茂在 1930 年编制税册时重复了杨的名字，导致杨白妮不得不交税两次。受害者告发后，赵洛茂答应于次年更正税册。在来年，赵洛茂还将自掏腰包为杨白妮交纳这笔额外的税负（656-3-431，1931）。

更加难以容忍的滥用权力行径，是在税册中添加虚构的花户和税额。根据 1927 年 6 月 26 日东新村村正和乡地的联名诉状，为该村编制税册的社书，将八名纳税人从税册中勾除，其税额共计3.33 两；同时添加了十一名纳税人，税额共计 0.21 两。这两名原告感到惊诧，因为被消除税额的这八个人，并未卖过土地，而所列的十一个纳税人,在该村并不存在。县知事指示负责税收的部门更正税册。最后证明,在这十一个不知名纳税人名下新增的 0.21 两土地税税额是"空银"。空银是指因原纳税人死亡或消失又未指定继承人而存续的纳税义务。社书将这笔空银"飞洒"给其负责的所有纳税人,因为他不能指定具体的纳税人对这笔税负负责(656-2-992,1927)。[①]

这里需要讨论的是社书在钱粮推收和更新税册中的舞弊行为究竟达到何种程度。对于社书而言,暗地里增加空银、将空银飞洒给业已存在的花户,并因此减少受其庇护者的纳税义务,所有这一切并非不可能。他甚至可以捏造"绝户"或"逃户",然后减少或消除其支持者的赋额,并把这些负担转嫁给他人。然而,在当地村社中,绝户或逃户的实际数量很少;社书不能无止境地虚构绝户、逃户,或增加他们的税额。需要进一步说明的是,虽然此类诈术时有发生,但社书不能以此为常态,因为他终身要以钱粮推收为业,并且其职位也是世袭的。而且因为社书不负责征收土地税,所以捏造绝户和逃户,或增加和飞洒其税额,都不能直接使他受益。换言

---

① 社书在编制税册时的欺诈行为无疑是造成各户税额混乱的首要原因。但是,纳税人逃避税负的行为也加剧了税收管理中的混乱形势。虽然社书住在村中,能与村民直接接触,但他无法监管其负责的多达十几个甚至更多村庄中所有的土地交易,这就给土地所有人逃避纳税义务留有了机会。例如,1915 年南海山村的张富祥买了 50 多亩土地,但逃避接收附着于此的税额(1.32 两)。乡地胡际运要对一切欠款负责,因此自己出钱交纳了税款,同时与买家对簿公堂。在县知事的指示下,张富祥保证将这块土地的纳税义务过割到自己名下并偿还乡地的垫款(656-1-966,1918)。如果土地多次转手,而纳税义务没有过割的话,纳税义务就会更加复杂。东许营村的苏金祥因此被同村村民苏克纲状告,因为他从原告手中买了 8 亩土地,但未将税额过户至其名下。之后,他又将这块土地卖给另一个村民,仍未过割税额(656-3-435,1931)。

之,只有当社书本人也是一名征税者时,他才可能从中舞弊。然而,在获鹿及冀中南相邻各县,社书充当税款包收人的情况仅局限于少量寄庄地。通常社书只负责钱粮推收和税册更新;征收和交纳土地税是乡地的职责。

社书更不可能毫无理由或毫无借口地增加现有村户的赋额。在正常情形下,每村或村以下的牌都有各自的征粮簿册。纳税户也非常清楚自己该交多少税,因为他们在完税时都会收到粮串。因此社书很难欺骗纳税人以增加其税额。前面提到的宋村原告何敏,在状词中便这样陈述:"况此粮银,身村向有簿册,又有粮串可考,岂能任其增添?"(656-1-69,1913)社书滥权所面对的,绝不是无知的受害者;这些纳税人一旦发现上述欺诈行为,就会采取行动保护自己,因为这些新增赋额直接影响他们的生计;甚至轻微提高他们的赋额都会变成永久的负担。在这种情况下,社书的欺诈行为虽然不可避免地会时常出现,但不是没有限度的。

正是在这种角度下,我们能够理解为什么县衙门,特别是负责赋税征收的户房,不接管社书钱粮推收和更新税册的职责。表面的原因就是衙役人员有限。住在县城的少量衙役人员不可能熟悉日常的土地买卖,以及处理由此而来的几百个村庄的钱粮推收。国家拥有的唯一赋税簿册是《赋役全书》,该书是在清初根据晚明赋役簿籍编成的。由于县级以下缺少正式的机构,因此衙门机构本身无法更新税册,只能将此任务委派给相沿已久的社书。

国家容忍社书制更深层次的原因,是社书欺诈的机会较为有限,而且在通常情况下,社书能够履行其职。首先,在交易过后,卖方倾向即刻请社书将其赋额过割给买家;对他们而言,不太可能继续为不再属于自己的田产纳税。而且社书不会放弃从钱粮推收中获取手续费的机会,因此,社书总能够在没有国家监管的情况下,完成钱粮推收的任务。第二,社书在每年为国家更新簿册方面也表现得较为称职。官府允许社书存在和抽取钱粮推收手续费,正是因为社书向县户房呈交其所在社最新的纳税人清单及其税额;正是基于这些税册,户房可以向各村各户发送征粮红簿。为了保住其职位和维持生计,社书每年都在征税期开始前尽忠职守地向户房提供税册。在征税开始之前,户房总能向各户正确地分发征粮红簿,表明了社书已及时呈交更新的税册。尽管钱粮推收和税册更新在田赋管理中起到了至关重要的作用,但在帝制时期政府从没有直接参与这些活动。由于将这些职能完全委任给了地方社群中的非正式社书,只有在村社无法调解发生在社书与纳税人之间的纠纷时,县官才会以仲裁人的身份介入。在县官看来,让社书承担钱粮推收的职责,比委之于衙门胥吏更可取,因为社书为了这份世业,受过专业训练,并且作为当地社群的一员,不太可能比胥吏更加肆无忌惮地从事欺诈活动。

这种对非正式社书的依赖,一直到 20 世纪初都未发生变化。虽然国家试图在 1900 年后通过设立区警和村政权,将其影响力延伸至乡村,但是在纳税管理方面,这样做的作用是有限的。区警的职责局限于督催欠款纳税人,而村正通常仅充当县衙门和村社之间不关纳税事务的联络人。由于缺乏管理税册的官方机构,社书一职一直很好地延续到 1930 年代早期,在编制税册方面起到了不可替代的作用。

小结

最后，我将总结帝制晚期和民国早期县衙门在土地和赋税管理方面不断变化的措施，并探讨其对理解国民党统治之前华北传统的乡村治理方式的意义。

县衙门传统的地方管理方式，是将土地和赋税管理的任务委托给地方的非正式代理人，包括乡地和社书。这些代理人在当地村社中扮演了双重角色——他们在田房交易及钱粮推收中满足农村居民的需求，同时履行县衙门指派的职责。具体而言，乡地在土地、房屋和其他商品的买卖中，作为中间人为本村村民效劳，并收取佣金；同时他协助官府调查田契和征收契税。社书为当地居民推收钱粮，并收取费用，同时为国家更新税册。

从国家的角度讲，将其职责委派给地方社群的非正式代理人这种做法有明显的优势。作为非官方人员，乡地和社书不拿薪俸，而是为当地居民交易和钱粮推收提供服务，以此抽取费用。因此，使用这些非官方人员不耗费政府的成本，而且节约了政府雇用职员以履行这些职责的费用。更为重要的是，将契税征收和钱粮推收之事交给当地社群，也减少了在这些活动中滥用职权的可能性。作为当地社群的一员，乡地或社书的生活和工作根植于当地的社会网络中。这些人滥用职权，谋取非法利益或者向其亲友示好的现象自然无法避免。然而，也正是同样的社会网络，使他们处于整个社群严密的监督之下，公然的欺诈行为并不多见。

这种做法的劣势也是明显的。由于没有回报，国家也未过多施加压力，乡地缺乏履行契税征收和清查职责的动力。作为当地社群的一员，他不愿以损害自身与村民之间的关系为代价过于认真地履行这方面的职责。乡地的无所作为导致不纳契税的现象十分普遍。但是，县衙门并没有表现出接管乡地之责、自行对白契课税的倾向。这在很大程度上是因为契税仅占国家全部税收的一小部分，另外契税征收不像田赋征收那样影响县官的考成、升迁。而且，在清代所有已收的契税都必须上缴省库，县衙门并不能从契税征收中受益。尽管纳税义务时常混乱，县官却无兴趣接管社书在钱粮推收方面的职责，因为该县田赋总额是固定的；纳税义务的混乱，只是社书与各花户之间的事情。只要社书能提供保证税款总量的税册，县官便对改革纳税义务管理体制失去兴趣。当各户税银的混乱引起任何税款征收问题时，县官总会要求社书负责弥补由此造成的缺额。

职是之故，县衙门在管理土地交易和纳税义务方面的作用十分有限。通常县衙门是与非正式的代理人（乡地或社书）而非各个纳税人打交道，只有在省政府的训令下或者在代理人与纳税人之间发生纠纷时，才会直接面对各个纳税户。在大多数时间里，县官容忍白契的广泛使用和税册的混乱。县衙门只有在代理人企图侵吞契税，以印制和签发非法田宅契纸代替国家正式契纸时，才会对契税征收表现出兴趣。县官作为一名介于省衙门和乡村社群之间的行政官员，充分利用其中的空间，为牟取私利熟练地操弄着自己的特权，而无须完全遵从上级的政策和法令。就此而言，县官绝不是国家的忠实代表，而是采取实用的办法为官一方。他运用各种

可行的手段，无论正式与否，以实现其田赋征收和地方控制的
目的。

在 20 世纪以前，当国家的财政需求相对稳定时，这些措施大
体上是可行的。但是 1900 年后，随着国家对税收需求的稳步增长，
这些措施难以为继。诚然，在整个晚清和民国早期，获鹿县和华北
其他许多县的田赋总量保持不变；这在很大程度上解释了为什么
在 1928 年国民党统治前，只跟田赋相关的社书制得以延续。但是，
为给警察组织和公立学校等一系列现代化事业筹措资金，国家必
须创设新税种、提高已有税种的征额，包括此时已部分存留于县政
府的契税。这样一来，县衙门就不能再依靠乡地了，因为乡地首先
服务于当地社群，而非国家的代表。由于县级正式管理机构的阙
如，对县衙门而言，可行的选择，就是把契税征管的职责委诸当地
包收商，以换取稳定的契税收入；或者选择另一个方案，即将这些
任务委托给新设的跨村"田宅交易监证人"，并允许他们分享一部
分契税。由于他们这种交易行为的逐利本性，以及社群约束的缺
乏，营私舞弊四处泛滥。士绅对他们滥权的反抗，只是证实了宋明
理学家对国家透过渔利型代理人过多干预地方社群的传统顾虑。

传统的地方治理方式，是以将国家职能并入地方非正式机构
为特征的，但是这种治理路径在 20 世纪早期遭遇了根本性的挑
战。1900 年后，随着国家财政需求的剧增，这种治理方法颇成问
题。而这些问题的日积月累，反过来又增强了国家对非正式因素
的依赖。将管理职责委托或承包给逐利的代理人，只能导致地方
管理中的滥权行为更加严重，从而造成管理活动中更多的冲突，进
而侵蚀国家的合法性。为解决这一问题，国家将其管理的触手延

伸到县级以下,并将土地和税收管理置于其直接掌控之下,就显得非常必要。正如我们将在第九章和第十章见到的,这些正是1928年后国民党政府试图从事的工作。

第二部分
1900 年以后的新变化

第六章 权力、话语和合法性——村正充任纠纷

在 1900 年以后的晚清时期和民国初年,作为"新政"的一个重要方面,政府广泛设置了村正(村长)一职,将其作为它在地方村社的正式代理人,以取代半官方的旧式乡地。以往有关华北乡村的研究,考察了 20 世纪早期乡村政权的组织和运行(李景汉,1933;Fei,1939;Yang,1945;Gamble,1954,1963),包括它在税收和治安中的作用(Myers,1970;P. Huang,1985;Duara,1988;从翰香,1995),以及卷入地方抗争的情形(章有义,1957;Prazniak,1999)。但是,这些研究很少顾及在国家权力向下延伸和重构地方权力模式的进程中,乡民对村社领导层所持观念的变化,以及乡村精英自身意识的转变。因此,在本章中,我的主要关注点是,村政权的设立怎样引起村社权力的重构;更为重要的是,它怎样进一步影响农民对乡村领导层的认知,而这些认知形塑着士绅和乡众争夺地方社会各种权力的策略,或者是与各种权力做斗争的策略。

这些变化的核心，是村社成员确立并接受了新的领导体制。为了解此一过程，我们有必要把乡村精英的权力基础跟他们的权力及地位的合法性区分开来。学者们已经辨明精英确立其在村社支配地位的各种资源或基础，诸如，宗族力量和土地所有权（例如Beattie，1979；P. Huang，1985）、地方宗教及宗族活动中的社会等级制度和网络（Duara，1988）、赋税征收中的角色（Pomeranz，1993）、公共财产的控制（Dennerline，1979—1980；Watson，1985）、在地方社群中的家长式保护人地位（Duara，1990，1995）、强制力量和军事权的垄断（X. Zhang，2000），或者是上述各种因素的结合（Esherick and Rankin，1990）。很明显，虽然这些基础和资源在树立并维持个人在村社的声望和地位方面至关重要，但是它们尚不足以证明其领导地位和支配权的合法性。为了使自身的支配地位合法化并使之延续，这些权势人物必须努力按照民众心目中合格村社领袖的标准行事。换句话说，乡村精英的领导地位的合法性，是建立在村众对其权威广泛认可和接受的基础之上的，而这种认可和接受又与他们坚持村社成员的价值观和行为规范联系在一起。

值得强调的是，20世纪早期，在国家政权建设和外来影响日益增长的背景下，合法化进程不可能只限制于村社之内。作为一个外加的职位，村正一职的合法性，跟国家对这一职务的表述和支持密不可分。当国家大体上仍然能够维持其自身统治社会的合法性，并在村社中保持不同程度的影响时，情况尤为如此。因此，为了理解合法化过程，我们不但要考虑地方村众的价值观和态度，也要考虑外部对乡村领导充任的影响。

为了阐明村众对地方领导层所持看法的不断变化及其对权力

关系的影响,本章集中讨论民国时期村正充任方面的纠纷。获鹿县档案共计有 47 卷涉及此类纠纷。① 这些材料极具价值,主要有几个方面的原因。首先,这些案例中的诉状、辩状和呈文,展现了乡民们如何看待这一新设职务,以及在村民心目中,一个称职和合法的村长理应如何。其次,这些纠纷牵涉村中所有的显要人物,包括村正、士绅、宗族耆老、乡地,以及到乡村从事调查工作的政府官员。据此,我们能够分析村政权的出现引致的地方权力结构的变化。最后,县知事对诉讼案件的裁决及其处理行政纠纷的方法,披露了衙门与地方社会的互动关系。

这些案件记录之所以珍贵,也是因为其集中于 1913 年至 1928 年间,而此一时期在很大程度上尚未为以往的乡村政治研究者所关注。现有研究多讨论了晚清和民国早期的地方自治(Kuhn, 1975;Esherick, 1976;MacKinnon, 1980)。然而,作为 1910 及 1920 年代自治活动中重要组成部分的乡村政权,基本上未被涉猎,这在很大程度上是由于缺乏第一手材料。那些以"满铁"田野调查为主要史料来源的华北乡村研究,则主要集中于 1928 年以后的国民政府及日占时期。这里侧重民国早期,以弥补此一研究领域的空缺。

---

① 这些档案篇幅不一,大多仅有数页,通常包括一张诉状和县官的批词,有时也包括被告的辩状和调查报告。在这里,这些材料主要用于有关乡村政权的产生、纠纷原因,以及村正选择的一般性讨论。然而,本章讨论的主要部分将集中于少数有详细记录的纠纷。这些案件揭示了村社权力关系的复杂性和村民对地方领导层的看法。

村正职务

20世纪早期,乡村的领导权掌握在两个既有区别又密切联系的地方精英集团手中。一是传统的乡绅,包括有名望之士(通常是功名持有者、生员和监生)和宗族耆老。我们也可把旧式监督组织(保甲及其变体)的负责人,诸如获鹿的乡地归入此类,尽管这些人员大多来自普通民户,很少具备地方精英的资格。另一个集团则包括在晚清和民国时期新出现的地方自治机构中拥有一席之地的人,诸如村正和学董之属。无论旧式还是新式士绅,他们中间最为突出的当属村正无疑,此职通常由村中最有影响的人出任。

光绪(1875—1908)末年,获鹿广泛建立了村政权。[①] 按国家法令,村正职位的候选人,必须在地方上具有良好的名声和能胜任此

---

① 王福明(1995)认为,村正在宣统年间(1909—1911)设立于宝坻县。获鹿县的记载表明,村正出现早于此时。于底村的一个村正在1913年请求辞职时,声称其自光绪三十三年(1907)一直充任此职(656-1-1099,1919—1920)。又如,小毕村村正在1921年请求辞职时自称"被村人举为村正……迄今十有数年"(656-2-140,1921)。在姚家栗村,村正在1919年声称,他"充当村正十五六年"(656-1-1099,1919—1920)。大郭村的村正在1921年说他已任此职达二十多年之久(656-2-139,1921)。

职的起码学识。① 显然,国家期望那些通过非正式渠道协助衙门管理农村的地方士绅去出任新设立的村职。国家选择村正的方式是由全体村民投票公举。一旦达到法定的选举结果,知县就会给新当选者发委任状。② 村正任期一般是三年。任期届满时,他通常主动提交辞呈,并把委任状归还知县。

正如案件记录所示,村正充任纠纷多与争夺此一职位有关。村正控制了本村所有的公款,因此这一职位有油水可捞而令人垂涎。为了争夺对诸如"学款"(参阅第七章)和"跟随乡地钱文"(参阅第二章)等资金的控制权,村民经常为村正一职产生纠纷。例如,在徐家庄村,乡地的"跟随乡地钱文"在1920年代中期已达30 900文之多,两个乡地在1926年谴责他们的村正,因为村正试图控制应作乡地代垫税款之用的资金(656-2-814,1926)。

尽管村正职位在1920年代中期以前通常是有利可图、令人向往的,但当华北军阀混战频仍,兵差负担激增,且直接加之于村正

① 根据1922年获鹿县预备理事会通过的决议,村正必须"素孚乡望""办公熟悉"。对乡村士绅的这种偏好,在1930年代早期,国民政府以乡长代替村正时仍保持未变。根据新生效的地方政府组织法案,乡长候选人必须至少具备下列条件之一:候选公务员考试或普通考试、高等考试及格者;曾在中国国民党或政府统属之机关服务者;曾任小学以上教职员或中学以上毕业者;经自治培训及格者;曾办理地方公益事务著有成绩,经区公所呈请县政府核实者(程懋型,1936:258—275)。显然,国家试图吸引地方精英到乡公所来,因为普通村民很少能满足这些要求。
② 以下(656-2-814,1926)为委任状的样式:
获鹿县政府委任状
兹委刘玉瑞充徐庄村村佐
民国十一年九月十六日
(获鹿县印)
知事程文谟

而非乡地时，这种状况很快逆转。担任村正变成了一种费力不讨好的差事，多数人对此视若畏途。因此，逃避村正职责的纠纷明显增加。例如，上面提及的徐家庄村的村副刘玉瑞和村正便发生争执，刘玉瑞想辞去他的职务，并把职责推卸给村正。这样，每当有派捐任务，村正就埋怨村副不合作。例如，在 1926 年 6 月，上级要求村正提供一副马鞍和一名劳力，他便遣责村副"不帮同办理"。次月，村正又接到一个命令，要求提供驴子。刘再次拒绝合作，村正再呈一纸诉状。两个月后，村正复被要求提供粮草。由于未获村副的协助，村正抱怨道："实实不能办理。"最后，村正于当月把他的委任状交还给县知事，并要求辞职（656-2-814，1926）。

村正的资格

尽管村民之间的纠纷大多事关村正充任的利益得失，但讼争之点常常集中于村民充任该职务的资格上。这些资格包括现任村正或即将就任之人的年龄和学识、脾性和社会地位、个人操守和办事能力，以及他是如何获选的。这里将要论证，在村民们眼里，村正的资格构成是一个混合体，既要符合他们心目中公正的村社领袖的传统形象，也要符合官方的年龄适当、经正式选举、富有能力的政府官员的标准。村民们对村社领导不断变化的认知，直接形塑了他们处理诉讼的策略。

学识、脾性和年龄

让我们从姚家栗村的一场纠纷开始。该村有 180 多户,村民均姓姚。1912 年,该村用姚姓宗族的族款兴办了一所学堂。那时,这个宗族有 80 多亩公有地,每年地租 40 000 文。在 1915 年,地租增加到 611 200 文。大多数地租用来为学堂提供经费。然而,随着经费的增加,为了控制地租收入,村民们也加强了对村正一职的争夺。1919 年,村中的生员兼学堂教师姚汉杰对姚成身提起诉讼。后者 68 岁,已充任 16 年的村正和 8 年的学董。素孚众望的教师与拥有权力的村正之间交恶已久。教师垂涎村正和学董职位,村正则视教师为心头大患。在姚汉杰最初的诉状中,他谴责姚成身通过少报收入多报支出的方式"吞食学款",因此有负众望,应免除其村正职务。接着,他解释姚成身不能胜任其职,称村正"目不识丁,性情急躁,好骂街场",又说村正"年近七旬,作(做)事昏迷,性情急躁,办事不周,好骂街场,仗势压人,理较反被忖斥。众人不服"。最后,姚汉杰得出结论:这些缺点,再加上侵吞公款,诸如此类,使姚成身难以胜任村正职务。

作为村中一名有特权的生员,教师姚汉杰集中攻击村正的最致命弱点,即没有文化。姚汉杰声称,村正"目不识丁",却一直负责校务,这是令人无法接受的。姚汉杰接二连三地状告村正,反复声称村正"本不识字""对于学务,不肯提倡"和"毁坏乡村教育"。为了把村正从其职位上赶走,教师姚汉杰提名一个可任村正的人选。据称,此人写得一笔好字,"忠诚练达",堪充村正、学董之选。

村正姚成身很了解自己的缺点。在法庭审理之始，他就承认自己"幼未读书，不认识字"。在辩诉中，村正把自己脾气暴躁归因于"处世率真"，并强调他过去尽职尽责，在村民中享有威望。他解释道："村正之事，一乡仰望，非人品端正者，不能接充。身虽不才，自充村正数十年来，并无舛错。"据村正所言，教师姚汉杰所提名的村正，"乃石庄街推小车卖蒸食沿街叫喊之人"。因此，村正断言，此种人必定无法胜任村正之职。

尽管他们对村正及其人选的理解有所不同，甚至自相矛盾，但是，有一点很清楚，涉讼双方谁也没有质疑作为村正充任资格的学识、脾性和适当年龄之重要性。每一方在辩论中所采用的策略，都是突出这些资格的重要性。在整个诉讼过程中，教师姚汉杰充分利用自己的士绅身份攻击村正的目不识丁、坏脾气，以及年纪大。对付这样一个令人头疼的对手，村正不得不在一开始就坦承自己的弱点，但同时强调自己的声望和恪尽职守。

不识字和年迈可被用作不胜任村正职务的理由；而当村正职务变成一种负担、吃力不讨好时，它也可以成为辞职，或者是逃避该职务的一个很好的借口。1926 年，年届 63 的徐家庄村村副刘玉瑞在请求辞职时，自言"年迈气衰，无力办公"，同时推荐胡元成作为接任人，称胡"家道殷实、人品端正、文理通顺、办公无私"。胡比刘大 6 岁，不愿担任此职，称自己"年逾七十，步履维艰，兼咳嗽痰喘，目不识丁，难胜斯席"（656-2-814，1926）。又如，1919 年，张家庄村 62 岁的村正在请求辞职时，所持的理由是自己"年迈无能"，且"庸愚少识，无德无能"（656-1-1158，1919；亦可参阅 656-1-70，1913；656-1-377，1915；656-2-140，1921；656-2-569，1925）。

这些案例显示,在涉讼当事人的心目中,一名合格的村正,既不完全符合传统的村社领导形象,也与国家的设想相去甚远。重视村长的个性,与其说是官方的要求,还不如说是传统的价值观念所致。这种观念源于儒家传统;儒家思想倡导君子在道德教化中的垂范作用。在这样的传统中,一个受过良好教育,且常常作为村社领袖的士绅,在与普通人交往中,应该是一位谦谦君子,待人彬彬有礼。当村正职务开始出现时,村民自然以心目中理想的村社领袖的标准,来要求这些新官员,期望他们能以谦和、自制的态度对待乡众。"性情急躁"和"好骂街场"如姚村正者,被视为一种严重的缺陷,会使其失去任村正一职的资格。

注重个人品性固可视作传统价值的体现,而强调村正的适当年龄,是对官方要求的一种恰当回应。长久以来,在村社服务中,年长被看作一种财富而不是缺陷。耆老通常是村社中最受人尊重和最有影响的人;他们常常占据村内和跨村组织以及宗族组织的首领之职(Fei,1939,1953)。然而,在20世纪的国家看来,这些人不是乡村政权的合适人选,因为这些新的职位需要充沛的精力,去承担在地方管理和征税中不断扩大的职责。一个理想的村正,应该是一个"年力精壮"(或"年力正强")之人(656-1-70,1913;656-1-561,1916)。把年老作为不能胜任村正之职的条件,或用它作为一个逃避此职的借口,反映了村民对国家要求的回应,并且是对乡民们传统价值观的一种背离。

个人操守

另一个影响村正充任资格的因素是个人操守。与传统村社领袖一样,村正的名声不仅在于其增进地方福利的能力,还在于他对与地方领袖相关的社群准则和美德的奉行情况(Bourdieu, 1977: 193—194)。一个理想的村正,在处理公众事务时,应该是正直和公正的,同时应该品行端正,私生活无可指摘。因此经常被用来描述村正人选资格的,便包括这样一些惯用词,诸如"人品端正"(例如 656-1-733,1917)、"中正和平"(例如 656-1-70,1913)、"正直无私"(例如 656-1-377,1915)和"办公无私"(例如 656-1-1158,1919)。候选人如果偏离了这些村社准则,将会受到村众的责难,也会使自己失去村领导资格。

非法性行为可能比其他所有恶行更能破坏一个人在村社中的名声。东昆村便发生了这样一起纠纷。在这场纠纷中,学董张士俊企图把张鹤年从村正位置上赶走,原因是他曾和一个"匪妇"有染。根据张士俊的控诉,在某个星期天,当教师们离校返家之后,在学堂空无一人的情况下,村正试图与此妇在学堂发生性关系。他们的行为被一名学生撞见,后者捡到该妇在仓皇逃离时落下的发夹,并把它交给学董。自此以后,控诉不断,所有的村民都知道了这个丑闻,并决定把村正赶下台。村正否认这种指控。后来在第二次辩诉中,村正承认他曾和学董的"生有几分颜色""未出闺门之三女"发生性关系,当时学董女儿年仅二十出头。尽管他曾给这个女孩"银钱首饰多多",以及几十亩地,以安抚女孩的父亲,可是女孩的父亲在把女儿嫁到一个远村的普通人家之后，仍然"暗寻仇报复"。村正解释道，对方谴责他和一个"匪妇"有染，只不过是发泄其愤恨的托词而已。村正称，为了证明学董的指控不成立，他现在"不顾羞耻"，说出事实真相。即便如此，村正的非法性行为，在村民和县知事看来，都是不可饶恕的，无论是跟"匪妇"还是学董的女儿有染，都已不重要了。因此，他的离职势所难免（656-2-2，1921）。

沉溺于赌博，同样有损乡村领导的资格。杜致祥是大郭村已故村长的儿子，在其父过世之后，由于被保护人的支持，很快便承袭了其父之职。然而，其他人不满意杜家对村政权的控制，并谴责杜沉溺于赌博。据村民们所控，杜过去常"邀人聚赌"，唯一目的是"诈人钱财"。当他父亲在位时，"村中均敢怒而不敢言"。村民们继续说，1927年，杜致祥正在村子里赌博的时候，警察抓过他一次。然而，由于有其父撑腰，杜致祥殴伤了警察，因此被关进警察局。这些事实可以通过查阅警局档案得到证实。杜致祥显然没资格充任村正之职。状词继续写道：

> 父子传沿，揆诸法理，虽属不合，设人品端方，能与合村办事，身等且欢迎不暇，何敢故意群不称赞。乃素性嗜赌，而且蝇营狗苟之事，无所不为。若再任伊继续伊父，充当村正，凡诸作为，必然明目张胆，无人敢犯，赌风更不知炽于何等之程度……

尽管村民们的控诉很有说服力，但知事还是拒绝了村民们的指控(656-2-139,1921)。然而,这个事例和前面的案例表明,品行不端不仅会对个人在村社中的名声,而且会对其任职资格造成直接的和潜在的危害。

应该注意的是,当村民们同不称职的领导做斗争时,他们不只诉诸传统的价值观或是村社的规范。在 20 世纪,由于地方自治的全国性话语深入人心,村民们也会借助官方的表述,为他们的要求和控诉辩护。在大郭村的纠纷中,村民们把他们控告杜致祥的行动与村社"自治"的命运联系在一起。村民们争辩说:"大总统以命令颁布不数月,宜准实行。自治前途,非得人佐理,不能收良好之结果。是乡中村正席,与乡自治有密切之关系。语云,得人昌,失人亡。是一大明证也。"在指控杜赌博之后,请愿者进一步提醒县知事,"地方自治,桑梓之休戚,切肤攸关"(656-2-139,1921)。

官方的自治话语渗入地方村社达到什么程度,以及在多大程度上成为村民自己话语的一部分,殊难断定。极有可能的是,那些兴讼之人见多识广,能够利用官方的政治资源。虽然如此,这个案件显示出一种新的合法化源泉,它为村民们反对不称职的官员提供了说辞。在 20 世纪以前,村民们仅能诉诸传统的价值和准则;现在他们发现,使用官方资源中现成的词语,来为他们的斗争辩护,是非常方便和有力的。

村正的产生途径

根据规定,村正必须由全体村民票选产生。① 例如,1921 年,为了填补东昆村村正和村副的空缺,县知事指派区警察,组织村民选择一合适人选担任此职。后来,区警局通知村中的乡地,在一月十八日举行选举。据称:

> 是日早九点,即派巡长姚贵才带警前往该村,协同乡长张士哲等,鸣锣令村民人等,均到国民学堂,散发票纸,投票选举。至下午二点,开柜检验。侯吉星得票最多,举为村正。张拴玉举为村副。此办理公举村正村副始末情形也……(656-2-2,1921)。

通常,县官只任命那些至少表面上是通过正式选举产生的当选之人。在大多数情况下,村民们也的确按照国家的要求,上报选举结果,以获得知县的正式任命。一旦出现村正充任纠纷,涉讼者是否通过法定的程序任职或离职,便会成为争论的焦点。

因此,徐家庄村的兴讼之人胡元成在拒不接受村副一职,并指控现任村副刘玉瑞时,说刘"并不依法选举村佐,乃偷行来案,私自捏举"。胡抱怨说:"村佐刘玉瑞,即使不愿充当村佐,当此多事之秋,理应遵照定章,约期邀集乡众,在于公共地点,投票另举素孚乡

---

① 在获鹿,村民通过全村公举的方式选择村正。例见 656-1-70,1913;656-1-377,1915;656-2-814,1926;656-1-561,1906;656-2-2,1921。

望、年力精壮、奔走办公熟悉之人接充,方乘厥职。"为了阻止刘辞职,并因此推脱分担乡村军事捐税的责任,村正重申胡的指控,并谴责刘玉瑞"私自来案捏称"。像胡元成一样,村正强调辞职的法定程序,称"即使伊不愿充当村佐,理应齐年整月,有始有终,办理清洁,商量告退,令乡地约集乡众,查照向章,投票公举"。

然而,刘玉瑞辩称,他的离任是符合法律程序的。根据法庭供词,刘和村正的三年任期在 1925 年 6 月已满。为了继续控制村公款,村正尽力延长服务期限,因此延迟了重选。刘玉瑞又勉为其难地做了六个月的村副,终于无法忍受,张贴告示,通知全体村民于 1925 年 12 月 29 日重新选举。当天,乡地鸣锣把村民们集合在村庙中。在那里,刘玉瑞辞去了村副职务。尽管村正加以反对,村民们还是推举胡元成为刘的继任者。这种说法得到前任和现任乡地的证实,因此县知事接受了刘玉瑞的解释(656-2-814,1926)。

同样,大郭村村民反对杜致祥接替其亡父的村正职位,不但因为杜致祥沉溺于赌博,而且因为他非村民公举之人。根据村民们的状词,他们所选的刘某是一个"品行端正"之人,并且"人缘极好"。然而,村民们声称,当村副陈某将这一选举结果上报给县知事,要求正式委任时,作为杜的被保护人,陈某把当选者的名字改为杜致祥,因此"违拂众意,李戴张冠,朦胧仁天……致使阖乡舆论沸腾"。村民们继续说:"县知事举人一节,亦只凭纸上官样文词,岂能尽知乡村之真民意。"(656-2-139,1921)这个案卷并没有为我们提供更为详细的情况,以判断村民们的控诉是否成立。即便如此,村民们的控诉,还是显示了他们行动背后的一个基本假定:只有依据国家法令,经过全体村民选举产生的村正,才算是合法的。

在本章所考察的另外一些纠纷中,那些试图赶村正下台的人,总是强调他们这样做依照了法定的程序。姚家栗村的教师在最初的状词中称,那个接任村正的人,是经过"阖乡公举"产生的(656-1-1099,1919—1920)。东昆村的学董也说,为取代村正,村副鸣锣把村民们集合在一起,新村正是经过"阖村公议"而当选的(656-2-2,1921)。郗家庄村的乡地指控村正有各种渎职行为,称其要求村正下台,是出于村中一百多户人家的"众怒",而且他们已经"投票公举"以确定一个合适人选(656-2-23,1921)。

很难确定这些选举仅仅是一种程序,还是得到认真的执行。在一些村,如东昆村,村民在区警的监督之下进行了正规的选举;在其他地方,如徐家庄村,则很少有人参与,仅有两个乡地、村正、村副出席,其他人反应冷淡。即便如是,村民们可以通过投票的方式,选择自己的领导,这在古代中国十分少见。如果不考虑选举中的敷衍因素,在上述案例中,有一点特别明显:一旦纠纷出现,村正是否经过正当程序任职或是辞职,便成为纠纷的焦点。在决定村正的合法性方面,遵从国家法律变得和人格、名声一样重要。

诚然,也有一些地方,那里的村民在选择村正时,依据的是各种不同的旧做法,而非国家法令。例如,1920年代,在南郭村有王姓和李姓两个家族。那里的做法是,由两个家族的人轮流充任全村的乡地和村正。李姓任一年乡地,然后任两年的村正;而王姓任一年乡地,接着再任两年的村副。随后,每个家族的族长根据村民们的土地占有状况,从本姓中选择乡地和村正的候选人(656-2-1120,1928)。这里,国家选举村正的规定根本未起作用。村正既非通过全体村民选举产生，亦非按照国家规定每三年重选一次。但是，这种情况应视为例外。正如获鹿县档案所示，在大多数乡村，村民们是通过选举产生村正的，至少是以敷衍的方式。

把村民们对村正选举的认知，与选任旧式乡地做比较，是颇有趣味的。第二、三章业已阐明，获鹿县的村民总是根据内生的村规（或乡规）来选择乡地。这些村规规定：所有花户的户主，不管其年龄、脾性、教育或个人操守如何，均必须轮流充任乡地；除了依据地亩或赋额，村规对乡地充任未作任何具体规定。当有关这一职务的纠纷出现时，村民们即诉诸村规，来为他们争夺或逃避乡地一职辩护。国家法令在这根本不起作用，因为乡地职务主要是地方主动精神的产物，并且在事实上不存在有关乡地选举的国家法令。

相形之下，国家法令在村正的选举中起了突出作用。在有关村正的纠纷中，村民们参照国家法规，并在公共言谈中使用借自官方表达的语汇。在决定任职资格方面，候选人的年龄、教育及是否按国家规定通过正式选举任职，变得与品格和德行一样重要。当时，在村民们的心目中，一个理想化的村正应该是一个有道德的、公正的、性情平和的人，并且是通过合法的选举，从年龄适当并具备一定文化程度的人中选出的。这种情况显示传统规范延续了下来，同时标志着国家对村社的影响日益增长。

权力关系

晚清和民国地方政治研究者注意到了地方精英的许多变化，

其中最引人注目的当属所谓"功能型精英"的出现;他们是伴随着当时的商业发展和军事现代化而产生的。传统士绅因其拥有功名并能接近县官,而享有社会声望和广泛的影响;与传统士绅不同的是,这些新式士绅的地位,是建立在其专业化的工作和职业之上的。作为商人、实业家、金融家、新闻工作者等,功能型士绅的影响力和合法性,要弱于旧式士绅(Esherick and Rankin,1990)。

同样,学者们发现,在华北的一些村社,传统地方精英们退出了地方自治机构。由于苛捐杂税日趋繁重,征收愈发困难,并且危及精英们和乡民之间的关系,许多精英辞去村正职务,由此造成了权力真空。那些趁机上台的,多为地痞村棍,这些人毫无服务乡民的理念,肆无忌惮地追逐私利。不过,学者们还指出,在1920年代晚期和1930年代,在渔利型当权者的崛起成为一种突出现象以前,乡村精英在村社中起着保护作用。村正由会首(或首事)中选出,他们代表着各自宗族,对村社利益的认同多于对国家的认同(P. Huang,1985;Duara,1988,1995;杨念群,2001)。因此民国早期地方政治的特征,是其连续性,而非变革。

以下对1910年代及1920年代获鹿乡村权力关系的考察,展现出一幅更为清晰准确且有些许不同的画面。在这些村庄中发生的,是一种或多或少可加识别的转型,即由以传统精英无所不在的影响为特征的旧权力格局,向新的格局转变。在此新格局中,官员的职责有了较为明确的界定和分工,他们的影响范围也较为有限。这种进程既不能视作在新设立的村政权之下旧权力格局的延续,也不能等同于从传统的保护性领导层到渔利型领导层的破坏性转变。

村正

如前所述,村正除了与乡地一起处理地方政务,还有权负责筹集和管理地方公益用款。同时由于有乡地继续担负传统的征赋之责,村正可以避免这方面的麻烦。这种情况一直持续到1920年代中期,此时捐税和兵差负担剧增,且主要由村长来负责。而在1920年代中期以前,村正曾是一个令人向往的职业,对社群中有声望和有势力的人来说颇具吸引力。在理想的情况下,村正应该像先前那些主宰村社事务的士绅一样,是受过教育的擅长舞文弄墨之人。此外,作为地方领袖,他应该性情平和、在道德上无可指责、为村民所尊重、为耆老所支持。因此,一个理想的村正,不但应该拥有基于个人声望的传统影响力,而且应该拥有正式的权威。大郭村的村正杜聚升即是如此,他从清末到1921年去世,担任村正超过二十年之久。任职期间,县知事曾某曾经授予杜聚升一块牌匾,上书"亲近乡谊"。村民们也送给他一块牌匾,上书"公正和平"。在他死后,许多受其庇护的村民,心甘情愿地提名其子接替村职,并且如愿以偿(656-2-139,1921)。

然而,事实上,正如案件记录所显示,各种类型的人均有可能担任村正职务,既包括为村民所支持并为县知事所称道的杜聚升,也包括没有文化却任村正之职达十六年之久的姚成身。无论如何,在大多数情况下,村正是社群中最有势力的人。他们之所以掌权,并不一定是因为他们符合任职资格,而是因其能够赢得村民支持和上级保护。因此,当涉入纠纷时,村正往往可以通过自己的努力或是村中的支持者,毫不费力地主导对纠纷的表述,使其有利于己。

例如,姚家栗村村正姚成身在村落中很有影响,以至在与乡村教师交恶期间,能动员多达四十八户人家,包括乡地,联名上书支持他(656-1-1099,1919—1920)。又如,大郭村的新任村正,由于得到村副、村中的四名乡地,以及自治生和师范生的支持,加上七十位村民联名上书拥护,保住了自己的职位(656-2-139,1921)。同样地,郄家庄的村正因为赢得了警员的关键性支持而保住自己的位子——警员的调查报告解除了村民对村正的指控(656-2-23,1921)。每个例子均表明了村正运用其权力网络操纵官司,逞一己之私的可能性。

士绅精英

然而,在这些纠纷中,村正并不总是占上风。当其对手是地方士绅精英时,他可能会发现自己陷于不利境地,甚至会失去职位。在帝制时代,持有功名的士绅主宰着村社,运用自己在村社内外的影响力,积极主动地协助官府管理地方(Chang,1955)。1900年以后,当国家设立乡村政权时,它期望乡村精英,无论是传统的功名持有者还是新式学堂的学生,去充任村正一职。然而,在多数情况下,这些文人并未加入乡村政权。结果村正职务多落入社群中最有权势的人之手,而这些人并不一定是国家所期望的乡村文人代表。唯一留给乡村精英的位子,通常是学堂教师和学董。有时,那些权势人物,即使如姚家栗村的村正姚成身那样不通文墨,还是能够同时占据村正和学董之职位。因此，村正与教师或学董之间关系趋于紧张，常常是不可避免的。原则上，后者应把他的职责限制于学堂。但事实上，乡村精英经常将其影响扩展到学堂之外，并干预村中公共事务，而现今这些事务属于村正的事权范围。考虑到传统士绅在村社中的领导地位及其残存的影响和声望，这是可以理解的。然而，他们的存在对村正既是威胁又是挑战，二者之间的紧张关系，经常发展成为公开、激烈的对抗。

再以姚家栗村的教师姚汉杰为例。作为村里唯一的功名拥有者，姚汉杰被委托负责保存和更新姚姓宗谱和户口册。他也管理着本族七十多亩义田，这些义田被分为十五块，仅以市场地租率的十分之一出租给族人。在每年正月初一举行的全族会议上，姚汉杰宣布有机会租得土地的 15 户的名字，随后带着册簿挨家挨户签订租约。当该村于 1912 年建立了自己的学堂时，姚成了一名教师。为了使自己能胜任此职，姚甚至在四十多岁时，还参加了一个为期半年的师范学堂。

姚汉杰的士绅身份、教师职务和急欲控制学款的企图，使其不可避免地与村正姚成身产生矛盾。当村正拒绝补偿姚汉杰为订购学堂的大门所花的费用时，姚汉杰的怨恨无以复加，他决定把村正赶下台。姚汉杰采取的第一步行动，是迫使村正公开学款账目。多次督促后，姚于 1919 年 2 月 1 日警告村正，须在十五日内，结清和公开账目，否则他将集合村民另选村正。村正未做回应。姚汉杰果然召集了一些村民另选村正，并收集到八十八名支持者的签名，然后向县知事报告，要求正式任命新当选者。为了把姚成身赶离所兼的学董职位，姚汉杰反复谴责对手盗用学款，最终迫使其公开账目。

姚汉杰也有自己的弱点。自姚家栗村在1904年设立村政权以来,姚汉杰尽管有士绅身份,但已失去了在乡村生活中的支配地位,因为现在是由村正处理村里的行政事务。因此,如果姚汉杰伺机干预其职责范围以外的事务,将面临其对手"干预外事"的谴责。县知事也做出相似的回应,曾两次警告他"干预村公",理应受到"严斥"和"特斥"(656-1-1099,1919—1920)。

另一则例子是东昆村的学董张士俊。和姚汉杰一样,他是村中一个有影响的人物,长期控制着本村的学款。根据村正张鹤年的说法,每次讨论村中事务时,他都会邀请张士俊协商。尽管村正不满张士俊可能在学款上营私舞弊,但直到1921年,他们之间的冲突才爆发。是时,他们因一个村副人选而争执不休,这个村副的位子空了多年。村正推荐了一个姓杨的人担任此职,理由是杨某早前曾经担任军中的低级官员,在1920年秋,当一群溃兵经过本村时,已经返乡的杨某凭借丰富的经验,帮助村正对付这帮溃兵,并顺利地把他们打发走。然而,学董反对村正的任命,并且坚持让他的外甥担任此职。他不可避免地重蹈姚汉杰的覆辙。村正责备学董"干预村事",称"学董张士俊,伊本学堂职务,村事与伊无干。即使请伊到席,不过随声附和,以赞善举,不应直行发言,以拂众愿"。可是张士俊欲用私人,试图让其侄充当村副,实在是"越礼犯份"(656-2-2,1921)。

这两个事例显示了20世纪早期乡村士绅的地位。当时,他们的社会地位和教育背景,仍然使他们能够在村民中间保持一定的影响。争论中的任何一方都不能被漠视和低估。当他们同村正争诉时,其残存的影响能赢得一些村民的支持。但制度的变迁,特别是村政权的设立,极大地缩减了士绅影响力的范围,这也是事实。许多原来由他们承担的地方管理职权,被移交给正式任命的村职。而村职不一定是由士绅掌控的。因此,在村民和国家看来,乡村士绅的作用出现了重大的变化。在帝制时代,对文人来说,发起和主持事关全村福祉的公益是可以接受的;可是现在,任何超越他们职权范围的行动,将被认为是一种僭越,为此,他们将会受到村中对手的指责和上司的训斥。由于影响力急剧缩小,乡村士绅在跟通过正式和非正式权力网络积聚能量的村正较量时,无法占据上风,这应在情理之中。

乡地

当村正充任纠纷出现时,乡地经常作为一个关键的法庭证人出现。有时,他也充当乡民代表,呈文县官,以证实或否认原告或被告的指控。不用说,他的言辞在知事做出裁决方面往往举足轻重。

与通常掌握在最有权势者手中的村正职务不同,在大多数情况下,乡地是一个普通村民,因为每年一任的乡地是由所有花户轮流充任的。因此,当卷入与村正有关的纠纷时,乡地很难持一种独立的立场。通常,他的态度由村中权势人物左右。这意味着在大多数情况下,乡地和村正结成联盟,并为村正说话。因此,我们发现,在大郭村杜致祥继承其亡父村正职务的纠纷中,尽管村民们指控他们伪造选举结果,但村中的四名乡地还是追随村副,支持杜致

祥(656-2-139,1921)。在姚家栗村村正和教师的整个诉讼过程
中,两名乡地也为村正说话。在呈文和庭审过程中,他们声称:作
为村正,姚成身一直审慎处理公共事务;作为学董,他未做任何错
事(656-1-1099,1919—1920)。东昆村的村正张鹤年与学董讼争
时,也得到两个乡地的支持。在呈文中,两个乡地为村正任命的村
副候选人辩护,并以和村长早先谴责学董完全一样的方式,谴责学
董滥用学款。

我们还须注意,作为普通村民的乡地与村正之间的关系,本质
上是互惠的。乡地支持村正通常是以村正的保护和恩惠为条件
的。如果村正损害他们的利益,乡地则会做出回敬。在早先提及
的徐家庄村的纠纷中,这一点再清楚不过。该村有 30 900 文公款,
这些钱是给乡地作代垫田赋之用的,却保留在村正手中。根据前
任和现任乡地的联名控诉,尽管他们多次要求,但是在最需要这笔
款项时,村正拒绝提供。更为糟糕的是,在乡地为全村村民代垫税
银之后,村正从每户收到他们到期应还之税款,并拒绝把这些钱归
还给乡地。最后,当村正拒绝支付常规薪俸 8000 文给每位乡地时,
两名乡地怨恨达于极点。在联名控诉中,他们谴责村正"行为不
端,不孚众望"(656-2-814,1926)。

同样地,在 1912 年,当郯家庄的村正和学董私吞村中卖柳树所
得款项时,村民普遍表示不满。其中一个叫郯艾成的乡地,两次把
村民召集在村庙里,要求村正对学款的使用做出明确解释。当村
正对此置若罔闻时,乡地第三次召集村众,选出新的村正和学董。
尽管他们撤换村正的要求因县知事的拒绝而未实现,这个案例表
明乡地在村里的潜在影响,特别是当他获得一群反对村正滥用职

权的村民支持的时候。

族长

考虑到当地紧密的亲族纽带，人们可能会期待族长在村中同样有强大的影响。然而，与华南的某些地区(叶显恩、谭棣华，1985；陈支平，1988；片山刚，1982a，1982b)相比，这里族长的作用常常逊于村正。在乡地充任的纠纷中，族长几乎没有表现出多大权力。这种情况同样出现于和村正有关的纠纷中。例如，姚姓宗族的族长姚洛均，曾像以前一样控制着源于出租义田的族款。然而，由于曾经"盗用族款"，村民们于1915年剥夺了他的这一权力，并让村正接管。族长对村正控制族款明显不乐意。因此，当教师同村正在学款的控制方面出现争执，并禀控村正的欺诈行为时，他把族长列为证人。然而，当族长被传唤到庭时，年已73岁的族长由于害怕冒犯村正，声称他从没有介入对村正的指控，教师未征得本人同意，就在诉状中列入自己名字。他进一步断言，村正"谨慎办公"，并未"吞食学款"(656-1-1099，1919—1920)。这里，族长与村正相比，已无足轻重；村正才是社群真正的有实力者。

族长的权力与地位名不副实，原因在于他的族长身份仅仅基于其辈分和年纪。族长并不一定是村社中最富有和最有势力的人，他所能利用的公共资源也有限。例如，姚家栗村的义田仅80亩有奇，仅仅占全部宗族成员土地很小的一部分。[1] 在族款的管理

---

[1] 相形之下，在华南，特别是珠江三角洲，族地占全村土地的40%到80%。因此，宗族组织和族长拥有极大的权力(叶显恩、谭棣华，1985)。

权交给村正接管之后,族长失去了所有可控制的资源。因此,尽管他仍为一些族人所敬重,但族长绝不会像村正那样具有影响力。

　　综上所述,20世纪早期,在地方管理制度化的进程中,获鹿乡村权力结构的变化是明显的。对于那些过去依靠非正式手段广泛施加影响的乡村精英来说,乡村政权的设立为其权力正规化提供机会。因此,乡村精英人物多充任村正。然而,国家权力向下延伸,对乡村士绅的冲击是复杂的。在许多情况下,村正职位为乡村有势力的人所取得,这些人并不一定如国家所愿,是一些有士绅和文人背景的人。在这样的情况下,一个必然的结果是传统社群领导(包括乡村士绅、族长、乡地等)影响不断减弱。因此,传统的、非正式的、以学问和声望为基础的乡村领导,逐渐向以实力而非声望为基础的乡村领导转变。

　　在乡村领导权借以运行的语境中,一个相应的变化也是明显的。士绅精英虽然在乡村生活的某些领域仍具有影响,但是被期望将其活动限制于其职责所允许的范围。当与其他权力角逐者发生冲突时,这种情况尤为明显。这些以传统方式干预村社事务的人,将面临被攻击为僭越本分的危险。村正也不再像旧时的乡村领导那样享有声望。如果在地方事务中,其行为与村民的期望和国家的要求相左,他很容易受到挑战。地方领袖在村社生活的所有方面拥有广泛影响的传统假想,逐渐让位于官员之间各行其职的新共识;此一观念在20世纪的中国变得日益为官僚们所熟知。

纠纷的解决

让我们把注意力从村社内部的变迁,转向村社和外部权威(特别是县官)之间的关系。知县在帝制时期是国家在地方社会无可争议的代表;在民国早期,县知事的行政角色很大程度上依然未变。与1900年以前的情况相比,20世纪早期,国家和地方社会之间的冲突持续不断。由于赋税负担增加和官员滥用权力变得漫无节制,乡村与负责征税并解送上级国库的县衙门之间的紧张持续加剧。在晚清和民国时期,尽管各地农民的抗议、暴动、叛乱和参加革命并不罕见,但是我们不应因此推论,国家和乡村社会之间的关系已经变得截然分开和彼此对抗。毕竟,只有在1920年代晚期,当乡村中的横征暴敛变得令人无法忍受时,武装抵抗才在许多地方成为一个显著现象。在1920年代晚期甚至更晚,仍有一些地方,那里国家渗透的压力,尚未达到足以招致全村和跨村抵抗的程度。因此,我们有必要考虑其他形式的乡村与国家关系。

下面对县官在解决村正充任纠纷中作用的考察旨在阐明,县官和村社之间在确立和维护乡村政权合法性努力中的复杂关系。在此一关系中,他们之间的互相协调和依赖,比彼此对抗和冲突更为明显。正如村民既接受国家有关村政权的法规,又坚持有关社群领导人的传统价值标准一样,县官也并不只是坚持国家所制定的村正遴选标准。作为一个讲求实际的管理者,他常常把传统的村社价值观考虑进来。在处理纠纷的时候,他更多地充当的是调解者,而非裁决者。

县官的裁决

　　上述情形明显呈现在先前所考察的大多数案例中。让我们还是以姚家栗村的讼案为例。此案中,争论双方自始至终各执一词,无视县知事多次要求"息讼"的命令。1919 年 6 月 7 日,县知事程某开庭审理。他强调,担当村正之人应符合国家对村正的资格要求,斥责村正姚成身"自称未曾读过书,不识一字,充过村正多年,年近七十,尚不告退,殊少自知之明"。接着,他谴责力图赶村正下台的教师干预村务。同时,县知事支持注重社群和谐的传统价值观,指责姚汉杰为这么一件小事聚众兴讼。

　　在知事看来,姚的所作所为,与息事宁人、致力于村社和谐、品行端正的士绅形象不符。县知事并未做出明确判决,仅指示双方和解并停止诉讼:"姚姓均系本家,此事准予和平了结,从此两不相争,各安分度日。"然而,教师拒绝接受妥协,声称:知事着眼于族人和睦的解决方法,固然出于好意,但是并不一定与国家法律和教育法规相符。尽管县知事希望"和平了结",教师还是递交了一纸针对村正的长达八页的诉状。作为回应,县知事把他定名为"唆讼之人",并威胁道如果他坚持诉讼的话,将中止其教师一职(656-1-1099,1919—1920)。显然,知事的做法,是把国家对年龄和教育的要求,与以和为贵的传统价值观融为一体。

　　县知事使用同样的方法来处理东昆村的纠纷。东昆村的学董以村正举止不端为借口,试图赶其下台。村正则指责学董"恃强揽权,越理犯份"。知事在法庭上听取双方的证词后,决定均予撤职。他的理由是"村正太无廉耻,学董干预非分,均属不合,无办公、办学之资格,着一并斥革"。事实上,知事没有采取任何措施去调查他们的指控是否属实。他也没有找到任何明确的法律条款来支持他的判决。然而,通过谴责并把双方从各自的位置上赶走,知事成功地阻止了纠纷的进一步发展(656-2-2,1921)。

县官在处理纠纷的时候主张妥协,是有实际原因的。与民间的土地、债务、继承、养老、婚嫁纠纷不同——在这些纠纷中,县官可以通过调查、庭审、参阅文件等方式弄清事实;对他而言,判断某位村正人选的资格,特别是其在村社中的德行和名声,是很难的。而且,要知道其人是否属于合法任职甚至更难,因为知县不管被提名者是经由合法途径选出,还是仅由少数人提名,或出自上报者弄虚作假的"选举";他通常只是根据村庄代表的报告,接受并批准选举结果。由于这些原因,县官在接到村正充任的纠纷时,倾向充当调解人。他的做法是对双方均予斥责,以防止纠纷的进一步发展,并迫使双方接受妥协,而不管纠纷背后的真相如何。

事实上,县官发现自己不仅很难做出一个明确的判决,而且在一些情况下,甚至无法使用一以贯之的原则,指导自己处理纠纷。以村正的年龄为例。诚然,一个合格的村正候选人通常应具备适当的年龄。年迈者可以允许辞职。因此,当孔家庄48岁的村正孔某要求辞职时,县知事曾某答以孔"年力正强,即应照旧,不得告退"(656-1-561,1916)。而当姚家栗村65岁的村正姚成身试图继续控制村正职务时,如上所述,县知事斥责他"殊少自知之明"。但是七年之后,村正在战争年代里成了一个不受欢迎的职务。当徐家庄村 72 岁的村正胡元成要求辞职时,县知事张某劝他继续留任,称胡的资历和经验可以帮助该村共度时难(656-2-814,1926)。同样,县知事拒绝了小毕村 70 岁的村正兼学董白书麟的辞职请求,声称作为一个"宿手",村正应继续留任,好让村民求助于他的经验(656-2-140,1921)。这里,县知事最为关心的是结束纠纷,或是阻止事情进一步复杂化,以此确保村政权的正常运行,而不管候选人的年纪有多大,或者是否胜任村正职务。

　　这些案例表明,县知事并没有始终把官方的准则强加给村民,而是尽可能地将纠纷的裁决留给地方村社。很明显,在解决纠纷时,县知事倾向息事宁人和村社调解,而非依照国家法规做出正式判决。从表面上看,县知事这样做是想便利地处理诉讼;此一策略或多或少地证明了国家权力在乡村的有限延伸。然而,我们必须记住,国家从来也没打算把村政权包含在其正式的官僚系统之内。作为地方自治的基石,在制度设计上,村正代替了承袭于帝制时代的非正式的乡地,作为县衙门和地方村社之间的一个正式中介。村正由村民正式选举并由县知事官方任命,理应在村民面前代表上级部门的利益,同时在知事面前代表村民的利益。因此,为了让村政权充分发挥其职能,县知事不得不以牺牲国家的标准为代价,考虑甚至是屈从于村民的意见。在县知事看来,为维持乡村政权的正常和平稳运行,与地方村社保持这样一种互相依赖和支撑的关系是不可或缺的。

　　即便如此,依赖村社调停,也绝不能保证纠纷可以依照国家法规,或是按照村社期望的方式得到解决。在很多情况下,这种纠纷的解决依赖于地方权力关系的运行。考虑到地方权力拥有者的自身利益,以及他们置身的庇护—投靠网络,滥用职权和操纵词讼是不可避免的。甚至在县官坚持按照国家标准选择村正时,这种情况依然存在。在选举和更换一个村正之前,根据县官反复强调的固有程序,村民必须得到县官的许可。而且县官不管选举过程中是否有人为操作和滥用职权的现象,总会批准由村社代表(现任乡地)呈报给他的选举结果。因此,当大郭村的村民对县知事任命杜致祥产生异议,称杜致祥并非他们实际所选之人时,县知事拒绝了他们的要求。其理由是,他是根据村中的村副、乡地的联名报告任命的,而村副、乡地皆称杜某"系邀集村中公正人会同公举";职是之故,"今该民等所请谕饬另举之处,即应毋庸置议"(656-2-139,1921)。

即使村民们理由充分,如果没得到县官的授权而进行选举,县官也会拒绝他们的提名。因此,当郄家庄的村民在以村正贪污公款为由,迫使其离职之后,向知事禀请批准新当选的村正时,知事的反应是可想而知的。他评论说:"查所禀各节,未据先行禀明,听候批示,遽行投票另举,殊属不合,应将此次选举,作为无效。"(656-2-23,1921)

总之,这些案件表明县官在处理村正纠纷时所面临的困境。通过接纳民众的价值观和依赖村社的调停,县官可以很方便地处理案件,并且使村政权在村民在看来更容易接受和更具合法性。然而,这种解决争端的做法,为地方权力关系的运作大开方便之门,必然导致权力的滥用;这反过来又危及村正职务合法性。甚至当县官坚持官方标准时,这种情况亦复存在。因为县官通常依照以正式程序呈递给他的报告做出决定,而不管报告内容的真假和选举后面是否存在阴谋诡计与人为操纵。

跨村代理人的作用

为了进一步理解县官与地方村社的关系,我们必须考察两个重要的"新政"机关,即警察所和劝学所。在晚清和民国时期,获鹿县有八个警区,每个警区有一个警察分所,每个分所由一个巡官负责。区警的职责并不限于地方治安。除了在民事和刑事司法方面协助县知事,他的任务也涉及征税和地方管理,诸如把失职的乡地带到县城法庭审理,监督村正的选举,等等。在国民党政府于1928年正式设立区公所以前,区警起着乡村和县衙门之间的中介角色。县知事在处理有关村正充任的纠纷时,常常委派区警去调查纠纷情况,随后根据区警的报告做出决定。在这种情况下,区警在纠纷处理过程中起着关键作用。

这一点在郄家庄的乡地和村正的纠纷中特别明显。县知事在收到乡地指控村正有过五次不法行为的状纸后,指派区警去调查和证实情况。警察很快就提交了一个为村正推脱责任的报告。几天以后,县知事又收到该村四个"灾民代表"的状纸,指控村正在其他的场合中,三次化名"赵洛香"领取饥荒救济粮和救济款。在状词中,他们指责村副化名"郄生香"领取126文铜板和6斤12两小麦后,又进一步指控村正和村副盗用初次分配后剩余的42斤救济粮。他们接着说:"赈济之事,原为贫民起见。村正等系属富家,乃竟私捏人名,夺民之食。散放之余粮,即入己囊。是明夺暗盗,无所不为,上负赈济之心,下食灾民之肉。似此狼心,穷民实难容忍。"

县知事再次派警察去调查他们的指控，警官很快就提交了一个袒护村正的报告。根据报告，赵洛香之名并非捏造，而是一个县城流民。当时他流浪到村里，的确很贫困。因此，村正把他列入饥民名单。根据报告，郇生香是村副的"字"，他用自己的字去领取救济粮，是为了抚养其嗷嗷待哺的家人。剩下的救济粮已被出售，作为乡地交纳赋税的盘缠（656-2-23，1921）。

这样为村正和村副开脱，是令人难以置信的。在村民看来，把一个流浪者纳入灾民的名单不足置信。他们也怀疑村副以他的字代替其名领取救济粮的说法。警官到村里调查时，必然先由村正接待。因此，村正极力取悦警官并博取他的赞成，不是没有可能的。警察的报告没有反映纠纷的真相，它极有可能是警官和村正共谋的产物。

在徐家庄村的纠纷中，村正陆某指责村副刘某，说刘任命胡某作为村副的继任者是伪造的，警察的报告有不实之词。警官为村正辩护，在报告中声称"所禀各节俱属实情"。然而，事实上，刘确实正式任命了胡，当时前任和现任乡地都在场。并且，村正自己在后来的庭审期间也承认胡某曾经被任命为村副，但胡某拒绝履任（656-2-814，1926）。

在执行县知事的命令时，劝学员的表现比区警的表现好不了多少。劝学所由劝学所所长领导。劝学所所长之下有八个劝学员，每个劝学员管辖一个路（相当于警区）。劝学员处理所有有关公立学堂的事务，包括校舍的修建、学董和教师的选择和任命、学款的监督（详见第七章）。因此，当村正和学董或教师之间出现纠纷时,县知事必然会指派劝学员去调查情况。随后,他会根据劝学员的报告做出决定。然而,与警官一样,劝学员也不能从地方网络中解脱出来。尽管劝学员的报告从表面上看常常不偏不倚,但他可以毫不费力地通过微妙的措辞和暗示,来表明他对一方或另一方的支持。

让我们再次把姚家栗村的纠纷纳入视野。在这起诉讼中,奉命调查此案的劝学员被证明是最有影响力的人物。为了博取他的支持,村正挖空心思去取悦劝学员,包括和劝学员建立起干亲关系,让他的孙子称劝学员为"干父"。不足为怪,劝学员为了澄清教师对村正姚成身不称职的指责,在给知事的报告中,把村正描述成"人极和平,从未见其负气骂街"。他委婉地承认村正"人好戏谑,笑骂在所难免,惟与怒骂不同"。他也承认"该村正识字有限,遇有读写等事,恃有伊侄为之助理"(656-1-1099,1919—1920)。

为了捍卫姚成身,劝学员进一步把此村描述成一个封闭、保守的村社,"从前村中之人对于学务,向来反对",而且十年前学堂经费短缺,没人愿意担任学董。他声称,正是村正恃一人之力,排除众议,才使学堂生存下来。学董在负责修建校舍时使用了姚姓族款,招致族人对村长的怨恨。他进一步解释:"姚成身如有弊情事,即使加以斥革,谁能为祖庇。若只过失错误,或靡费无多,念昔允劳,似在维持之列。"

为了阻止教师的进一步攻击,劝学员劝说目不识丁的村长辞去学董职务,并委任一个继任者。村正接受了劝学员的建议,以此保住了他的村正位子。在纠纷之始,教师就意识到劝学员和村正不同寻常的关系,指控劝学员"徇私害公",因为作为村正孙子的

"干父"，他仅仅到村长家去杜撰调查报告，而不是在公正之人到场的情况下，审查村正的学堂账目。依教师看来，劝学员并不一定是"端方之士"（656-1-1099,1919—1920）。

正如这些案件所披露的，区警和劝学员是地方权力和县当局联系的纽带。他们以乡村和县城之间的中间人身份从事活动，直接与村社发生联系，因此极有可能卷入地方权力网络，甚至成为地方权力网络的一部分。在执行县知事的命令时，他们不可能不为地方社会的权势人物所左右。因此，这些调停者远非县知事在地方村社中新的代理人，他们充其量是作为知事和乡村士绅的缓冲器在起作用；在最坏的情况下，他们是乡村士绅滥用权力的工具。

总而言之，上述讨论揭示了村政权怎样在村社内外的庇护—投靠网络中起作用。在村社内部，对受自己庇护的村民而言，村正是一个保护人；对其他拥有追随者的权势人物而言，村正又是一个竞争者。因此，在竞争和冲突中，滥用权力和操纵权力关系的情况是不可避免的。在村社之外，在地方士绅和跨级的官方代理人之间，也存在着一个网络。在这个网络中，乡村士绅寻求上司的保护，而后者误述和滥用权力也是不可避免的。结果，当权者对合法化的需求，常常跟他所行使权力的私人网络之间，存在着一种紧张，因为这种私人关系常常削弱他们的合法性。

考虑到农村社群权力关系的复杂性，我们也许会有疑惑，在1910及1920年代，村正滥用职权是否会导致合法性危机。对此问题，我的回答总体上是否定的。在村民中间，无论是权势人物还是无权者，都对地方领导层有一个强烈的认同，包括重视村正的品行和遵守国家法令。县官也始终重视村正的公正和履行职责能力。

置身于这样的场境中,村正发现自己很难置公众舆论于不顾。村民们可毫不费力地运用有关社群领导的传统观念和有关村政权的国家法令,以此为武器,同滥用权力者做斗争。

因此,村正们为了维持自己的地位,不得不避免公然违背公共意志滥用权力。当村社面临外部威胁时,他们不得不以全村的名义说话,保护地方利益,以维护和提高他的声望。这就是在 1910 及 1920 年代获鹿县村正积极主动地致力于反对跨村的税收代理人增加税务负担,以及不法的集体行动的原因,甚至也是其在 1930 年代清查黑地的活动中继续充当保护人的缘由(参见第五章、第八章和第十章)。然而,在正常情况下,村正通过扩大对支持他的村民的保护,以换取村民们的支持,维护和强化自己的支配地位;他不得不掩饰自己的牟利活动,以避免他人的攻击,或者减轻这种攻击的危害。因此,村正是一个复杂的人物:他既不是国家所设想的按照政府意志行事的官方代理人,也不是一个完全按照村社利益行事的理想代表。

小结

本章集中于农民社群内部跟权力的占有和行使相关的价值观和民众心态的变化,以及随之而来的村领导层在合法化、竞争和运行策略方面的调整。这里区分了两种最显著的变化。其一和村政权的合法化有关。能为占据或放弃新设村正职务辩护的,不仅仅是植根于村社内部、强调领导的名声和人格的传统价值观。来自社群外部的重视能力、年龄,以及按合法程序当选之类的新观念同样重要。其二和地方领导的作用有关。虽然权势人物在社群生活中影响无处不在的旧观念依然存在,但同样强有力的是国家所灌输的村内各职位之间权责分工的新观念。1910 及 1920 年代的乡村社群,并非如同过去学者们所假设的那样,只在一个外加的、名义上的村政权之下,延续了旧的权力格局。事实上,无论行政制度本身,还是有关地方领导层的乡村话语,均出现了深刻的变化。

正是在民众对村社领袖的认知不断变化、有关村领导层的官方表达与民众观念互相渗透的背景下,各种形式的地方权力在运作、竞争及争夺支配权。当乡村头面人物(包括旧式精英和新式政府官员)与村社互动时,他们不得不把有关其角色的内生及外加观念,转化为自身意识。正是在有关乡村领导的内在化观念的基础上,权力角逐者构建着他们的表述,并形塑其互相竞争的策略。那些忽视民众观念之人,或是那些忽视国家关于官员选任的外加标准之人,发现自己很容易受到竞争者的攻击。在一个无所不在的庇护网络中,当权者滥用职权、营私舞弊的行为是无可避免的,但这种情况绝非没有限度。以往的研究注意到华北部分地区的村社因权力滥用现象的猖獗而走向瓦解的情形;不过在民国早年的获鹿县,此一现象尚未占据上风。毕竟,华北核心地区那些稳定和内聚的乡村,仍可适应国家权力日渐向下渗透的过程;后者给当地村社带来的破坏,尚属有限。

第七章　兴学上的合作与冲突

在 20 世纪早期,对获鹿县大多数乡村影响深远的另一项新政是兴办学堂。据县级官员和地方精英所称,新式学堂的教学方法和课程均优于传统私塾。学堂按规定应讲授修身、国文、算术、工艺、绘画、音乐、体育、男生的农艺和女生的女红等课程。[①] 新式学堂多样化的课程设置,与传统私塾中对儒家经典囫囵吞枣式的学习、单调乏味的传授方式形成鲜明的对比。在他们看来,新式学堂不仅是有效地提高识字率的工具,也是"普及教育"的一种手段,它可以传播近代知识,提高人口素质;时人普遍认为,在帝国主义使中华亡国灭种的危险之下,这一切对于中华民族的生存和自强至关重要。

---

① 1912 年,教育部规定,在教学条件差的地方,可以省去三门课程,即手工、绘画和音乐(璩鑫圭、唐良炎,1991:653)。1915 年,教育部又淘汰了男生的农艺,但是要求所有的学生学习儒家经典。袁世凯死后,这门课程被立刻废除(璩鑫圭、唐良炎,1991:779,810)。正如 1904 年章程规定,晚清小学的课程表包括修身、国学、国文、算术、历史、地理、科学和体育(璩鑫圭、唐良炎,1991:293)。为简化课程,1909 年,学部建议把历史、地理和科学合并到国文课中(学部,1909:544)。

教育改革涉及三方:县官负责推动和监督学堂的设立,其在兴学中的表现直接关系到他的升迁;地方精英,包括负责为学堂筹集资金的乡村领袖,也包括在协调教育事务中充当县官和村民调停者的县级绅士成员;普通村民则是学堂经费的主要承担者,也是此项新政的主要受益人。

与这项改革相关的获鹿县衙门档案,特别是有关学堂和教育机构的创办、筹款、人员方面的案卷,使我们能够深入考察教育改革中所有参与者的活动。这里所要探讨的是,在 20 世纪早期现代化和改革的背景之下,地方村社合作的传统是如何影响村民们参与创办和维持学堂的,新政的实施在多大程度上改变着国家与村民个人,以及村民集体之间的互动方式。

作为"自治"项目之一的新式学堂

学堂的设立始于 1904 年。当时清政府颁布了一系列法规,以指导这项活动(学部,1904)。根据晚清和民初官方的设计,每县至少应该在县城设立两至三所学堂,在每个大的市镇至少应设立一所学堂。这些官立学堂将全部由官府提供资金,不向学生收取学费。同时,200 户以上的村庄应设立一个公办学堂,招收 6 至 13 岁或 6 至 14 岁的儿童入学。① 本村及邻村负责学堂的建筑和维修费用以及教职员工的薪水。官府还鼓励个人创办私立学堂,以作为官立和公立学堂的补充。

为激励基层民众创办初等学堂,民初政权非常重视地方村社的作用。根据民初官方的解释,晚清政府过分依赖知县的个人努力,但这些知县敷衍塞责,只是在县城创办一两所学堂,因此教育改革影响甚微,很少有人对学堂产生兴趣;人们仅仅把学堂看成县官维护其地位的手段,或者是负责管理学堂的少数乡绅的渔利工具。结果,学堂大都建在城市和市镇;在农村和偏远地区鲜有所见(学部,1904:293;学部,1909:544;教育部,1914:231)。

在新成立的民国政府看来,解决该问题的根本,是倡导"自治的教育",以代替传统的"官治的教育"。换句话说,教育改革成功的关键,在于地方村社的积极参与;村社应该担负起为学堂提供资金和维持学堂的责任,而国家的作用应限定在"督催"地方村社的活动方面。当然,这项教育改革新政策的动机,是将提供新式学堂经费的负担,由国家转嫁给地方。为了替这种做法辩解,民初政府

---

① 1904 年的初级学堂章程规定,在第一个五年内,即从 1904 到 1908 年,相邻的村庄每 400 户人家办一所有一个年级或多个年级的初级小学堂。在第二个五年内,学堂的数量翻番,即每 200 户人家办一所学堂。最终目标是每个有 100 户以上的村办一所学堂,使所有的学龄儿童都能到一里之内的学堂去读书。北京政府教育部又宣布一项新的教育计划,要求有 500 多户的村办一个有多个年级的初级小学堂;在 200 户和 500 户之间的创办只有一个年级的学堂;低于 200 户的村必须联合办理一所学堂。直隶省政府做了变通,要求田赋 60 两以上的村设立一个公办学堂,田赋少于 60 两的联合办理一所学堂(656-2-23,1921)。在获鹿,每村平均有 105 两田赋(在 1920 年代早期,该县有 221 个村,田赋总计 23 160 两),这意味着每村须办一所学堂。

求助于"国家主义"说教。在 19 世纪晚期和 20 世纪早期的知识分子中间,这是一个相当时髦的政治话语。1914 年 12 月,民国政府在《整理教育方案草案》中宣称:

> 教育子弟,父兄事也。国家何必以权力干涉之,且使地方团体负担之? 盖自国家主义盛行,以民力之厚薄为国力强弱之比例差。国有一人不学,则失一人之用。故国家恒视就学儿童为国家之一分子,薪有以浚发其智德,以张内治而御外侮。……顾欲国家主义之贯彻,非可求诸私塾,必在乎公共教育。而公共教育又非必悉需国帑经营也,恒以地方团体担负之。盖国家者,集合各地方而成,国家事业合官治自治二者而成。人民向学为国家第一之生命,则各地方岂宜漠视? ……是地方兴学,实既负法律上不可逭之责任矣。(教育部,1914:230)

表 7.1　获鹿县的小学堂创办情况(1904 年—1917 年)

年代	设立的学堂	学堂总数
1904	1	1
1906	8	9
1907	10	19
1908	11	30
1909	8	38
1910	14	52

续表

年代	设立的学堂	学堂总数
1911	14	66
1912	5	71
1913	27	98
1914	12	110
1917	39	149

资料来源：获鹿档案 656-1-308,1914。

从国家的角度看,新式学堂的主要目的,是培养民众以增进国家利益,而不是使地方村社受益。因此,是否建立学堂,不能由地方民众来决定;兴办学堂是强制性的,并受国家干预。国家让地方村社负责为学堂提供资金,让地方精英创办和管理学堂,而国家负责监督精英们的活动。

获鹿县的第一所新式学堂创设于 1904 年 2 月。该学堂位于县城,是一所"官立学堂",其资金全部由县衙门提供。两年后,当地乡村创建了 8 所公办学堂。小学的数量在随后的几年稳步增长,由 1914 年的 110 所增加到 1917 年的 149 所(见表 7.1)。获鹿县的初级小学堂在 1920 年代徘徊在 150 所左右。其中 3 所是由县衙门管理的官立学堂;6 所是私立学堂;其余为公办学堂。总之,到 1917年,这些学堂共有 5715 位学生,其中有 5399 位男生,316 位女生。

负责学堂的县级机构是劝学所。该机构的负责人是劝学所所长(或劝学总董),由知县从当地士绅中提名,由省府的提学使任命(学部,1910:284)。民国早期的获鹿,劝学所所长由地方士绅从三名候选人中选出。劝学所所长之下有五个劝学员,分别负责获鹿县的五个学区,任期三年。劝学所的职责是劝说和鼓励当地乡村创办学堂,并监视教师和学生的活动。

每个学堂有一位学董。在理想状态下,学董应由村民从当地文人中选举产生,其主要职责是管理由村正或乡地筹集的学款、每年任命一次教师、维持学堂的日常运转。学董拿薪水或是提供无偿服务,视本村的财政状况而定。然而,由于此职颇具影响力,学董通常由一名有声望的、受过教育的人担任。学董和村正,有时加上乡地,共同支配着村社。

筹集学款

建立一所学堂,村正要面临两个基本问题:确定校址或建造房屋作为校舍;解决办学经费。获鹿县一份有关 1914 年兴办学堂的报告显示,40%的学堂(共 44 所)以当地的庙宇为校舍,包括道观(如老君庙、玉帝庙或三官庙),佛庙(如观音庙、无量庵),或其他宗教场所(如关帝庙、龙王庙之类)。把这些宗教建筑作为校舍,是因为这些建筑通常被视为地方村社的财产,根据民初的法规,它们是首选校址。另外,村民也把村落中闲置的房屋作为校舍,其中有 42 所学堂(38%)采取这种方式。在既没有庙宇也没有闲置房屋的地方,村正不得不用自己的办公场所充当校舍,有 18 所学堂(16%)采取这种方式。村民很少建造新房(三个村这样做)或使用宗族的祠堂(仅两个村)充当校舍,只有一个村以先前的义学(村社经营的免费私塾)为新校址。不管采取何种方式确定校址,提供学堂经费并维持学堂的运转,乃属地方村社的主要责任。在 1910 年代早期,官府的支持仅仅限于不定期为学堂教师提供津贴,每个教师每学期有 3600 文到 14 400 文(3 到 12 元)不等。

在办学经费上的自愿合作

对村正而言,一个更为严峻的任务是筹集足够的资金,以支撑学堂。学堂的主要开支是一至两名教师的薪水,从 50 或 60 元到 70 元或 80 元不等,另外还有 20 元到 40 元的杂支。除了由县衙门提供有限的资助,村正采取三种方式筹集学堂经费。第一种是村公款,大多来自出售村公有财产,或者是村公有地的租金。在一些公款充裕的村庄,村公款是学堂经费的唯一来源。例如,东许营村和袁村分别为学堂提供 170 元和 200 元款项。然而,大多数学堂仅能得到 20 元到 40 元或 20 元到 50 元村款资助。一些学堂则根本没有任何村款。

表 7.2　获鹿县的小学堂学费(1914 年)

学费(元/每生)	学堂数量		学堂比例(%)
	公办	私立	
0	40	0	36.36
0.01—0.49	20	0	18.18
0.50—0.99	23	0	20.91
1.00—1.99	10	0	9.09

学费(元/每生)	学堂数量		学堂比例(%)
	公办	私立	
2.00—2.99	4	2	5.45
3.00—3.99	4	2	5.45
4.00—4.99	1	2	2.73
5.00—9.99	0	2	1.82
总数	102	8	99.99

资料来源:获鹿档案 656-1-308,1914。

　　一种切实可行而且最为普遍的方法,是各户根据土地拥有量(因此称为"地捐"或"亩捐"),或是根据每户的赋额("派捐"),捐助一定比例的资金。第三种方式是向学生收取学费。表 7.2 显示了 1914 年获鹿学堂的收费情况。

　　如表 7.2 所示,40 所学堂(约占获鹿所有学堂的 36%)不收学费。大多数收费学堂的学费在 0.99 元及以下。只有 10 所学堂(约占获鹿所有学堂的 9%)向学生收取 1.00 到 1.99 元的费用。收费 2.00 元或者更多的学堂,要么是私立学堂,要么是学生数量很少的公办学堂。

　　这里令人感兴趣的是学堂怎样确定学费的收费标准,不同的收费标准对于理解学堂的合作性质有何含义。学堂是全村的一项集体事业,理应让村内所有孩童都能上得起学。根据清末民初的政府规定,公办学堂应该对村里所有的学龄儿童免收学费;这也是公办学堂异于私立学堂或传统私塾之处。教育部 1912 年和 1915 年的法令规定:只有在特殊的环境下认为其有必要,并且在县知事认可的情况下,才允许学堂收取学费。事实上,此一法令在当地村社收效甚微;对地方学堂而言,法令的含混措辞使他们可以用各种借口收取学费。因此,是否收费,或者收多少费,事实上听凭于村社。大体上,村社在收费上有两种选择。

一是不向学生收取学费,而是利用村中公款或向全体村民征收学捐。这意味着所有的民户将共同分担学堂的经费,而不管其是否有学龄儿童。在 40 所免费学堂中,大多数采用这种方式。以宋村的公办学堂为例。1914 年,其总收入是 140 元,其中 120 元为亩捐,20 元来自村公款。在娄底村,学堂的 100 元资金全部来自亩捐。袁村的经费为 200 元村公款,这也是学堂经费的唯一来源。在上述例子中,学堂的经费由所有的村社成员集体分担,但分担形式各异,或根据各户的田亩/赋额确定资助数量,或用公款,或是上述两种方式的结合。即使是无学童的农户,也要捐助。

二是收取学费,以补助公款和学捐之不足。那些公款或者是学款不能满足学堂的经费要求的地方,都采用这种解决方式。通过此种方式,学堂的资金负担,由整个村社部分转移到有学童并直接受惠于学堂的家庭。学费往往视各村公款和村社对学堂资助的意愿而定,因此,各村比率有所不同。只有在大多数村民有学童,并成为学堂受惠者的情况下,村社才愿意资助学堂,征收学款。如果只有少数农户有学童,情况则相反。仅有 11 个入学儿童的西关村就属这种情况。该村仅有 30 元公款,并且没有任何学款,每个学生必须每年交 3.64 元学费。又如,横山村学堂有 12 个学生,而村社只有 40 元学款和 18 元公款,因此,每个学生必须交高达 4.33 元的学费(656-1-308,1914)。然而,应该注意的是,这样的村子属于例外。如表7.2所示,大多数学堂收取学费少于1元,收取的学费总量仅占学堂总收入很小的一部分。

也有一些村社,既没有公款,村民也不愿意支持学堂。显然,在这些情况下,如果没有外部行政压力,学堂不可能创办,或维持下来。辛亥革命之后,华北农村动荡不安,许多学堂被迫停办。

因此,创办和维持一个公办学堂有两个先决条件。首先,大多数村社成员必须愿意协作,以分担学堂创办经费。其次,在村民们不愿意协作的地方,国家应对村社施加压力,迫使村民为学堂提供资助。在这点上,令人惊讶的是,获鹿乡村36%的公办学堂不收学费,另39%把学费限制在1元以下。换句话说,学堂经费全部或主要为整个村社所提供,而不是由有学童的家庭承担。单单是国家的干预这一因素,不能解释这种现象,因为国家法令没有严格禁止收费,或限制收费比率。大多数学堂免收学费,或者是收费标准很低,主要原因有二。

首先,获鹿村民由来已久的合作传统,使他们能够在创办学堂上互相合作。获鹿村民在乡地制下互相合作,为他们带来了很多好处。同样,学堂的益处是可以感知的。在不收学费的地方,村民们送孩子入学的唯一花费,是由各户分摊的学捐。获鹿县1914年对所有学堂的调查表明,对一所学堂资助数额从50元到80元不等,只有少数学堂低于30元或高达120元,每个学堂得到的捐助平均为75元。当时,获鹿县每1.3个村庄供养一所小学,每村平均以190户(解释可参阅第二章)计,那么每户仅承担0.30元的学堂经费,而这仅为私塾教育费用的6%到10%。在一些除了学款,村民还必须支付学费的地方(让我们拿1元来作为学费的平均数量),

学堂教育总的费用仅仅为私塾教育的 26%，或者至多是 65%。在为学堂提供经费上，合作产生的共同利益是清晰可见的。

其次，较高的土地产量，使得大多数农家能够负担得起学堂教育费用。1910 年代，获鹿乡村每户每年农业净收入从 18 元到 36 元不等。① 如果与地亩或赋额挂钩的学捐（平均为 0.3 元）为村民在办学方面所承担的唯一义务的话，那么这种花费仅占每户农业净收入的 0.83% 到 1.67%。如果一个农户除了学捐，还须支付学费（再以 1 元为平均数），那么教育总开支为其农业净收入的 3.61% 到 7.22%。所有这些表明，村民们对学堂的资助，在其力所能及的范围之内。

因此可以认为，民国早期获鹿的新式学堂迅速增加，不仅是因为国家的提倡和压力，也在于村民的自愿合作。村民们参与教育改革，的确是出于"理性算计"：学堂带来的好处明显超过他们承担的费用。而且，在缴纳田赋上合作的传统，使其较为容易接受此种新式合作。

农民的抵制

尽管如此，新式学堂还是遭遇了一些抵制。某位村民可能会在提供学堂资金上拒绝合作，其主要原因有二：要么他没从新式学堂中受益，或者只有村中少数村民受益；要么学费太高。例如，到 1914 年为止，南位村村民根据其赋额向有 27 个学生的学堂支付了

---

① 在 1910 年代，获鹿农户的平均土地拥有量为 12 亩。可灌溉农地的净收入是每亩 3 元，旱地是每亩 1.5 元（656-1-243,1915）。

多年学款,总数为 30 元。然而,那年 3 月,一个名叫马双全的村民纠集了一群人,声言学堂的资金负担只应征之于有学童的农户,从所有民户征收学款的老方法不能再继续下去。根据劝学所给县知事的报告,这个动议导致学堂在新学期未能如期开学。由于马某叔叔的调停,学堂最终于 3 月初开学。但是马某出乎意料地闯入教室,从学堂搬走桌子和凳子,导致学堂关闭,教师也离校返家。为了对其加以惩罚,劝学所建议县知事票传马某,否则,学堂的麻烦永无尽头。在县知事庭审的威胁下,经由第三方的调停,马某最终把桌椅搬回学堂。教师返校后,学堂重新开学(656-1-152,1913)。

另有一桩类似的纠纷出现于南寨村。在 1914 年,该村学堂仅有 7 名学生。然而,为了支持学堂,村中所有的土地拥有者须提供总数为 50 元的学款,村公款也要分派 18 元给学堂(656-1-308,1914)。在 1912 年,村子里的学生可能更少,当时两帮村民之间出现了纠纷,一方以刘某和冯某为首,另一方以村正和乡地为首。根据劝学所的报告,刘某和冯某纠集了一帮无赖,强迫村正和乡地解散学堂,把教师打发回家。报告继续说,刘某及其同伙非常鲁莽,威胁和攻击一位受学董之邀前来调停的劝学员。劝学员在承诺把学堂改为私塾,并保证不再动用村款之后,才得以脱身(656-1-33,1912)。

如果学费高得离谱,村民也可能拒绝交纳。西龙贵村的纠纷就属于这种情况。1914 年,该村学堂仅有 14 名学生,但其预算达88 元,主要用来支付两名教师的薪水。尽管村子提供的 58 元公款解决了大部分费用问题,但是 14 个学生的父母必须支付总数达 30

元的学费,才能满足预算需求。这意味着每个学生必须交 2.14 元,
也就是 3000 文铜钱学费。对村民王慎修来说,1913 年的学费如此
之高,令其无法承受。即使他在庭审中承诺立刻还清债务,但在回
家之后,他还是不能如期付款。因此,村正和乡地又于 1914 年 3 月
15 日呈递一纸诉状,谴责王慎修屡次拒绝支付学费。为了请求县
知事再次开庭审理,他们声称村民们已达成共识:如果村领导未能
通过禀控迫使欠债人交学费的话,村民们将会关闭学堂。而解散
学堂会导致县知事惩罚乡村领袖,因此,他们别无选择,只有请求
再次开庭审理。六天以后,原告和被告再次对簿公堂。这次,县知
事决定王慎修不仅应支付上年拖欠的 3000 文,而且应再缴同等数
量的钱,以支付本年度的学费。为了执行裁决,县知事扣留了王慎
修,直到担保人替他支付 6000 文学费为止(656-1-298,1914)。

　　值得注意的是,尽管出现了一些纠纷,但绝大多数村民还是愿
意共同为新式学堂提供经费的。只有当学费过高,或者公办学堂
的受益者相对较少时,纠纷才有可能发生。在整个晚清和民国早
期,获鹿乡村从未出现过暴力抵抗。村民对教育改革基本上持一
种合作的态度。他们之所以自愿合作,是因为教育改革带来的共
同利益是有目共睹的。

兴学语境:学堂与私塾

　　尽管学堂拥有所谓优越性,但民国初年政府并没有打算完全
废除传统的私塾。恰恰相反,国家鼓励私塾改革课程安排和教学

方法，只对那些拒绝改革的私塾予以取缔（教育部，1914:236）。然而，那些负责创办新式学堂的人，包括地方精英和官员，总认为学堂和私塾互不相容，因为它们彼此争夺学生和地方资源。在这些人看来，只有严厉禁止私塾，新学堂才会成功。县知事也采取一种较为务实的态度。当学堂和私塾冲突时，他明确支持学堂，因为学堂的顺利兴办，对他任期内的考成至关重要。

因此，当北故城村首富安洛哄在1921年开办一所私塾，并且招来三名学堂学生时，他很快便受到学堂教师封绍文的攻击，被指控"阻碍学堂，于中取利"。封绍文要求县知事"严惩"安洛哄，以促使转入私塾的学生立刻返回学堂，并阻止学生的进一步流失。否则，教师指出，学堂必定会垮掉："一村如是，村村效尤。学堂之破坏，旦夕间事耳。"封的禀诉导致劝学员前来调停，劝学员最终说服安洛哄，把三名学生归还给学堂（656-1-36,1912）。

同样，石家庄村的村正兼学董姚梦荣谴责两个殷姓村民"破坏学堂"，因为这两个人于1914年7月开办了一所私塾，且雇了一个生员作为教师。在姚梦荣的禀诉中，他自命为新式学堂的积极支持者，曾成功地解散了五六所私塾，并把它们并入自己的学堂。姚梦荣继续说，这两个殷姓村民拒绝关闭私塾加入学堂，是因为其利用私塾牟利。他们收100 000多文学费，但只支付给老师30 000文，把大部分钱装入私囊。姚梦荣接着要求立即解散私塾，理由是"石家庄铁路交通，人烟辐辏。石家庄学堂成立不好，他乡亦何有望。石家庄之学堂，关系甚大"。因此，姚断言：如果允许殷开设私塾，那么邻村的学校教育将会被破坏。劝学所也认为殷的私塾对学堂是一种"破坏"，在它给县知事的报告中，反复强调姚的谴责。

为了避免法庭审理,两个殷姓村民在接到县知事的票传之后,最终做出让步。案件记录到此为止,没有提供关于他们妥协的细节(656-1-309,1914)。

应该注意的是,上述两则案件中,控告者的真正目的,与其说和他们所声言的促进公办教育的责任有关,还不如说是满足一己之私。在第一件案例中,教师对安洛哄起诉,不仅因为安的私塾夺走了他的学生,更为重要的是,这个事件影响了学堂的学费收入。同样,在第二起案件中,村正未能合并殷的私塾而向殷提起诉讼,可能是因为他嫉妒私塾的高额学费收入。主要是物质利益,而非其他因素,促使这些人采取反对私塾的行动。

然而,这些纠纷确实涉及对私塾的不同理解。对富有的安洛哄而言,开办私塾是炫耀财富,并提高在村社地位的一种绝佳方式。对两个殷姓村民来说,雇一个生员作为教师,可以为私塾带来更好的声誉和可信度。然而,从教师和村正的角度看,私塾不但对他们的收入是一种威胁,对学堂本身也是一种挑战。因为它容易破坏村民对学堂的信任;对普通村民来说,学堂仍很陌生。难怪村正姚氏"反复劝谕"村民"学堂教授法,如何有利于学生;私塾不改良,如何误人子弟"。对于学堂支持者而言,向村民灌输新式学堂优于私塾的观念,对学堂的生存和繁荣至关重要。

如果没有政府官员,特别是劝学员和县知事的支持,有关学堂的话语不可能占据主流。1917年的孔宪林事件,印证了国家在制造对学堂有利的公共舆论中所起的作用。在军阀张勋的支持下,清朝末代皇帝于1917年复辟,从而为私塾捍卫者提供了一个短暂的机会,反攻新式学堂。孔教会是一个尊孔复古的组织,其总部在孔子的故乡山东曲阜。该组织派人到邻省大张旗鼓地反对新式学堂、颂扬私塾。其中一个叫孔宪林的人，有四十来岁，声称是孔子的后裔，于1917年4月到达获鹿县。孔宪林首先出现于石家庄村一个集市的说书场，站在两面孔教会旗帜下面，舞动着一面小旗，频繁地对围观的人群做演说。根据县知事曾某给省长的报告，孔告诉听众：新式学堂的教师没有一个是有声望的功名拥有者（举人或生员）；他们也不讲授四书；课堂上讨论的仅仅是女孩的年龄和美貌。孔进一步告诉人们，学生在学堂一无所学，只有通过贿赂老师才能毕业。孔的演讲在石家庄和邻近村庄引起轩然大波。为了劝孔停止攻击，劝学所争辩说，新式学堂确实把儒家经典的学习也包含在内，只是采用新的方法讲授这些经书，与私塾所使用的传统的死记硬背方法相比，更容易为学生所理解。孔以转移到邻村为回应，在邻村，他的公开演讲据称招致更大的混乱和恐慌。起初，考虑到孔非同寻常的背景，县知事避免采取行政措施。后来，县知事受到省长的支持。省长谴责孔的言论极其狂妄和放肆。县知事曾氏于是向所有的警局和劝学员发布了一道谕令，指示他们"勒令"孔离开县境。孔很快逃离。为平息民情和减少孔的危害，知事在境内所有学堂张贴告示。告示以诗的形式写道：

> 近来有人谣传，
> 反对新政学堂。
> 言说不是圣教，
> 诵读皆是外洋。
> 此等妄言妄语，

惑乱村众儿郎。

旧塾读而不讲，

新学教授有方。

每课一字一解，

仍遵孔孟文章。

习学珠算笔算，

交易出入精详。

复又练习体操，

保卫身体健康。

汝等若不深信，

优劣尽可较量。

出言谆谆告诫，

慎勿轻信癫狂。

再有谣言惑众，

扭送递解回乡。（656-1-828，1917）

如此案所示，县衙门的作用并不仅仅限于督催士绅和乡村领袖创建学堂。对知事而言，使人们相信私塾已经过时，不再是一个可取的、合理的教学方式，并且失去了国家的支持，这一点也很重要。正如县知事在告示上所澄清的，由于私塾实际上起"破坏学堂"的作用，因此，它甚至是非法的。知事指出，新式学堂是私塾完美的替代品，不仅因为它是由国家推动的，而且因为其在"普及教育"方面远胜于私塾。知事利用自己在地方社会的权威和实力，协同地方士绅，塑造了一种共同的观念：与私塾相比，学堂更合法、优越。在他们看来，这种新的认同对教育改革的稳步推进是不可或缺的。

"借官力提倡"

如上所见，村正在创办学堂中起关键的作用。除了提供校舍、选择学董、雇用教师，村正最重要的作用是与乡地一道为学堂筹款。在所有这些活动中，获鹿县大多数村正确实积极主动，因为他们不仅把创办学堂看成提高其村社领袖地位的一种有效手段，而且把它当作一种牟利的机会。然而，在某些村落，劝学所发现最大的阻力恰好来自村正，而不是私塾或普通村民。在1912年5月给县知事的报告中，劝学所所长梁治安指出了辛亥以后村正们不愿重开学堂背后的若干原因。根据梁的报告，劝学员去走访县城南部三个相邻的村庄时，找不到村正和乡地，因为村正和乡地隐匿起来，或拒绝承认自己的身份。在最终弄清他们的身份后，村正就以筹款困难为无法重新开办学堂的借口。然而，劝学所所长指出，村正应该有足够的公款，这些钱来自庙田的地租收入。劝学所所长据此推测，村正盗用了公款。报告提及，北胡村村正拒绝重开学堂，口称是因为"学生散去，别无学生"。梁发现，这同样是一个借口，因为这些学生都进了乡地开办的私塾。他推测，村正极有可能通过关闭学堂，串通乡地，从私塾中牟利。村正之所以不愿重新开放学堂，牟取私利很可能是一个重要原因。

村众抵制是村正经常使用的另一个借口。例如，台头村村正

234

声称:当集会议事时,所有村民包括"老者数十人,壮者百余人",均反对重开小学。当被问及为何反对时,村民们提到,甚至一些较大的村庄也没有建立学堂,另一些村庄无故放弃办学,却没有劝学员督促他们重新开办。因此,村正声称,他未能筹集学款,因为"众怒难犯"。他不主张使用行政手段,这种方式上年在一个叫吴裤连的村民身上使用过。当时,吴闯进学堂,解散学生,迫使教师离开乡村。为了惩罚吴,知事将其扣留数日,直到学堂重新开学,才将其释放。然而,村正指出,吴的行动仅代表个人观点。现在则不同,村民们群起反对学堂。如果劝学所请求县知事拘捕村社代理人乡地,试图压制民众的话,民怨将会演化为暴力,因为"以野蛮施之者,必以野蛮反之也"。因此,村正建议,推迟开学,息事宁人,要比匆忙重办,导致与官府关系破裂更为可取。如果邻村不开学,他们也不会恢复学堂(656-1-46,1912)。

劝学所无视村正董某的警告,将北胡村列入六个抵制特别强烈的村子之一。在给县知事的报告中,梁治安强调,如不借助"官力",这些抵抗无法解决。他建议知事,先将六个村的村正传唤到庭,严令他们开学,继而召集三十三个村的乡地,包括上述六个尚未重开学堂的村乡地。同时,劝学所派劝学员到每个村"催劝"。在劝学所所长看来,这样做符合"官督绅劝"的原则(656-1-46,1912)。

县知事相应地采取行动。他于5月20日票传六个村的村正,6月2日又传唤七个村的乡地。两天以后,又有十六个乡地被带到衙门。第二天,另有十个乡地被传唤。这种做法立竿见影,基本上所有的村迅速恢复了学堂。在收到传票以后短短几天,一些村向县知事报告说,他们要么在大多数村民的一致同意下制订了重新恢复学堂的时间表,要么已请来教师开始上课。甚至连台头村的村正也改变初衷,他曾经以村社的暴力反抗来威胁劝学所。他在5月30日向县知事报告称,由于他的劝说,"乡众闻言多服,风潮渐息";村民一致同意恢复学堂,并利用观音庙充当教室。唯一的例外是北胡村,在庭审之后,村正仍然反应消极(656-1-46,1912)。因此,县知事于6月8日再次传唤村正。5个月以后,劝学所发现村正以无入学儿童为借口,仍未采取任何行动。因此,村正第三次被传唤到法庭。在法庭上,村正被迫接受知事"赶紧设立学堂"的谕令(656-1-44,1912)。

如上所示,传唤村正和乡地到庭,当场下命令,确实给大多数乡村领袖造成威胁,但也不是完全有效的。返家之后,一些村正将命令置于脑后,或者仅仅恢复学堂一段时间,不采取进一步的措施去维护。鉴于此,县知事不得不反复成批传唤村正,要他们说明关闭学堂的原因(656-1-293,1914)。正如从1915年的霍寨村和石井村所见,为了使干预更为有效,县知事采取比法庭审理更为激进的措施。根据劝学所所长武栋林的呈文,这两个村无视多次"催劝",在创办新式学堂上一拖再拖,甚至在邻村开学以后,仍持观望态度。因此,劝学所所长建议县知事传讯两个村的村正,并确定开学的最后期限。同时劝学所派劝学员到各村"殷勤劝导",认为只有县知事和劝学所"双方合力,庶易为功"。换句话说,如果没有县知事的行政压力,劝学所单方的劝说不会起作用。正如劝学所所长所愿,两个村的村正于4月30日被带到衙门。在法庭上,县知事限定他们在十日内开办学堂。在离开法庭之前,村正向县知事具结保证在限定的时间内创办学堂。霍寨村的村正于5月3日履行了职责。然而,石井村的村正没现承诺。因此,5月8日,他再次被带到法庭,并遭拘押。直到村子里有明确的开学计划,县知事才允许保释他。两天以后,石井村的三个担保人承诺,在十五日以内创办学堂。因此,县知事同意保释,并警告担保者:如果学堂在最后期限仍未建立,担保人将负责任(656-1-496,1915)。

县知事的干预不只限于督促学堂的创办,而且扩展到诸如校舍的修建,甚至是教师的任命一类事务。1914年5月,县知事曾某在对各村做了一次巡视之后,分别给四个村的村正和乡地发布了一道谕令。在他看来,自从十年前创办以来,这些村的学堂时办时停,历时较为短暂,主要原因是没有固定的校舍。因此,他要求村正立刻与当地士绅耆老商议此事,并在两个月内完成校舍的修建,"屋宇必须宽阔,操场能容多人,以为日后扩充教育之计"。县知事警告说,无论哪位村正,如果在此事上踌躇,将会被传唤到庭,接受适当的惩罚。为了确保乡村领袖遵守规定,知事指示劝学员督促和监管各自辖区的学堂建设。山下尹村村正很快答复县知事,在与士绅和耆旧共议之后,决定购买一座十四个房间的院落作为学堂,这座建筑价值500 000文铜钱,村子已付给房主一半房钱。房屋的修葺工作一完毕,学堂马上开学(656-1-301,1914)。

聘任合格的教师问题,也可能延迟学堂的恢复。当学期结束时,一些村让教师回到家乡,但未嘱他们下学期返校,导致了学堂的关闭。对于此类问题,县知事的反应始终如一。他先让村子自己提名教师,并由劝学所来任命。如果该村找不到合适的人选,或是延迟了提名,县衙门将根据教师法,直接为此村任命一名教师

（656-1-30，1914）。

这些案件显示，县衙门在处理地方对新式学堂的抵制中起到关键作用。固然，在大多数村社，精英们为了所谓"普及教育"和牟取个人利益，在办学中积极主动。普通村民因学堂教育带来的好处也自愿参与改革。然而，村正或村民们的抵制也确实存在，其原因一如上述。在1912年，此前辛亥易帜导致地方社会动荡、国家控制力量减弱，此类乡村的数量上升至36个（占获鹿全部乡村的16%）。劝学所坦承，单靠其自身的劝导和监督之力，远不能使这些村庄恢复学堂。它不得不依靠国家及其"野蛮"手段，去平息地方的抵制，推进教育改革。

权势人物之间的竞争

尽管设立新式学堂对许多村正来说是一种负担，然而它确实为县级和村级精英加强自己在地方上的影响力提供了机会。那些在劝学所和学堂任职的人，把自己的职责看成对其社会地位的认可和重新确认。对这些办学热心人士而言，物质利益也很重要，因为这些职位使他们能够得到官府和乡村的津贴和薪水，并控制与学堂有关的资源。因此，在一些问题上，精英们互相竞争。这些问题上至劝学所人员的任命和候补，下到学堂的选址、经费和教职人员的任命。为了充分了解竞争背后的动机，以及他们在冲突中采用的策略，下面先讨论劝学所的人事纠纷。

劝学所改组

获鹿县的劝学所成立于 1906 年,所长梁治安出身举人,下有五名劝学员;后者负责各自学区的教育事务。由于出身非比寻常,且身兼劝学所所长一职,梁被视为获鹿县士绅界无可争议的领袖。劝学所的经费全部来自县城的煤矿主(煤捐);后者也是地方"新政"所需资金的最主要提供者,受县商会主席张士才领导。张没有功名,也没有接受正规教育。然而,他的财富和广泛交际,使其成为省议会的议员。梁和张因为具有不同的社会背景和地位,一个是绅界公认的领袖,一个是商界大佬,长久以来,彼此瞧不起对方。张长期控制"新政"的资金,加上梁对张永无休止的埋怨,使得两人关系更加恶化。1912 年 6 月,张带领一群县绅呈文县知事,要求解除梁的职务,一场冲突终于爆发。张谴责梁"旷废职务","任用私人"为学堂教师,称梁是一个尸位素餐的"无耻"之徒,也是一个"腐败旧绅":"其不明教育无论矣;而且顽固性成,遇事反对。"不过,这些指责均缺乏实据。梁反唇相讥,谴责张控制煤捐,已经整六个月没有支付资金给劝学所,导致县教育改革的停顿。为了支持梁,数名教师分别具禀县堂,攻击张藐视学界,劣迹斑斑,数年前曾因"拐人女子"而银铛入狱。

县知事委托县议事会和参事会调查此事。在议事会给知事的报告中,他们证实了梁对张所有的指控,包括"抗捐不交","以致获邑一切新政不能支持"。"若再任个人之把持扣留,而不速为催交,必至破坏大局。"尽管议参事会的报告有利于梁,但直隶提学使仅据张的指控，就决定更换获鹿的劝学所所长。这个行动表明了他和张非同寻常的关系。县知事再次求助于议参事会，请他们另选一名劝学所所长。议参事会把选举推迟了整整六个星期，以表达他们对提学使决定的反对，以及"教育界外"人士对选举过程可能的干涉。最后，在 1912 年 9 月 3 日，全县"合格士绅"齐聚于议参事会大厅，选举武栋林任劝学所所长。武以绝对优势胜出，在共计37 张选票中，独得 33 张。

争夺劝学所所长职位仅仅是精英之间新一轮冲突的开始。接着是更换五名劝学员。来自南故邑村的冯毓华，是县议会的议员。1912 年 9 月冯毓华带领十二名士绅联名呈文，要求重新选举劝学员。根据他们的禀诉，这些劝学员任职差不多三年了，已超过 1910年决议规定的两年任期。劝学员除了拿薪俸，一事无成；这种人浮于事，导致过去五六年中几十个学堂最终解散，学生未能从学堂毕业。作为回应，新任劝学所所长要求每个学区提名两名劝学员候选人。1912 年 11 月 5 日，县教育会从十个候选人中选举五名劝学员。其中三位是前任劝学员，包括南区的鲁泉河。南区是冯毓华的老家，然而，冯毓华本人未获提名，非常失望，再次纠集二十六人，指控三名当选者以贿赂或者勾结选举者的手段获胜。县知事拒绝了他们的请求(656-1-37,1912)。

这些纠纷的原因不一。纠纷的焦点之一，是劝学员的名声和可信度。为了驱逐梁及其下属，张和他的支持者攻击对方"鲜廉寡耻""玩忽职守"。梁要求县知事全面调查纠纷，"俾得有颜堪对乡人"。关注物质利益是纠纷的另一个焦点。张攻击他的对手梁，冯攻击五个劝学员，与其说是对他们的职位感兴趣，还不如说是对薪水感兴趣。具有讽刺意味的是,在县知事把薪水由原来的 180 000 文提高到 312 000 文以前,新任劝学所所长拒绝接受职位。这种行为表明,劝学所所长头等关心的是物质利益而非发展教育。

对于争夺地方领导职位的精英来说,为个人名声和财富而斗争算不得什么新鲜事。在此案中,较为新奇的是他们运用的策略。纠纷双方都承认新式小学的重要性,以及劝学所在促进教育上的决定性作用。因此不难理解,当张谴责梁对教育不感兴趣时,梁反击张控制煤捐是一种损害学堂的行为。时人均认为,近代教育是国家富强之根本,其重要性不言而喻。置身此一语境之中,争论双方发现,使用国家话语中的新语言和新词语去为自己辩护并攻击对方,是最方便而有力的。

利用票选的方式选择劝学所人员,为士绅提供了一个相互竞争的新手段。乡村士绅能够通过投票决定选举结果,县知事也不得不例行公事般认可选举结果,而不是任命其亲近的人员,就此而言,精英们确实比以前有更大的自主权。赢得选举之人的权力也比以前更具合法性。然而,精英之间传统权力关系的运作,最终决定他们的竞争结果。张成功地迫使梁离开劝学所所长之职,主要是因为他得到省提学使的庇护;后者的决定凌驾于县议会的集体意志之上。同时,冯未能得到劝学员职位,不是因为他对三个劝学员的指控没有根据,而是因为对手有较多的社会资源,这使得他们能够在选举中幸存下来并继任原职。

私立女学

国家一方面要求村正设立公办学堂，一方面鼓励个人创办私立学堂。1910 年代，获鹿县建立了几所私立学堂，其中一些专门为女生所办。这些女子学堂是必需的，因为大多数公办学堂只有男生；很少有父母愿意让自己的女儿整日在学堂中跟男生混在一起，如果经济条件不允许的话，他们根本不会让她们接受教育。而对于家境较好的父母来说，如果希望自己的女儿多少掌握一些文化知识，私立女校就成为一种不错的选择。某些村社领袖也愿意创办女学，以此提升自己的影响力，并获得国家对其村社领袖地位的认可。而且，办私立学堂可以收学费，拿县衙门的津贴，享有种种物质上的好处；如果筹建费用很低的话，开办一所私立学堂则更具吸引力。

因此，继梁治安之后接任劝学所所长的武栋林，于1915 年在家乡土门村创办了一所女子学堂，在第一年招收了20 多名学生。武用官方的措辞为自己创办这所学堂辩护，他说："女学为家庭教育之始基，抑亦国民教育之根本。成立此项学堂，尤不可视为缓图。"武还称，因为他反复向乡亲们灌输这种观念，所以这所学堂能够吸引相当多的女生。县知事对武的报告予以支持，也是意料之中的。他赞许武"集资创办本村女子初小学堂，藉（借）以开通风气，立家庭教育之基础，洵属热心学务，殊堪嘉尚"。

然而，为经营学堂，武栋林必须找到稳定的资金来源。武在给县知事的报告中称，这所学堂是在村正和学董的提议下建立起来的，"临时"设置于自己的住宅。为给学堂提供资金，武栋林本人捐赠20元，两个兄弟也捐了20元。两个兄弟一个叫武墨林，是村公办学堂的学董，也是这个私立学堂的实际经营者；一个叫武桂林，是这所女子学堂的教师。除了上述赠款，学堂也依赖村公款。武没说明白这所学堂属于本村，还是属于武氏兄弟。为了平息村内反对的声音，武向乡亲们保证：武氏兄弟单独负责学堂的资金；如果资金不足的话，他们会用学生的学费来补充，不会给村人添加任何麻烦。然而，如劝学所几年以后的报告所说，实际上，即使在最初几年，武氏兄弟提供给学堂的捐助也是很少的，随后就完全停止了捐助。这样，学堂的经费靠三个来源：村公款、学费、县衙门每年50 000文的津贴，所有这些资金都控制在武氏兄弟手中。按劝学所的说法，这所学堂的性质，已由"半公半私"变为完全公办。

继土门村之后，又有七个村利用公款，或是个人捐助创办了女子学堂。其中两个属于公办，一个于1918年3月创办于南同冶村，招收了15名学生；一个于1919年10月创建于振头村，招收了16名学生。1918年6月，横山村的田家创办了另一所私立女子学堂，资金主要来自田氏款项和学费。在石家庄村，则有8位村民自愿为招有25名女生的学堂提供资金。

学堂一旦建立起来，总是由劝学所所长负责把学堂的开办情况报告给县知事，由此获得官方的批准和承认。所长武栋林无一例外地称赞创办者的热心，并把这些学堂的兴办，说成"风气初开，萌芽足贵"，理应受到保护。学堂获得批准之后，创办者会向县政府提交一份禀文，要求得到官方的资金支持，通常每年为50 000文。

乡村权势人物对女子学堂和资金控制权的争夺是不可避免

的。例如，长期以来，土门村村正谷连昌对武氏兄弟将女子学堂由私营转为公办极为不悦。因此，在 1922 年，当武栋林失去了劝学所所长的职位，以及他在女子学堂教书的兄弟武桂林死后，谷提交了一份针对武的诉状。根据谷的说法，武氏兄弟经营女子学堂的真正目的是"假公济私"。谷指出，所有的村民都把那所学堂看成武氏兄弟的私人学堂，而武氏兄弟亦将每年县衙门提供的 50 000 文津贴装入私囊。因此，他要求武家继续为学堂提供资金。然而，村正的请愿未能打动县知事。知事从新任劝学所所长的报告中发现，到学堂读书的女孩不仅仅来自武姓；自从学堂开办以来，几个谷姓女童也被送入学堂，并且已有六七年之久。因此，在知事看来，使用村公款资助女子学堂是无可厚非的（656‑1‑487，1915—1922）。

然而，无论公办还是私立，并非所有的女子学堂都有利可图。一旦县衙门中止对学堂的津贴，正如它在 1922 年所做的那样，或一旦学生数量减少，失去村社的支持，学堂将难以为继。例如，1922 年 4 月，当横山村私立女子学堂的学生由原来的 10 个减少到只有 3 名时，它只得请求关闭（656‑1‑487，1915—1922）。与创办新学堂总受到政府鼓励有所不同，关闭学堂与"新政"的目的背道而驰。可想而知，县知事拒绝了所有这种要求，并指示请愿者想方设法，避免学堂解散。在知事看来，同意关闭一所学堂不仅在话语上站不住脚，而且与其作为地方现代化改革领导者的公开形象不符。

学董和村庄行政人员

在一村之内,学董与村正或乡地之间有时会就学堂事务发生冲突。根据有关法规,村正通常负责从各户筹集学款。在一些村落,乡地取代村正负责此事。学董有权从村正或乡地手中取得学款,并无须同村正和乡地协商,可以自主运用这些资金处理校务。他也有权每年提名一名教师,然后由劝学所任命。当学董和村正(或乡地)无法就学款的使用和教师任命达成共识时,冲突在所难免。

为了说明此类纠纷,我们讨论如下两则案件。第一个案件来自底村,发生于 1912 年。该村于 1906 年创办了一所学堂,数年后学生超过 70 名。学堂的资金非常充裕,有四个来源:300 000 文专项村公款,系出售村庙树木所得;每年 60 000 文的庙宇土地租金;亩捐;学生学费。所有这些钱均归学董李光谦支配。李曾捐得一个增生头衔,自从学堂开办以来,一直控制着学董一职。村正赵景秀嫉妒学董,对其心怀不满,并试图通过取消学董薪水(每年25 000文)使其离职。学董向法庭提起诉讼,指控赵"败坏学堂,敛财利己"。当时,村正改变了学款的征收方法,由以前的按亩派捐改为按赋额派捐,村正本人因此得以免交学捐,因为村正的 100 亩有奇的旗地是无须纳税的(参见第十章旗地部分)。学董认为,取消他的薪水是不公平的,还因为村正曾给本村三名乡地 50 000 多文,用来摆宴席款待帮助乡地收回垫款的三十多个村民。在李看来,这种资助完全是一种浪费。在给知事的报告中,劝学所站在学董一方,评论道:村正不出学捐;"甚非正当之理",学董薪水"不应去而竟去",乡地薪水"不应有而竟有"。劝学所调停的结果是,村正继续支付学董的薪水,但薪水减为 15 000 文(656-1-35,1912)。

另一例纠纷发生于栈道村,时间是 1918 年。当时该村学堂有37 人,学堂经费大部分来自村民们的学款。乡地从村众那里共筹得学款 272 000 文,其中 80 000 文用来支付教师刘连科的薪水。然而,根据刘的禀诉,他在上年(1917)仅从学董那里收到 52 500 文,尚欠 27 500 文。学董王玉怀责怪乡地控制剩下的 70 000 文有奇的学捐。乡地用两个理由为其保留学款辩护。首先,学董未能平衡学堂账目,这意味着学董"办事不公"。其次,村里在上年遭受严重的洪灾,许多村民无力为学堂提供学款。依照乡地的说法,乡地和村正、村副一起为村民代垫学款,以防止学堂倒闭,并且他们还没有收回代垫款。县知事要求学董和乡地整理他们的账目。结果证明,乡地手中仍握有 70 000 多文学款。然而,根据教师的申诉,乡地拒绝把这些钱交给学董,并咒骂学董,"吓走"所有的学生。县知事对乡地予以扣押,直到两个担保人答应替乡地全额支付教师薪水,才将乡地释放(656-1-1012,1918)。

教师的聘任,是学董和村内行政人员之间纠纷的另一个焦点。例如,1916 年底,考虑到教师张廷瑞当年的表现令人满意,双庙村的学董李瑞云决定在来年继续聘任邻村张廷瑞为本地学堂的教师。劝学所立刻同意了这一请求。然而,村正和乡地打算提名姜玉瑞为教师,姜是本村人,刚从师范学堂毕业。为了证明其提名正确,他们说姜受过良好教育,为人谦逊;同时攻击张疏于教学,沉溺于赌博、嫖娼、抽鸦片。在他们的支持下,1917 年 2 月,新学期开学之际,姜闯入学堂,占有了张的职位。然而,劝学所发现所有对张的指控均系无稽之谈,便迫使姜离开学堂。村正和乡地非常失望,几天以后,他们诬蔑学董在维修坐落于关帝庙的学堂时,损坏了神像,借机将学董痛打一顿。直到村正和乡地在知事的命令下,正式向学董道歉,纠纷才结束(656-1-817,1917)。

另一起类似的纠纷发生在寺家庄,尽管该村四个乡地坚持让老师郄献珠留任,学董还是任命本村史俊德为1913学年的教师。按照学董的说法,郄的玩忽职守导致上年学生数量减少,而史某自从任职以来,成功地吸引了四十多名学生。这四个乡地负责筹办学款,声称除非郄继续任职,否则他们不会将学款交给学董。然而,劝学所斥责乡地们的要求荒谬不当。在收到县知事的票传之后,乡地们最终放弃了自己的主张(656-1-155,1913)。

所有这些纠纷表明,学堂建立之后,由于争夺对学款的控制权和对教师的任命权,乡村精英之间的冲突加剧。在此类纠纷中,村正和乡地明显处于优势,因为他们直接筹学款于村民,因此,通过推迟筹办学款,或是延期支付学款给学董,他们能够迫使学董屈服。但学董也有自己的优势:他常常得到劝学所的支持,劝学所的报告直接影响县知事的决定。因此,学堂的创办不但是乡村精英的一种负担,也是一种自我扩张的机会。

在宗祠和龙王堂之间

争夺学堂的资金和资源,不仅出现于权势人物之间,而且出现于村社内部各宗族之间。例如,南故邑村是一个杂姓村,由五个牌组成。村社的公共生活以龙王堂为中心，其庙地可为村子带来200 000文铜钱的地租收入。该村用这些公款于1908年创办了一所学堂，无需每户提供捐助。1914年，学堂的收入达108元，亦即151 200文(656-1-308,1914)，相当于72亩旱地或36亩可浇地的全部净收入。在一定程度上，由于资金充裕，在获鹿县所有公办学堂中的评比中，该校好几年都名列第一。

然而，在办学伊始，该校就为村中最大的冯氏宗族所控制。冯姓利用其祖先的祠堂作为校舍，并且担任学堂的教师和学董，大多数学生也来自族内。冯姓中最有影响的是冯毓华，毕业于直隶省师范学校，也是获鹿县议会和教育理事会的成员，在1914年劝学所的职位之争中，曾发挥了重要作用。同冯姓竞争的张姓，也是村中一大家族，族长张青云控制着村正职务。两个家族对学堂的争夺始于办学之初。在张家看来，把学堂置于冯氏宗祠，使得学堂成了冯家的私人学堂。1910年，村正张青云以学堂的教师和一名妇女在宗祠里通奸为借口，最终将学堂迁到龙王堂，并任命一个外村人为教师。但是，冯氏依靠冯毓华在县里的关系，很快又将学堂迁回冯氏宗祠，并任命一个叫冯辅理的新教师，这些行动很快获得县知事的批准(656-1-161,1913)。

1914年初，冯姓学董未能平衡并公布学堂上一年的账目，这意味着他有滥用学款的可能。因此，村正张青云解雇了学董和冯姓的教师，将学堂再次搬回龙王堂。为了取而代之，村正兼任学董之职，并任其侄张鸿谟为教师。冯毓华对此做出回击，具禀县知事，强调新任教师不合格。为阻止事态进一步复杂化，知事做出决定，一年之中，禁止诉讼双方干预学堂事务。作为替代，他指令村中的总乡地负责管理学堂,并任命一个外村人邢世珍为教师。

村正的斗争仍在继续。他首先阻止总乡地邀请教师到学堂,并声称,谁将教师带到村里,谁即负担教师的薪水。后来,当教师来到学堂时,掌握学堂钥匙的村正拒绝为教师开门,并拒绝把学堂账簿和学款交给总乡地。因此,同为冯姓的总乡地,谴责村正不合作,并盗用 20 000 多文学款。在随后的庭审中,知事接受了村正已经用完学款的说法,在四个助理乡地的建议下,允许村里办两所学堂。其中包括原来位于龙王堂的学堂("北校"),以及位于张姓房屋的新学堂("南校")。根据冯、张双方在劝学所的调停下达成的协议,北校由冯毓华任学董,南校由张鸿谟任学董。该协议又规定,每个学堂由村提供 40 000 文公款。

然而,这项协议并未终止两姓的斗争。村正张青云很快发现北校学董冯毓华再次将学堂由龙王堂迁往冯氏宗祠。他呈递了一纸诉状,说他无法再从村民那里筹取学款,因为村民们都把那所学堂当成冯姓的私家学堂,不愿意为其提供捐助。在回击中,冯毓华向县知事抱怨说:张姓根本没有创办南校;它只是以学堂名义分享村学款,张姓一旦得到其份额,便会捏造开支,将其全部私吞。

知事指派劝学所去调查此事。令知事吃惊的是,仅仅几天以后,四个南故邑村"代表"便提交呈文说,冯、张两姓持续经年的学堂之争,激起了村民们的"公愤",所以村民们要求罢免所有负责学堂和村务之人。为了取而代之,村民们选举一个姓杨的为村正,一个姓王的为村副,另一个姓王的为学董。此外,他们决定将学堂合二为一,再次将校址定在龙王堂。知事对这种出人意表的结果表示怀疑,派劝学所再次调查。在劝学所证实这个结果之后,他很快照准村民所请(656-1-312,1914)。

在整个诉讼的过程中,两个族姓争议的焦点是学堂的地点。从纯粹的经济角度看,将学堂置于冯氏宗祠,并不能给他们带来物质利益,因为他们并没有因使用其公共财产从村中得到任何资助;相反,他们还自己出钱修理宗祠,使之成为校舍。但对他们而言,将学堂放在宗祠,确实有重要的象征意义。因有200多亩族田的资助,村中大多数识字之人和学生都来自冯姓,这使得他们在建校之初,占据了学堂的所有职位。把学堂放在冯姓宗祠,有利于增强该姓在全村的地位及其在学堂事务中的影响力,特别是在学董和教师用人方面的发言权。另一方面,龙王堂是全村的一个公共场所,在这里村正的影响力最大,因为他不仅是村社的领导,而且负责维修庙宇和征收庙地的地租。显然,把学堂搬到龙王堂会弱化冯姓的影响,或者说是减损其象征资本,同时会增强村正在学堂事务中的影响力。

然而,这些意图从来不会体现在他们的诉状和辩状中。相反,双方仅强调用冯氏祠堂或龙王堂充当校舍是如何的不适当。在村正看来,冯氏祠堂不能用作校舍,因为冯姓一直用它来收取族田地租、放贷族款(高达2 000 000文)、收取债务,顾客整日络绎不绝,对学生是极大的干扰。为回应村正的指责,冯姓在辩诉中指出,龙王堂也不能用作校舍,因为里面摆满了神像和龙王像,妇人们在里面焚香,农民们在此祈雨。学生们置身其中,不仅容易分神,而且会产生“迷信之脑筋”;龙王堂的前院也不能用作运动场,因为它很狭窄,并且院子中央有一个焚香用的石炉和一个布满龙像的牌匾;此外,比邻而居的茶馆也对学生产生很大的滋扰。

尽管在宗祠或龙王庙是否适合作学堂上，他们各自的见解不同，但是冯姓和张姓都同意：作为公共教育的工具，学堂无比重要，在村社事务中应处于优先地位。这种认识为他们的争论提供了一个共同的基础。在张姓看来，冯姓再次把学堂搬到自己的宗祠，因此学生主要来自冯姓，这等于"阻教育之普及"。张姓声称："伏思国家令各村建立学堂，原为各村皆有贫民无力就学。故使各村担负教养之义务。此中外之公理。"因此，冯姓的所作所为无疑是"把持教权"和"破坏新政"。

冯姓也将其回击集中于张姓"破坏"学堂。根据他们的禀诉，村正以两种方式破坏学堂。他鼓动没有学童的无知村民，说学堂仅仅有利于有学童的家庭，把全村公款用于学堂是不公平的；同时，村正告诉那些有学童的父母说，学堂会被取消，将要恢复科考了。而且，根据冯姓的禀诉，自从任学董以来，张青云把《三字经》和《百家姓》作为教材，向学生传授的仅仅是"旧学"。他抵制对于普及教育极为重要的"新学"，这是村正破坏学堂的又一证据。

因此，这场纠纷不是两个大姓为争夺声名和财富的旧式斗争的简单重复；他们把现代化和教育改革的国家话语融入乡村精英之间的争论之中。这种话语为他们将自己的主张合法化和攻击对方提供了一种共同的观念和新的语言。

小结

获鹿乡村的办学活动给人留下深刻的印象。从 1904 年至

1917 年,虽然历时不长,但是全县共创办了将近 150 所学堂,招生学生 5 400 名,为 200 多个村落提供服务。一个全新的教育体制,由此在获鹿乡村形成。它以全村的合作为基础,对所有的村社成员开放。不仅教育体制发生了变化,民众的教育观念也在改变。至少在公共争论中,人们普遍认为,作为一种教学工具,学堂优于私塾;建立和维持一所学堂是村社的头等大事。无怪乎当与学堂有关的纠纷出现时,争论者必然借助于学堂在"普及教育"中的核心地位,为他们的主张披上合法的外衣。持有学堂教育至上观念的,不只限于权势人物,普通村民也情愿或是不情愿地接受了这种观念。因此,在获鹿乡村,没有人公然反对以当地庙宇和宗祠为校舍,也就不难理解;而在过去,在大多数村民的精神生活中,当地庙宇和宗祠曾如此重要和神圣。

教育改革取得成功究竟是归功于传统的地方治理方法,即官府的干预和精英的主动性,还是归功于一个源自国家、士绅和乡村社会的共同努力的新的治理方式? 为了回答这一问题,我将依次简要总结一下国家、精英、民众各自的作用。

县官在创办学堂中的作用是至关重要的。正是在知事的行政惩处威胁之下,许多不愿兴学的村正才着手去创办或恢复学堂。如果没有官方的强制性措施,在一个很短的时间内,建立起全县范围内的学堂系统,是不大可能的。县官之所以能够这样做,不仅是因其职位所赋予的传统权力,而且因为他受助于一个"现代"的国家主义话语,此话语提倡政府干预,并要求整个社会为了国家的强大而承担起教育体制近代化的职责。为了动员地方支持和推进教育改革,通过让地方精英控制诸如劝学所和县议会等"新政"机构,国家确实给地方精英以更大的自主权。然而,县官自己的权威绝未减少;相反,他继续以传统的方式行使其职权,包括发布谕令,传讯玩忽职守的村正和乡地,甚至将其扣押,直到有人保释或提供一个解决方案为止。就其广泛干预曾经属于士绅精英领域的教育事务而言,1900年以后,县政府的权力比以前更加广泛。

乡村精英对学堂的反应不一。尽管一些村正和乡地因为肩负筹集学款的责任,而把它视为一种负担,但大多数精英分子视此为追逐个人利益的机会,积极参与学堂的创办。他们不同于19世纪或更早的先辈,后者以非正式的方式发挥其影响力,而20世纪早期的精英们通过正式的任命控制着劝学所、村政权和新式学堂;依据国家法令,其履职也有一定的任期。结果,精英们发现自己比以往有更大的空间,去确立在乡村社会的支配地位;同时,他们易于遭受其对手永无休止的挑战。这种竞争,虽然是由乡村精英们传统的追名逐利观念驱动的,但是被他们借用官方的教育改革话语,披上了时髦的外衣。所有这些因素表明,在20世纪早期地方现代化的背景下,地方士绅的影响与以前相比,不仅较为正式化,而且在话语上更加合法化。

然而,乡村教育改革取得相当大的成功,不应该仅仅被看成县官和地方精英共同努力的结果,普通村民也参与其中。事实上,在大多数获鹿乡村学堂稳步创建和运行的过程中,村民们的合作可能比其他任何因素都更为重要。村民们的合作不能被简单解释为传统小农屈从国家权威的结果,也不能被看成农民们拥护国家的教育改革主张。诚然,县知事、劝学员和乡村精英都致力于通过劝谕、告示,甚至采取强制措施,向村民灌输近代教育的新观念,但是这种宣传的效果不宜被高估。村民们自愿参与的主要原因,在于他们受益于改革这一事实,因为大多数学堂学费定得很低,或者根本不收学费。同样重要的是,在顺应国家对地方控制和征税的需要上,农民们有由来已久的合作传统,村民们能够感受到相互合作带来的共同利益。

因此,当学款负担被限定在一个可以接受的水平,且大多数家庭的学童皆得益于这种合作时,乡民们可能会在提供学堂经费上选择合作。只有当学堂仅惠及少数人,并且强加于村社的负担变得令人难以忍受时,村民们才会拒绝合作。但是这种情况极少;一旦学生数量减少,学费就会增加,从而减轻村社的负担,并将大多数学费转嫁给受惠者。乡民参与改革,主要是因为教育对他们有益。

概言之,在创建新式学堂上,县官、精英和村民分别起了不同的作用。在所辖乡村,县官主要依靠传统的权力和旧有的治理方法去推动教育的近代化,在克服地方的改革阻力方面,其所作所为被证明是必不可少的。精英们在教育改革过程与县官合作,固然出于传统的原因,即主要是为追求个人和家族利益,然而这种动机在驱使他们为控制学堂彼此竞争的同时,事实上也有助于形成支持近代教育的共同观念。最后,村民们愿意共同合作,资助学堂,与其说是国家施加压力,或是精英们游说的结果,还不如说是一种追逐共同利益的新路径,因为当地村民具有悠久的村社合作传统,并且从中受益。归根结底,使学堂急速发展成为可能的基本手段和动机,在很大程度上仍然是传统的。在 20 世纪以前,这些传统的手段和动机在村社治理方面行之有效。在 20 世纪早期,这些因素又为学堂的产生和稳步发展提供了平台。

第八章　乡村精英的积极作为

　　学者们已经留意到,在整个帝制时代,华北是一个自耕农占优势的旱作农业区,与经济繁荣、以水稻种植为主的长江下游和东南地区相比,其功名持有者亦即士绅精英的数量要少得多(Chang,1955;Hsiao,1960:316;Esherick and Rankin,1990:21—22)。为了将乡村纳税人置于自己的控制之下,帝制政权在华北农村的影响要远大于华南地区。在华南,多数农民是无地佃农,不承担国家赋役;国家通过不在地地主间接和他们打交道(P. Huang,1990:154)。然而,我们不应由此而得出结论:华北农村的精英力量薄弱,在政治上无足轻重。正如前两章所示,在 20 世纪早期,获鹿乡村的精英相当活跃;他们成功地应对新政,控制着县级和村级自治机构。本章讨论他们对征收田赋的反应,主要集中于 1910 年代及 1920 年代他们对获鹿县和河北省(时为直隶)赋税增加的抵制。

　　自治项目(诸如警察、新式学堂,以及其他县、村级机构)的展开,不仅为地方精英提供了前所未有的机会,也给他们带来更重的税收负担(见第一章)。作为最大的土地所有者,在赋税增加之时,精英们要比小土地所有者承受更多的负担,因此,国家和精英之间的矛盾与时俱增。本章将显示精英们如何利用合法的、和平的方式——参与正式的决策过程、与县知事讨价还价——多次挫败国家增税的企图。这种做法,跟习见于华北边缘地区的集体暴力抗税,形成了鲜明的对比。

这里所考察的精英包括两种。一种是承担村社领导职务之人,另一种是能够接近和影响县衙门的人士。正如我们在前面的章节所见,乡村精英通常依靠宗族力量、个人网络、物质财富及社会声望,在村社建立自己的领导地位。其中的一些人可识文断字,甚至持有生员功名。1900 年以后,乡村开始推行自治,绅士们又在创办乡村政权和小学堂中起着积极作用。城市精英大多数居住在县城和市镇,比他们在乡村的同侪有更大的影响。许多人通过县试,拥有生员功名,或是捐得增生、监生,因此,在帝制时代,他们能直接接近县官。然而,1905 年科举废除以后,越来越多的人开始在外国(主要是日本)、国内的西式学堂、地方自治培训机构接受近代教育。在 1910 年代及 1920 年代,这部分人逐渐成为城市精英的主体,时人谓之"新士绅"。当 1910 年代地方自治肇始,并于 1920 年代早期复兴时,城市精英顺理成章地承担了诸如县议事会和参事会、警察局、劝学所及商会等县级自治机构的领导职务。①

"国家"这一术语常常是含糊不清的,并有难以捉摸的含义。

---

① 上一章所考察的劝学所改组纠纷,提供了城市精英背景变化的典型事例。1906 年的劝学所所长梁治安是一个举人。而 1912 年接替他任职的武栋林,是三年制师范学堂的毕业生,曾任县城官立学堂的学董(656-1-37,1912)。

在清代和民国早期,县官居于正规官僚系统的底层,直接和地方民众打交道,理应是中央政府在地方社会的代表。因此,人们理所当然地认为县官是国家在地方的代理人,其按照居于其上的国家权威的意志行事。然而,本章将揭示县官不仅仅是国家的代表。在整个帝制晚期,由于县以下缺少正式的管理机构,县官不得不依赖于精英们的合作,以执行上司的命令。作为一个讲求实际的管理者,县官不仅仅是一个对省府负责的官员,他必须考虑乡村士绅的看法。在 20 世纪早期,这种状况在很大程度上依然未变,当时地方新旧士绅控制着自治机关,在表达和增进自身利益上,比此前更有力量。县官不得不在苛责甚严的省级官员和活跃的精英之间充当一个缓冲器。

因此,在地方政治中起主导作用的,是省府、县官和士绅之间的三角互动关系。在这种背景中,国家主要指直接和县长互动的省府,也包括晚清中央政府和 1912 年到 1916 年时期的袁世凯政权(当时直隶省直接受其控制)。然而,在随后的 1916 年至 1928 年间,当直隶在军阀之间频繁易手时,北京政府对它的有效控制时断时续。因此,军阀混战时期,"国家"这一术语通常指省府,而不是名义上的北京政府。

本章考察 20 世纪早期获鹿精英活动中三个最著名的事件:1906 年至 1915 年,县绅和乡绅动员反对差徭的活动;1920 年和 1921 年间,精英们反对善后粮捐的努力;在军阀政府的最后两年,精英们反对"军事特捐"的斗争。

减少差徭,1906 年—1915 年

在清末民初,精英和国家之间的纠纷集中于差徭。在 1915 年以前,差徭是获鹿县唯一的附加税。差徭最早可追溯到 18 世纪,当时,清朝在全国范围内实行摊丁入亩政策,不再单独征收丁银(魏光奇,2000b)。由于田赋是一个法定的定额,县官无法对其上下其手,因此地方衙门不得不私征一种附加税,即广为人知的差徭,来满足其经费支出。差徭的征收方法因县而异,或与赋额,或与实际地亩挂钩;对象可能是单个门户,也可能是整个村庄(656-1-243,1915)。由于州县官通常根据当年的收成,而不是根据管理的实际财政需求来决定征收比例,因此,差徭的数额也因县而异、逐年变动。在 20 世纪之初的自治时期,对于大多数举办“新政”的县来说,差徭和契税成为主要的财政来源。然而,人们认为,大多数差徭款被县官和衙门吏役挪用(《元氏县志》,1931,《新政》:18)。因此,地方自治活动在县城一出现,地方精英即开始努力去限制差徭,便不足为奇。

作为第一步,直隶中南部各县开明人士于 1906 年纷纷建立了差徭调查所。他们认为,倡地方自治,首先要铲除地方积弊(《景县志》,1932,4:1)。为规范差徭的征收和使用,一些县组织了由士绅学董组成的差徭处,以管理和决定差徭的分配。例如,在元氏县,差徭限定在 3 975 803 文,其中 24%(954 192.72 文)用作自治费;另 24%作为警察费;其余的 52%作为县衙门的行政经费(《元氏县

志》,1931,《新政》:18)。

1910 年以后,直隶各县精英通过新设立的县议会(包括议事会和参事会)广泛参与地方政治。[①] 根据规定,150 000 人以下的县,选举 10 人,组成议事会,议决所有县务。人口大县,每多 30 000人,增加 1 个名额。参事会执行议事会通过的所有决定,由 4 人组成,以县知事为议长。参事会成员一半由议事会选出,一半由县知事指定(钱实甫,1984),大多有士绅背景。例如,在元氏县,第一届议事会(1910 年选出)的主席和副主席以及第一届参事会的成员全部是生员(《元氏县志》,1931,《新政》:30)。精英们的政治参与,不但增强了国家的合法性,而且能使地方精英更加主动地为"新政"筹集资金,因此,国家容忍甚至是鼓励设立议会和其他自治机构。

然而,精英们常常把自治组织作为表达自身关切和扩张自身利益的一个合法平台,这又与国家的初衷背道而驰。减少差徭很快就变成县议会和县衙门之间纠纷的焦点。结果,在直隶大多数县的差徭分配中,县衙门经费下降到 30%,而自治费用上升到70%。在一些县,差徭完全被取消。[②] 1912 年,获鹿县议会决定将差徭减少 66%(从 17 700 000 文到 6 000 000 文),并将其全部用作县行政经费。获鹿县自治经费主要来自契税,而不是差徭。为了避免纳税人的额外支出,并堵塞衙门吏役舞弊的惯用伎俩,县议会

[①] 方志提供了县议会创办和活动的详细情况(《景县志》,1932,4:2;《燕山县志》,1916,10:6;《南皮县志》,1932,5:4—5;《熊县新志》,1929,3:44;《文安县志》,1922,12:35—36;《平谷县志》,1934,2b:12;《元氏县志》,1931,《新政》:30;《静海县志》,1934,12:2;《大名县志》,1934,4:1)。

[②] 例如燕山县(《燕山县志》,1916:434)和井陉县(656-1-243,1915)。

进一步决定将差徭随田赋一同征收。第二年(1913年),当知事易人时,获鹿县议会仿照邻县井陉的做法,要求彻底取消差徭。新任知事以差徭是行政经费的主要来源为由,予以拒绝(656-1-243,1915)。

精英和知事在减少差徭上的讨价还价可谓剑拔弩张。在此一过程中,获鹿县"官绅互控"的现象时有发生。在获鹿东北的雄县,官绅冲突闹得不可开交,以至县知事指控议会成员是"劣党",并迫使所有议员离职(《雄县新志》,1983:119)。1913年2月3日,袁世凯控制的北京政府以议员垄断财政、抵制捐税、干预诉讼、妨碍行政为由,最终下令解散省议会和县议会(来新夏,1983:119)。

自治机构解散之后不久,直隶省决定把差徭恢复到原水平。然而,在大多数县,差徭仅仅恢复到原额的60%—70%。1914年年初,获鹿县知事曾氏多次邀请地方士绅讨论差徭的恢复问题,然而,屡次遭到士绅们的抵制,其理由是:"光复(辛亥革命)后,城乡迭遭兵变,商民元气未复。兼之本年新税迭增,继以验契公债等项,民间负担已重,生计日艰。若再规复差徭,民力实有未逮。"知事认识到,由于士绅的抵制,差徭不可能一下子恢复,同意按目前的数额(全县共收6 000 000文)征收,把恢复原额推迟到来年(1915年)。在给省长的报告中,知事强调精英合作的重要性,以此为自己的延期辩护:"两年以来,绅民对于知事,感情颇洽者,尚居多数。信而后劳,谅能共体时艰,似不至如初到时之牵制也。"

一年以后,即1915年4月,曾知事决定每两粮银计征0.4元差徭,这样差徭总计可达9230元或11 810 000文。在知事看来,这个数字只不过是原差徭的三分之二,远低于邻县井陉的差徭征收率

(每两粮银计征 0.5 元)。然而,在宣布征收差徭后不久,知事治下的十六个村的领导,以李凤起为首联合呈递了一个请求减少差徭的禀文。他们抱怨,上年农作物遭受蝗灾和水涝灾害,加上田赋征收改银两制为银元制(参见第一章)和新增的水工捐,他们的负担已经加重。新增的差徭款和现有税课,使赋额上升到每两粮银2.93 元,超过了村民们的承受能力。

知事曾氏以一种同情的方式答复。他说:"前屡奉饬规复差徭,迟至今正,始经详准。按照全额规复三分之二,原为体念民艰,留有余地。"然而,知事同意"小民负担不免过重"。因此,他承诺将差徭减少到每两 0.20 元,以待上司定夺。省府很快同意了知事的请求(656-1-243,1915)。这样,在此后的民国年间,获鹿县的差徭始终维持在每两粮银 0.20 元。

"善后粮捐"的纠纷,1920 年—1921 年

1914 年,县议会的解散并未终结士绅的行动。在 1923 年自治团体复兴以前,精英们通过主导省议事机构和县级财政机构,展示了自己的力量。直隶省议会的首次召集,是在清末自治活动的全盛时期,随后连同国会和县议会,于 1914 年为袁世凯政府所解散。1918 年 6 月,随着第二次全国议会选举的展开,直隶省议会得以恢复,大多数成员来自各县。根据法令,省长所做的任何决定在生效之前,必须与议会协商。议会有权建议省长修改或放弃其决定。

在县一级,1912 年以后,根据直隶省省长的命令,财政所纷纷

成立,以执行以前由县议会承担的职责(魏光奇,1998a,1998b)。
财政所的核心是财政董事会。董事由地方士绅提名,有权决定创
制新税和管理地方财政,每区提供一名。国家建立这个机构,是因
为它在增加国家收入和新税合法化方面,需要地方士绅的合作。

　　然而,令官僚们失望的是,省级和县级的精英机构仅仅根据自
身的利益行事。只有当国家政策对士绅有利时,他们才会给予支
持。以保卫团费的征收为例,面对1910年代及1920年代土匪猖獗
的状况,县绅迫切需要筹集费用去组织地方保卫团。然而,当新征
捐税与他们的利益背道而驰时,士绅便会毫不犹豫地予以抵制。
1921年反对善后粮捐以及1927年—1928年反对军事特捐的斗争,
便是精英抵制的典型例子。

　　征收善后粮捐的准备工作有几个步骤。正如后来所证明的那
样,把差徭恢复原额,实际上只是省府采取的第一个步骤,目的是
将地方最大的非法定财政收入置于自己的控制之下。第二个步骤
是调查各县差徭征收的详细情况。1916年3月,直隶省财政厅给
各县发布一道命令,要求县知事报告差徭的名目、征收比例、实际
使用情况,以及征收方式。1919年,直隶省财政厅又采取同样的步
骤。但是,与上一次让各县自行上报差徭情况不同,这次财政厅自
己派人到各县审查地方政府的文件,调查人员需要与县知事一同
将情况汇报给财政厅。根据赴获鹿县调查人员提交的报告判断,
财政厅对报告结果相当满意。这份报告提供了获鹿县差徭实际征
收的必要信息。

　　随着最大的附加税在各县的恢复(尽管没有达到原来的水
平),以及对其详细征收情况的了解,省政府已做好将其接管的准

备。1920 年 8 月,直隶省省长曹锐宣布废除差徭,以"善后粮捐"取而代之。根据省长的说法,征收这种新捐的原因,是省府自上年以来面临巨大的预算赤字。曹锐解释说,"一切军政各费,均须按月拨发。若不急图救济,将政务因而停滞,即治安难策万全"(656-1-232,1920—1922)。

根据此令,善后粮捐的征收比例,是田赋每元加征 0.30 元,并随主税一并征收。所有的粮捐应解交到省,而不是像差徭那样保存在县衙门。省长承诺分配一部分粮捐,以资助县衙门和诸如学堂、警察局等自治机构,这些机构过去常常依赖差徭。因此,县政府的收入损失最小,因为它所有的财政收入现在由新征粮捐来弥补。

然而,对纳税人来说,征收粮捐意味着他们负担的激增。例如,获鹿县的差徭是每两粮银计征银洋 0.20 元,现在粮捐每两高达 0.69 元(2.30 元×0.30 元),因此,税收总负担达到每两粮银 3.53 元,比过去增加 16%。

如果没有地方精英的合作,这种税捐的增加是难以实现的。意识到粮捐征收的困难,曹省长督促各县知事邀请"地方士绅"和村正到县城,"晓以大义,剀切劝告。务以激起人人纳税热心为目的"。为激发各县征收粮捐的热情,省长声称,将把此事作为各县知事考成最主要的一项(656-1-1232,1920—1922)。

然而,在遭遇来自下面的抵制之前,面对华北平原日益恶化的旱灾,省长很快放弃了决定。8 月 28 日,也就是宣布征收粮捐两星期后,省长指示各县知事,把粮捐的征收推迟到明年,而照常征收差徭。

旱灾持续到 1921 年,到 3 月份上忙开征时,灾情丝毫没有减弱的迹象。因此,省长不得不把征收粮捐推迟到该年下忙征收。五个月后,曹省长预见下忙是好收成,最终宣布开征粮捐。9 月 5 日,获鹿县知事向各村散发通知,要求村民们随粮银缴纳粮捐(除了警捐和粮串费,总计每两粮银计征 2.99 元)。

然而,善后粮捐的征收,意外地遭到地方精英们的抵制。精英们认为,新增税额将会用于军事目的,而不是有益于地方民众。因此,省长不得不于 9 月 21 日发布了一个文告,解释征收粮捐的目的。据其解释,新增税款全部用作粮食储存,以应付旱涝灾害及地方自治。然而,这种解释无法令精英们信服,部分原因在于和早前的解释有所不同,也因为税款要提交到省,将游离于县知事和士绅所把持机构的掌控之外。两个月以后,省长曹锐发现,地方民众的"误解"及抵制甚于从前,不得不于 11 月 8 日做出让步。省长称,"今既发生误会,应即毋庸呈解省库。责成各县官绅完全负责,妥慎保管,另款存储,不得任意挪用"(656-1-1232,1920—1922)。

因此,省长试图增加省财政收入的计划破产了。两星期以后,直隶省议会进一步建议省长推迟征收粮捐,而照常征收差徭。在详述地方民众近年来的困苦后,议会抱怨道:"再于田赋正供以外,增多三分之一之担负,爱民者适以病民。律以筹办之初衷,当亦不忍出此也。"省长接受这一请求,立即发布一道停征粮捐的命令。所有的已交粮捐抵充明年田赋(656-1-1232,1920—1922)。

抵制"军事特捐",1927 年—1928 年

1924 年,直隶省普遍恢复县议会(含议事会和参事会),其职责和组织一如既往。财政所随即取消,参事会作为议事会的执行机构,接管了财政所原先的职责。但是议员的背景已经发生变化。与十二年前的第一届议会有所不同,以前的议会中旧式士绅(功名持有者)占据主导,新议会则变成新式绅士的大本营。例如,元氏县议事会的主席和副主席均毕业于近代教育机构(分别毕业于师范学堂和警察学堂)。四名参事会成员中,有两名是师范学堂或法律学堂毕业生,其余两名是传统的生员。20 世纪早期,议员们背景的不同,象征着地方精英成分的变化,因为在 1910 年代和 1920 年代,随着近代教育的发展,地方社会出现了新一代精英。

尽管精英们的背景出现变化,他们对地方利益的关注仍一如既往。获鹿县参事会和议事会的下述声明,表明他们对地方利益的认同:"敝两会同仁,皆系获民,皆有村事,皆有兵差,皆有垫款……"(656-2-1120,1928)在那些于 1914 年以后恢复差徭的县,当地议参事会继续为降低差徭而努力。例如,元氏县议会透过与县知事的讨价还价,成功地取消了差徭(《元氏县志》,1931,《新政》:32)。到 1920 年代晚期,由于各派军阀之间冲突加剧,纳税人的军事负担激增,促使县议会更多地关注地方利益。当讨论增加新捐时,县议会坚持对已经预交粮草款的村民予以补偿。例如,1928 年年初,南皮县议会决定征收每亩 0.10 元的亩捐,以偿还当

地村民预交的军事用款(《南皮县志》,1932,6:2)。当军事需求超过纳税人的支付能力时,一些县议会甚至拒绝合作。1927年,省政府试图征收军事特捐,直隶各县议会便采取这种做法。

1926年,奉系军阀张作霖控制下的北京政府,首次决定预征来年的田赋(656-2-285,1926)。1927年,由于当年的田赋已于上年缴纳,军阀政府又预征下一年(1928年)的田赋。为了满足急剧扩大的开支,军阀政府进一步决定征收"讨赤军事特捐"。在直隶省,这种新捐和主税等量(每两粮银计征2.30元),因而遭到普遍的抵制。结果,许多县知事停征捐税(河北省政协文史资料研究委员会、河北省地方志编纂委员会,1986:134)。在获鹿,知事刘氏到1927年7月25日仅征收7881元,当时以阎锡山为首的晋系军阀打败了张作霖的东北军,占领了县城。新任知事熊氏一上任,就立即宣布停止征收新捐(656-2-1002,1927)。

晋系军阀的部队在获鹿县盘踞了八个多月,在此期间,知事熊氏预征36 088元,相当于下一年(1928年)税收的三分之二。1928年4月3日,奉系军阀重新占据了县城。知事刘氏恢复原职,很快收到省长的命令,要求预征下一年的田赋,同时征当年的军事特捐,以及当年的未完纳田赋,这些未完纳的田赋应该于上年征收。这三种税项,总计达粮银每两6.90元,连同当年的差徭和治安费,致使负担总额达粮银每两7.50元。4月1日,省长命令,下一年预征的田赋和当年的军事特捐,必须在六十天内征收完毕。

获鹿县的纳税人越来越难以承受过高的赋税负担。许多村正到县城要求蠲免所有预征赋税。4月9日县议会给县知事呈递禀文,要求知事把他们的要求转达给省长。议会坚持蠲免下一年

（1929）的田赋预征和当年的军事特捐，并要求只征当年尚未完纳的田赋。县议会强调本县居民所遭受的巨大损失，以此来支持自己的要求。议会说：在晋系军阀占领期间，获鹿人民提供了价值达100 000元的食物、饲料和车辆。战区的村民，每户负担的军事捐税高达粮银每两100元。村民提供了器具、衣被和家畜。因此，大多数家一贫如洗，"似此情形，二三年后亦难恢复原状。若再尽数征收，不加体恤，人民难免转散之虞"（656-2-1118，1928）。

刘知事于四月份致函省长，认可议会对地方创伤的描述，认为这和他所目击的一致。一星期后，他进一步向省长报告：他决定只征当年尚未完纳的三分之一的田赋（其余的三分之二已于上年预征），不征下年的田赋和所要求的军事特捐。知事警告道，甚至只征当年尚未完纳的田赋也是困难的，因为县城一直被占领，战争刚刚停息。知事认为："争战八月有余，孑遗黎民，流亡四散。战后情况，农田荒芜，庐舍为墟。满目疮痍，殊堪悯恻。……虽军需当筹，民生亦当兼顾也。"（656-2-1118，1926）

尽管如此，省财政厅还是在4月26日拒绝了此请求，重申所有的捐税须在规定期限内完成。因此，获鹿县议会不得不于5月1日再次呈递了一份禀文，称获鹿县介于两条铁路干线（京汉线和正太线）之间，所遭受的兵灾远比他县严重，因此再次请求蠲免部分捐税。刘知事也支持第二次请愿，在给省财政厅的信中，认为只有结清当年的赋税欠额之后，他才会开征下一年（1929年）的预征田赋和军事特捐。同样，刘知事强调获鹿县所遭受的战争创伤，以及全县人民仍然负担的永无休止的军事需索。

同时，许多乡村也向县知事请愿，要求减轻和延迟赋税征收。

为了证明其要求的合理性,这些请愿书无一例外提及旱灾导致的粮食减产、过高的兵差负担、溃退士兵和土匪的劫掠。

5月3日,省长又一次拒绝了请愿。两天以后,财政厅对刘知事的行为进行了谴责,并督促其开始预征明年的赋税:

> 现在期限瞬将届满,各属久已遵办,并先后垫解、报解,至今六成或七八成以上。独该县藉(借)口兵匪,请免请缓,业经随时驳斥。乃迄今尚未呈报开征。似此玩视要公,实属不成事体。现值军需万急,难任再延。仰该知事迅即遵照屡电,即刻开征,如额催解。倘再藉(借)词延望,致误军需,本厅不能代人受过。惟有呈请督办、省长鉴定核惩处。考成所关,务速遵办……(656-2-1118,1928)

刘知事无视此令。几个星期后,他被迫离职。5月29日,新任知事宣布征收当年的未完纳税银。由于精英们的反对跟以前一样强烈,他也未能征收来年的赋税。迟至7月12日,新任知事才开征来年的赋税,是时,获鹿县已为南京国民政府所控制,县议会也随之解散。尽管如此,由于地方精英的压力,刘知事一再推迟征收军事特捐,获鹿县成功地豁免了这一负担。

国家—精英关系透视

获鹿县精英们的抵抗行动是富有成效的。如果不是他们群起

268

反对全额恢复差徭,赋税负担将比 1914 年的实际征收量高出 16%。由于他们的抗拒,1921 年善后粮捐的取消,又使纳税人避免向政府多交 16%的税款。而在 1928 年,如果纳税人按原来的要求缴纳粮捐和军事特捐的话,其税捐负担则会翻番。

精英们减少、阻止和缓交捐税的行为,表明作为华北核心区的冀中南乡村与国家关系的复杂性。大体上,1900 年后,这一地区作为政府税收的重要来源地,见证了国家影响力增强和乡村精英积极参与地方政治两个过程的同时发生。国家主要通过新设立的乡村政权和跨村警察,而不再仅仅依靠旧式乡地,将其力量渗透到乡村。与此同时,精英们也通过控制自治机关增强了自己的影响力。因此,地方精英与国家政权的关系已经跟过去有所不同;在帝制时代,精英们主要通过非正式渠道参与对地方的治理。

市镇精英与乡村精英

获鹿县精英们行动的特征,是控制着省、县议会的市镇精英与担任地方领导的乡村精英之间的联合。诚然,这两个阶层有时也会发生冲突,一如他们在争夺田房交易监证人职位时所为,因为他们均视此为牟取私利的机会。然而,一旦国家试图征收新税,这两个集团则联手抵制新增负担。精英们为纳税人仗言,因为作为最大的土地所有者,他们比农村地区的其他群体更能感受到赋税增加的影响。而且,维护地方民众的利益,也是维持其声望和重新确认其领导地位的最有效途径。

当军阀政府的行政触角尚未延伸到县级以下,对乡村的控制仍然依赖地方精英的合作时，它有时也不得不屈让于精英们的抵抗。只有在北洋军阀统治的晚期(1926—1928)，当军阀之间战事加剧，对地方资源的需求剧增，军阀政府对赋税的榨取才变得贪得无厌，从而导致官府和纳税人之间的矛盾空前激化。大体上，可以有把握地说，在1910及1920年代，获鹿县的政府和地方精英能够保持一种协调和合作的关系。

省府和县知事

省府对地方精英的抵制行动反应不一。本章不是简单地把县级和省级官员视作铁板一块的"国家"的抽象代表，而是揭示官员个人，包括县知事及其上级(省长和省财政厅)，与地方精英打交道时不断变化的态度和策略。县知事的态度和省府的态度明显不同。省府经常无视其政策的可行性和下面的反对，而把它的意志强加给县知事；而县知事作为传统意义上直接和老百姓打交道的最低级官僚(亲民之官)，不得不留意地方精英的意见；对于维持社会秩序而言，地方精英的支持是必不可少的。县知事也与国家不同。国家可以随意解散或召集精英控制的议会，而县知事从来也不能够完全抛开乡村精英行事。甚至在袁世凯独裁时期，当议会被废除时，这种状况依然未变；为了赢得精英们的支持，县知事设立财政所，以代替县议会。

县知事的困境是明显的。作为一个对上级政府负责的官员，他不得不执行上司的命令；然而，作为一个讲求实际的管理者，他也得考虑村社领导的意见。当来自上面的命令明显不切实际时，县知事经常站在地方社会一方,为地方精英和纳税人的利益说话。无怪乎,在省长看来,推行自己政令的主要障碍不是精英,而是县知事本人。很明显,在这种情况下,是省长,而不是县知事,代表着"国家"。为了解民国早期的乡村—国家关系,我们有必要考虑省长、县知事,以及居住于县城和乡村的地方精英三方之间的关系。

一个比较

市镇精英和乡村精英的联手、保护性精英和纳税村社利益的契合、县知事和乡村精英之间的协调,在总体上与华北平原边缘地区的情况形成鲜明的对比。例如,在山东省莱阳县,村民们不能自谋合作以缴纳田赋,只得听任村社向外来包收人员开放。这些居于县城之中的精英,多为富有的商人,他们和县衙门签订协议包收田赋,以牺牲村民的利益来自肥。为了在最大程度上追求自身利益,这些包收者征收额外的附加税,操纵用于规定赋额的银元与实际付税所用的铜板之间的交换率。面对这些与县知事结盟的贪婪的市镇精英,地方社群没有排泄不满或是同国家讨价还价的正常渠道,因而不得不在乡村精英(特别是村社领袖)的号召下,诉诸集体暴力行动(Prazniak, 1999:45—91)。相形之下,在获鹿,市镇精英积极行动,捍卫地方村社的利益,因为他们大多出身于乡村,其利益和纳税人的利益一致。同时,村民们在纳税方面共同合作的传统(乡地制),也阻止了市镇精英可能的包收行为。市镇精英与乡村精英因利益分歧而出现冲突的可能性,因此大大降低。与边缘地区不同,边缘地区的冲突主要出现于纳税人和县知事之间,因此国家(朝廷加上省府)充当着调停者;中心地区则是省府与地方精英的冲突更常见,县知事在二者之间充当调停者和缓冲器。

概言之,在1910年代和1920年代,华北核心地区精英们的行动,揭示了民初国家政权在向乡村渗透进程中的窘境。由于国家政权尚未渗透到县级以下,官府不得不依赖士绅精英去动员地方资源,其做法一如皇权时代。为了赢得精英们的支持,国家倡导地方自治,借此把精英们纳入地方管理的正式轨道。然而,这些自治机构仅仅为精英们提供一种扩展自身影响的合法工具。为了摆脱这一困境,国家必须在两个方面有所突破:在将其触角伸展至乡村的同时,终结乡村精英作为县衙门和乡村之间的中介角色。这正是1928年以后国民党努力的方向。下一章考察新政权如何着手这两项事业。

第九章　乡村行政重组

　　1928 年以后,河北省开始受国民政府的领导。在帝制时代和民国早期,国家依赖绅士精英作为县衙门与乡村之间的中间人。与这两个时期有所不同,国民政府试图绕开精英,并弱化其在乡村的影响,从而与村民建立更为直接的关系。为了把乡村纳入全国性行政体制中来,国民政府把自然村重组为行政乡,并以外加的新体制和法令代替先前的内生性制度。与此同时,国民政府也试图普及其政令,并把它的意识形态灌输于村民的头脑中。与晚清和民初政权相比,国民政府努力把政权建设推进到乡村一级,这的确是大胆且意义非凡的创举。

　　河北省是国民政府率先推行行政改革的五省之一。1930 年代初,位于冀中南中心的获鹿县开始受到行政改革的冲击。本章首先分析国民政府改造农村社会的方案,接着讨论这种新制度在获鹿乡村的施行情况,最后将聚焦于两个村社的重组,以便深度考察1930 年代乡村政治的变迁和连续性。

国民党政权的目标

　　1910 及 1920 年代的民国政权,在推动国家和村社现代化的进程中,主要依赖地方精英去动员乡村资源。然而,结果往往是精英们通过正式渠道,对国家的渗透进行较为强大和有组织的抵抗。例如,1900 年以后的村政权,实际上为乡村领袖表达和捍卫自身利益提供了一种合法的工具。正是利用村正这一身份,士绅们才有可能动员民众反对赋税增加和征税中的不法行为。在县一级,活跃的精英集团利用新设立的自治机关,提升自己在地方政治中的影响力,并捍卫自己及其所代表的村社的利益。

　　因此,地方行政重组的一个目标,是弱化乡村精英的权力,并增强国民党政权在乡村的影响力。起初,国民革命军采用一种反士绅的政策,在宣传中,把斗争目标指向被称为"劣绅"的渔利型乡村精英。根据 1928 年 7 月 28 日制定的《惩治土豪劣绅条例》,土豪劣绅包括具有下列行为者:"武断乡曲、欺压平民致伤";"欺人之寡弱,以强暴胁迫行为而成婚姻";"重利盘剥";"挑拨民刑诉讼,从中包揽诈欺取财";"逞强纠众,妨害地方公益或建设事业";"盘踞公共机关,侵蚀公款,或假名义敛财肥己"。(国民政府,1928)国民党在宣传中也使用同样的措辞来攻击土豪劣绅。《地方自治全书》是一本政治小册子,其"政纲"部分把土豪劣绅描述为地方自治的最大障碍:

　　在城乡间，他交结官吏，包揽诉讼。凭仗财力和权势，擅作威福，愚弄一般庸懦的民众，榨取民众的膏血，以填一己的欲壑。一面广购田产，重利贷借，左右人民的经济生活；他方又复利用民众的家族观念和部落思想的弱点，收买地痞流氓，攫取指挥民众、统治民众的地位。在地方上，他简直成一个无冠的皇帝。他的势力，超越一切。一般平民，无人敢披其逆鳞。他们心目中的官僚，是拿来威吓民众的傀儡。而官僚心目中的他们，却又成为措取民脂的鹰犬。二者狼狈为奸，交相为用。（《地方自治全书》:331—332）

　　诚然，士绅精英在整体上并没有受到攻击。那些残暴的和渔利的士绅，通常出现于农村的低层精英中间（参见 Kuhn, 1975）。然而，很难把成为打击对象的士绅精英跟其余的士绅精英区分开来，因为所有的精英在某种程度上都参与过上述活动。因此，尽管打击目标是土豪劣绅，但运动实际上抑制了所有精英的行动。在1930 年代早期，这种情况特别明显。当时为了阻止土豪劣绅垄断新设立的乡和区政权，国民党复兴了反士绅政策（参见彭厚文，1998）。

　　在获鹿，国民党军队占领县城后不久，即采取行动反对地方精英。他们散发传单，宣传反士绅的意识形态和政策。县城的大街上和乡村贴满了写有"铲除土豪劣绅"的标语（656-2-992, 1927—1931）。为压制精英的活动，获鹿县的国民党迅速解散县议会，后者曾是地方村社领袖的大本营。尽管县组织法承诺创办一个类似的、被称作参议会的组织，但国民党政权从未认真执行该法（孔庆泰，1998：437）。相反，新政府设立"县政会议"，以承担县议会的职责。县政会议由县长、县长秘书、县政府各局所的领导组成。[①] 作为会议主席，县长实际控制着县政会议，因为所有的成员都是他的下属，都由其提名并经省府任命（孔庆泰，1998：433—434）。因此，县政府的重组，仅仅是使决策权集中于县长之手，并消除了地方精英有组织的活动。

除了加强国家对县级政治的控制，重组的另一个目的是把国家的影响力延伸到乡村。为此，国民党政府在乡村建立起了全国性的、正式的行政制度，以取代传统的、非正式的制度，以及1900年以后形成的低效率、不可靠的乡村政权。根据国民政府在1929年颁布并于1930年修订的县组织法和乡镇自治施行法，凡100户以上的村落，组成一个行政单位"乡"（100户以上的市镇组成一个"镇"）。不满100户的村联合起来组成一个乡。乡再进一步分为若干闾，每二十五户一闾。在闾之下，五家组为一邻（国民政府，1930）。

乡公所由乡长和副乡长领导，均由选举产生，每年一选，任期一年。乡长候选人必须具备下列条件：候选公务员考试或普通考试高等考试及格者；曾在中国国民党或政府统属之机关服务者；曾任小学以上教职员或中学以上毕业者；经自治培训及格者；曾办理地方公益事务著有成绩，经区公所呈请县政府核实者（《地方自治全书》：1—14）。显然，在乡村社区中，只有一小部分人能符合这些要求；毕竟，在1930年代，大多数村民仍然不识字。因此，行政重组

---

① 1928年以后，县衙门的首脑称为县长，而不是如民国早期那样，称为知事或知县。

为乡村士绅支配地方政治重启方便之门。然而，为阻止渔利型士绅的上台，乡镇自治施行法剥夺了土豪劣绅参与竞选的权利。

县组织法也允许 20 岁以上的成年男女参加"乡民大会"。乡民大会一年举行两次，选举和罢免乡长，提议和修改乡自治法规，讨论和审议乡公所的预算和决算。乡民大会也有责任选出五人或七人组成的乡监察委员会，每年选举一次。乡监察委员会的职责是监督乡的财政收入和预算，向上级揭发和报告乡公所的不法行为（《地方自治全书》: 18—26）。另外，县组织法要求所有 18 岁到 35 岁的成年男子参加乡地方民兵组织——保卫团。保卫团由乡长领导，主要职责是保护本乡，防止强盗侵扰，搜查和拘捕盗贼，查禁违禁物品。最后，为防止土豪劣绅操纵词讼，县组织法命令各乡成立一个由五到七人组成的纠纷仲裁会，成员也由乡民大会选出，按照"顺乎人情，本乎良心"的原则调解纠纷（《地方自治全书》: 38—39）。

国民党政权所设计的"自治"，与帝制时代和民国早期的传统治理方式形成鲜明的对比。以前的政权利用内生性惯例，且依赖宗族组织和农村精英的非正式领导身份来进行地方治理；与以前的政权不同，在 1930 年以后，国民党把这些因素看成自治事业的障碍。在国民党的政治话语中，不但与乡村精英有着千丝万缕联系的"土豪劣绅"被列为新政权的主要敌人，与家族和村社有关的传统观念和制度也成为攻击的目标。例如，根据国民党激进分子的说法，家族观念是"地方自治的致命伤"。首先，家族观念妨碍不同族姓的人之间产生信赖，导致他们求助于官吏的庇护，变成官吏滥用权力和剥削的牺牲品。其次，这种观念阻止人们形成一个统一的中华民族的意识,使整个社会像"一盘散沙"。

根据国民党宣传家的说法,比家族观念更为有害的是部落主义,这种观念之所以流行,是因为"内地交通的不便,土地私有制度的盛行,农业经济的守旧落后,以及国际关系的缺乏"。宣传家们认为,部落主义与自治冲突,是因为它将农民变成极端保守的个体,这些农民仅仅关注自身,对与其他人交往不感兴趣,且排斥任何外来的思想和变革。宣传家们注意到,虽然土豪劣绅和其他形式的封建制度可以为军事和政治力量所消灭,但落后的观念不可能为军事和政治力量所打垮。这个任务的解决,有待同"封建残余势力"做斗争的国民党"民主的势力"的发展。他们宣称,"我们要把摧毁家族观念的手段,同样拿来摧毁部落思想。换句话说,只有培植本党民主的势力,向整个的封建残余势力进攻,把这乌烟瘴气的思想界洗刷干净,地方自治才能安全地诞生"(《地方自治全书》:330—331)

因此,乡村重组最好被视为国民党政权雄心勃勃的试验的组成部分,它涉及两个截然不同又密不可分的目标。一是现代国家的形成,即以全国性的行政制度取代基于地方制度和内生力量的旧制度,将其触角延伸到每村每户。虽然这种新的自治依靠所有村民的参与,但它是由国家强加的。按照国民党宣传家的说法,"乡制者,使乡民成一自治团体,地方政府为之组织,与以治权,置办事人,有理事权。事属乡办,乡人自理之"(《地方自治全书》:33)。最低一级的乡公所被看作整个行政体系中不可或缺的一部分。因此,"乡治即县治,县治即省治,省治即国治。国也,省也,县也,乡也,连成一气,国体构造,成一整个的国家。不如前之一盘散沙。行政成有统系之程序,不如前之散漫无稽矣"(《地方自治全书》:34)。显然,国民党试图建立一个统治力达于社会底层的现代国家。

第二个目标,是给乡村民众灌输民族主义观念,并把乡村民众由附属于村社或宗族的成员,转变为统一社会中的独立个体,亦即现代国家的公民,这是国民党尝试在城市实行的一项工作(Tsin,1999)。只有当农民摈弃与家族和村社相连的部落主义观念,全心全意地拥护民族主义观念时,他们才可能根据国家的标准,而不是本地的规则和价值观判断问题。国民党正是期望通过这个过程,把"一盘散沙"的国度变成一个统一的社会,并由此确立它在公民中的合法性。对国民党的国家建构者而言,民众认识和觉悟的转变,亦即社会学家所言之"民族构建"(nation-building),与行政架构的转变亦即"国家建设"(state-making)本身同样重要。

无疑,这些重组方案在本质上是理想主义的。但国民党政权缔造者不只是理想主义者。他们在把议程付诸实施时,均采用了较为现实的做法。县组织法规定乡长候选人所必须具备的条件非常严格,以至于很少有村民能满足这些要求。因此,乡制组织要则对其进行修订,仅要求具备以下三个条件:(1)诚实、正直、公正,具有最起码的文化知识;(2)无不良嗜好;(3)无犯罪记录。(《地方自治全书》:36)另一个例子是乡民大会。根据国民党政权的设计,"共和国家,人人应有参政权利。乡民会议,所以促进人民对于政治兴趣,为养成民权初步。乡内居民,年在二十岁以上,均得参与乡民会议"。然而,国民党认识到,大多数村民首先是家庭成员而不是个体公民。因此,规定随后做了修改,每户可派一人参加,以尊重当地习惯(参见孔庆泰,1998:437)。

尽管采取折衷方案,但国民党政权的目标是明确的。它想从根本上改变乡村治理,即从建立在精英领导和内生制度基础之上的体制,向以国家外加制度为基础的体制转变;并从根本上改变民众对"合法性"问题的认识,即从基于民间观念和地方惯例的旧的一套,向基于全国标准和正式合法原则的新观念转变。这些新的乡村行政制度在多大程度上得以实施？它们将如何影响村社的权力关系和村民的日常生活？下面通过对获鹿县的县组织法实施的考察,试图为此问题提供一些答案。

获鹿县的乡村重组

1930 年,县组织法开始在获鹿推行。该县以原先的警区为基础,建立了 8 个区公所,并把 211 个自然村重组为 182 个乡(7 个市镇扩展为 12 个镇)(河北省民政厅,1933),随后,增加为 204 个乡(《河北通志稿》,1933[1931—1937]:2889)。因此,许多乡实际上就是原来的自然村。难怪在许多村社,"乡长"被当作村正对待,仍称为村长(例见 656-3-436,1931;656-3-911,1934)。随着新的乡长职位的出现,乡地和村正名目一起消失了。

然而,值得注意的是,虽然 1930 年以后乡长取代了村正,但在一些乡村,乡地并没有立即消失,而是与乡长共存。二者之间的分工,恰如 1930 年前乡地与村正之间的分工。乡地仍然为村民代垫税款,乡长则为奔走于官府与乡村之间的管理者。不过,这种乡地和乡长共存的情况是一个例外,主要出现于 1931 年乡长制刚开始实施之时。①

每个乡进一步分为若干间。根据规定,间由 25 户组成。获鹿县共有 2352 个间,每乡或镇平均 11 个间。每间平均 25.4 户(全县总计为 59 726 户),间再细分为若干邻,每间平均 5 个邻(全县总计 11 661 个邻),每邻平均 5.1 户(《河北通志稿》,1933 [1931—1937]:2889,2990)。获鹿县的间分为两类:一类是新设立的间,一类由原先的牌转化而来(详见第二章)。1930 年以前,获鹿县的一些大村往往由若干牌组成,每牌由 20 到 50 户组成。在这些村中,每牌有一名乡地。间的建制和牌在规模上非常接近,因此,很可能是在原来已存在的牌的基础上形成的。

乡长的选择

获鹿县乡长选举的实际做法,多不符合国家的规定。尽管县组织法规定乡长必须通过选举产生,并且要求候选人有适当的资格,但是,在许多乡村,乡长的选择,仍然如以前选任乡地一样,由花户每年轮流充任(656-3-436,1931)。因此,现任乡长称为“现年乡长”,或者“现年村长”,卸任的乡长称为“去年乡长”(参见 656-3-911,1934;656-3-912,1934)。有些地方则由间长从事原

---

① 例如,南郊马村的乡地韩洛召,称自己是一个“穷人”,承担着“上承公门,下应花户”的职责,禀控某村民拖欠垫款。纠纷最终演化为对簿公堂。在庭审时,县长指示两造先弄清被告所欠乡地的具体数额,以便做出裁决。乡长声称是双方的朋友,不愿意看到两人没完没了地打官司,愿意参与调停,并责成被告偿还债务(656-3-458,1931)。

来本牌乡地承担的工作,闾中的花户每年轮充闾长,因此闾长被称为"现年闾长"(656-3-1100,1936)。考虑到获鹿县大多数"乡"仍然等同于自然村,闾仍等同于原来的牌,这种实际运作的连续性绝非偶然。因此,旧村规仍得以幸存,并影响到乡长的选择及其行事方式。

诚然,乡长依据国家法令,经由正式选举产生,而不是由村民逐年轮任的例子也不缺乏。这种情况多见于由两个以上的村重组的乡,那里有关乡地选择的旧规不适宜新乡长的选择。在那些原先包含若干牌的大村,村重组为乡以后,以选举方式产生新乡长,也是常见现象。在这些地方,代垫粮银的职责通常由闾长而非乡长承担,乡长的职位则相当于以前的村正。村民选举乡长,如同过去选举村正一样。而在闾内,闾长由村民轮流充任。

乡长的职责

根据法令,乡长的职责包括户口登记、土地调查、路桥修筑及其他公共工程、教育和文化事务、地方治安、运动卫生、水利工程、合作组织、改良风俗,等等(程懋型,1936)。因此,国家赋予乡长两个基本角色:作为国家的最低层代理人,行使官方职责;作为村社领袖,像以前的乡绅那样,主持公共工程增进村社福利。

在获鹿,乡长的实际作用与国家的设计相去甚远。正如以下所示,乡长最重要的任务,是为其辖区内的村民代垫粮银,而县组织法根本没有这项规定。① 根据国家法令,纳税人必须亲赴官府缴税,当地的警察则负责催征。由于乡长在纳税时做着和过去的乡地同样的工作,因此,在一些村落,这个新职位只不过是乡地的替代而已(656-3-911,1934;656-3-912,1934)。

与乡地一样,获鹿的新乡长也承担着一些官方职能,诸如田赋管理(本章将要讨论)、清查未升科的"黑地"(见下一章)。与1930年前的乡地一样,乡长在履行这些官方职责时,效率极低。例如,在报告黑地时,乡长通常只是象征性地列出村中零星黑地。由于缺乏专业知识和技能,乡长在管理税务方面显得力不从心,最终导致国家将乡长的此项职责转交给区公所。县长很快便发现,在执行此类公务时,乡长跟过去的乡地和村正一样令人失望。

然而,这并不是说,1930年的乡村重组对乡村社会没有任何冲击。乡村政治一个显著的变化是,在许多地方,地方精英从正式的乡公所中退却。不同于1930年前的村职之常为地方士绅所控制,乡长一职多由普通纳税人轮流担任。由于未在乡公所出任正式的职务,村社领袖发现很难把他们的影响扩展到村外。第五章和第八章业已解释村正们是如何在全县范围内动员起来,抵制税捐负担的加重,并同滥用职权的监证人做斗争的。1930年以后,因为精英们无法再以官方身份代表村社,这种跨村的精英动员完全消失

---

① 也有一些例外。在一些由牌转变为闾的地方,闾长承担了和以前的牌内乡地同样的职责。在这些地方,闾长代替乡长为闾内村民代垫税银,同时作为闾之内的中间人收取佣金(656-3-1100,1936)。尽管县政府规定,乡长对一乡之内的赋税缺额负责,但是,代垫粮银是闾长的职责。因此,与闾长相比,乡长的负担较轻。在这种安排之下,乡长的职位具有吸引力。例如,上庄村的路观光为取得副乡长职务,不得不贿赂族人为其投票(656-3-911,1934)。

了。当时尽管赋税负担急剧增加，但是已没有任何有组织的精英抵抗迹象。

乡长和征税

1930 年以后，在征税方面，获鹿县旧有的做法延续了下来。在大多数乡村，纳税仍然是一个集体的事务，受以前的村规支配。根据这些村规，乡长代替从前的乡地，负责为村民代垫粮银。乡长如果在最后期限前不能如数完纳税额，会被县政府扣留，直到缺额交清为止（656-3-911，1934）。在阴历年末，现任乡长（或闾长）将"算大账"，向各户分摊其所垫之粮银，要求偿还。同时，乡长会将他的职位交给下一任乡长。[①]

与乡地一样，乡长也充当本地交易的中间人，收取一定的费用，以补偿代垫粮银的损失。传统的乡地制的核心部分仍在支撑着乡长制（656-3-435，1931；656-3-912，1934；656-3-1100，1936）。

偶尔，村规也会做出调整，以适应乡长制下新的行政结构的要求。人们称这些规则为"乡规"，而非村规。一些地方的乡规要求闾长协同乡长代垫钱粮。为说明此种情况，不妨看看张营村乡长于 1933 年 12 月 22 日禀控某欠税户时所说的一段话：

[①] 仍然有一些村子，乡长仅仅负责督促村民按时交税，无须在征税期间代垫税款（一如从前的"催粮乡地"，见第六章）。然而，他需要代垫由村民未能如期纳税引起的欠款（656-3-458，1931）。

　　　　民村每年各季之粮银差徭,应完纳时,均是乡长副及间长
　　等先为垫交,以求齐全。嗣后核算清楚,按名向各花户逐宗派
　　敛。此系乡规。数年以来,毫不紊乱。(656-3-772,1933)

　　虽然旧有的做法在 1930 年后依然幸存,但是乡长和村民的关
系,不再如以前的乡地和村民之间那样协调。1930 年代,有关税收
的纠纷大大增加。正如第四章所示,在 1930 年以前,拒不偿付垫款
的情况很少,在获鹿县 1912 年到 1930 年间的档案中只发现一例。
相形之下,在 1931 年至 1936 年的档案中,则发现十二例此类官司。
不经过法庭,而通过调解得到处理的纠纷可能更多。这表明 1931
年以后,村民不归还乡长垫款的情况不断增多。

　　拒还垫款的原因很多。但大多数纠纷可能归因于 1930 年以后
迅速增加的税捐负担。由于乡村重组及乡和区公所的设立,政府
1930 年开始征收三种新费(区办公费、建设费、教育费),共计为每
粮银一两,征银洋 0.85 元,比原来的负担增加 30%。第二年又增
加每两粮银 0.60 元的自治费。这四种新费用共计每两粮银征银洋
1.45 元,使总税额达田赋每两粮银 4.66 元或每亩 1.7 元(见第一
章)。尽管负担仅相当于农业总收入的 2%—5%,但赋税的剧增大
大超过了那些处于糊口状态的村民的支付能力。

　　下面两个事例,说明了村民拖欠乡长垫款的缘由。1931 年 2
月 10 日,岳村乡长敦凤仪禀控史范氏没有偿还乡长为她代垫的 20
多元税款。接到状纸后,县长派一名法警督促史范氏还请欠款。
根据法警的报告,史范氏说手头无现钱,正在为她的土地找买主,

并承诺一旦卖出就给乡长还钱(656-3-436,1931)。这些未偿还垫款的人,显然处境凄惨。又如,1933 年 12 月 22 日,张菅村现任乡长崔登先和间长一起,联名呈递了一纸诉状,控告村民范荣太未偿还 10 多元的垫款。县长票传该村民。被告很快就通过调停人与乡长协商,偿还了部分债务。两位请愿者同意拖欠税款的村民延期偿还其余部分(656-3-772,1933)。这些安排表明,由于负担太重,被告无力按时完税。

拖欠税款的人也可能有其他理由。例如,1936 年,横山村的李仓生拒绝偿付间长杨喜群 0.50 元垫款,因为杨在为李的嫂子做交易中间人时,未把土地卖给李,而是卖给一个外姓人。在李看来,间长违反了土地出售时亲属享有优先权的地方风俗。尽管李以间长违背村规为说辞,替自己不还垫款辩护,但在县长看来,李的行为缺乏根据。庭讯时,县长训斥李仓生:"你嫂卖地,与你不相干。他当间长,给你垫钱,你怎不给?"因担心受到惩罚,李答应回家后偿还债务(656-3-1100,1936)。

1934 年,一个类似的纠纷出现于申后村。一个名叫田生云的村民,拒绝偿还乡长 6.18 元的代垫之款,其理由是,乡长在做中间人时,试图出典两亩田氏家族的公有地给外姓之人,尽管当时田成功地阻止了交易(656-3-912,1934)。

在同一个村,1936 年,现任乡长和两名村民之间发生纠纷,打上官司。其中一位村民声称,他拒绝支付乡长垫款,是因为乡长借了他的钱,至今未还。然而,在庭审时,他未能提供借钱的证据。另一位声称,他仍然欠税是因为乡长只收银元,拒收他交的纸币。县长不认这些借口,在两位村民答应三天内偿还乡长税款之后,将其释放(656-3-1100,1936)。

　　一如既往,也有少数被当地称为"土棍"的村民,了解村规,但很少把村里的规矩和惯例当回事,毫无理由地拒还垫款。在阴历新年,当其他村民都已还清自己的份额后,一个叫任皂保的马村村民,"抗不完纳"乡长的7元垫款。乡长因此斥责他有"土棍行为"。接到乡长的状纸后,县长立刻票传任皂保。经村人调停,任皂保很快还清欠款(656-3-434,1931)。同样,1934年1月14日,南同冶村乡长禀控三个村民,说尽管他屡次催讨,这三人仍不偿还总计34元多的垫款。在县长发出调查此事的谕令后,纠纷终获调解(656-3-910,1934)。所有这些例子表明,尽管1930年以后,与纳税有关的旧村规仍在起作用,但是它们的约束力已不如前。这种新趋势,以及赋税负担的加重,是造成纠纷增加的原因。①

　　然而,我们应当审慎评估1930年以后获鹿村规的有效性。正如从纠纷的处理方式中所见,不但村社调解者,而且县长都依旧尊

---

① 在一些没有村规要求乡长必须在征税期间为村民代垫赋税的地方,乡长和村民之间极容易出现纠纷。只有在辖区内的花户未能于规定期限交纳赋税时,他才会代垫税款,一如1930年以前的催粮乡长。为了避免自掏腰包代垫欠款,乡长会督促纳税人在最后期限以前纳税。因此,乡长和纳税人之间的关系异常紧张。那些有实力的门户很可能无视乡长在征税期间的督催,这样乡长就会采取合法的行动,反对这些权势人物。例如,西吴李庄富有的村民吴庆瑞,因拒付他新近典买的12亩地的附加税而被乡长指控。吴拥有200亩土地,是村中大户,鼓动多达15名族人禀控乡长对其"诬告"。尽管吴事实上已耕种这块有争议的土地,但是乡长在威逼之下以"纯属误解"为由收回原诉状。吴能够否认那块土地的纳税义务,只是因为他在典入这块土地时,未写立任何文书(656-3-1102,1936)。又如,一个叫韩秉林的村民,毕业于北洋法政学堂,是一名军官,拥有差不多300亩土地。他被指控没有偿还乡长为他代垫的150元税款。根据县长的判决,他必须在五天之内还清乡长的债务(656-3-458,1931)。

重村规。在获鹿县档案中，1931年到1936年间仅发现12起拖欠垫款的诉讼案件。此一事实表明，在征税方面，违反村规的情况虽然比以前有大幅增加，但总体而言并不普遍，并且所有的被告最终都还清了乡长的垫款。1930年以后，这些村规仍在起作用，说明获鹿县的大部分村落仍然有很强的凝聚力。尽管经历了外加的地方行政重组，获鹿乡村在纳税方面的合作传统，在很大程度上依然得以保留。虽然国民党政权成功地以正式的、全国性的乡长制，取代了非正式的、内生的乡地制，但是当那些合作传统在满足其榨取赋税方面依然有效时，国民党政府不得不容忍乃至接纳它们的存在。

"田赋整理"

如第五章所示，长久以来，社书负责掌管花户钱粮记录和推收。社书是半官方人员，居住于乡村，大约负责12个村。由于频繁的土地交易，粮册上登记的花户名字和土地业主的名字多不相符，加上社书的种种舞弊行为，粮册记录混乱在全国各地是寻常之事。这给官府征税带来困难，也导致花户拖欠或逃税。粮册的混乱也在很大程度上导致赋税负担的分配不公。学者们觉察到，大地主通常赋额较轻，而小业主负担沉重（李鸿毅，1977〔1934〕）。人们常用"有地无粮"和"有粮无地"来描述田赋负担的极端不均。大地主逃避纳税责任，小业主却无力负担过重的赋税，两个因素结合在一起，导致政府税收出现亏空。

国民党政府意识到了田赋负担的不平等及其财政后果。正如河北省财政部在 1931 年所述：

> 本省各县田赋粮册紊乱,积弊甚深。良田平日不知注重
> 过割,而册内各户花名又与现名多不符合。书差人等因之侵
> 蚀飞洒,任意弊混,以致积久愈难查考,粮额日形亏短。(656-
> 3-449,1931—1934)

为了最大限度地提高税收,国民党政府尽力改革赋额管理,主
要是废除社书一职,把社书的职权转交给新设立的乡长。从 1928
年到 1930 年,国民党政府采取一些措施,消除社书制的痼疾,而未
废除社书制。河北省财政厅多次指示所属各县改正税册上花户的
登记名字,清查黑地,并对黑地升科(参见第十章)。但是,正如财
政厅坦承的,在大多数县,这些措施收效甚微(656-3-449,1931—
1934)。在国民党统治的最初几年,社书制仍然存在。

当 1931 年中央政府废除曾作为大多数省重要财源的货物通
过税——厘金时,情况开始变化。为了弥补废除厘金带来的损失,
对河北省政府而言,整理赋税变得尤为迫切。废除厘金后不久,省
政府于 1931 年取消了社书制,并命令所属各县建立“田赋清理
处”,以指导赋税改革,甚至在每县各派一个督察员指导改革。

获鹿县的田赋清理处设立于 1932 年 11 月(656-3-449,
1931—1934)。在县长的指示下,每乡(大多数情况下等同于村)也
设有一个粮租整理委员会。委员会由乡长领导,承担社书的职责。
根据委员会的组织法规,乡长有以下三项基本任务:负责黑地升
科,处理钱粮推收,更新税册。按照省政府的要求,购买土地者在

写立地契之后,须于六个月内将土地目前应纳税额过割至本人名下。乡长对每亩土地征收 0. 15 元的过割费。在乡之上,设有区级"常设委员会"指导和监督乡长的工作,该常务委员会由两至四名委员组成,这些委员应"熟悉田赋,家道殷实,素孚众望"(656-3-449,1931—1934)。

通过把赋税管理的任务由旧式跨村的社书转向乡长,政府希望杜绝此一领域的所有积弊。诚然,以乡长为国家赋税管理的代理人有一些优点。作为村社的一员,在理论上他能够履行国家委派的所有任务。他知道税册上的每笔赋额应由谁承担,所以能使税册上登记的花户名字和实际业主相符;他了解村中的土地交易情况,因此能够办理钱粮过割;他知道谁耕种哪块地,因此能够清查黑地。再者,乡长的行为受村人的密切监督。在正常情况下,乡长无法找到漏洞从事"飞洒""诡寄"等舞弊行为,而这些曾是社书的惯用伎俩。同村的村民非常清楚彼此的应纳税额和业主的名字。

但是这个新制度的缺点和优点一样明显。办理钱粮推收和编造税册需要一定的文化和专业技能。尽管国家期望充任乡长之人是受过教育的地方精英,但是获鹿乡村的大多数乡长仍然是没有文化的普通农民。[1] 同时,乡长职务每年轮流充任,也使其无法积累履行职责的经验和技能。因此,把社书的职责交给乡长,实际上

---

① 目前还无法得到获鹿村民识字水平方面的资料。然而,邻县定县的统计提供了一些线索。1930 年代进行的田野调查显示,"6 岁以上的 80% 是文盲","6 岁以上的,大约三分之一男性有文化,而女性中有文化的只占大约 3%"(Gamble,1963:185)。

冒着使税收管理瘫痪的危险,甚至会使粮册记录和粮银缴纳更为混乱。可以想象的是,为了暗吞钱粮过割的费用,乡长也会私下办理业务,而不将其上报国家(656-3-911,1934)。

因此,这项新制度在清除社书制的积弊方面少有建树。以邓村的乡长张有林为例。1932年,他在村中的税册上重复书写了三位纳税人的名字及其税额,总计达2.318两(相当于9.9元)。随后,税册提交给县,以获官方批准,然后返归本村作为征税的依据。乡长的行为导致三位村民田赋负担加倍。根据三位姓许的村民的状词,乡长向来仇视许姓:"(乡长)与民家添写三个重名,使民涨完粮银,暗受其害。"通过调查,他们的指控属实,县长同意从下一年的税册上删掉他们重复的名字(656-3-603,1932)。

乡长无力履行自己的税收管理职责,最终导致县政府于1933年8月把日常粮银过割的责任交给区公所。根据县政会议通过的决议,乡长钱粮推收的职责将为区公所新设立的"过割处"所接管。此部门包括五人组成的"过割委员会",由区长从"精通算术,熟习财政,品行端正者"之中选出。进行土地交易的纳税人,必须到过割处办理过割手续。为了鼓励赋额过割,费用由每亩0.15元降为0.10元。(656-3-449,1931—1934)

没有资料说明1933年8月以后设立的区过割处是怎样运行的。然而,考虑到这个机构存在时间较短(1933—1937),以及国民党政府没有进行彻底的土地清查以消除税册的混乱,这个新机构不可能根除舞弊行为。

对乡村政治的影响

为了评估乡村行政重组的影响，包括乡村制度的显性变化，以及村民意识的隐性、微妙的变化，这里集中讨论两例纠纷。一个是两个邻村之间征税权的纠纷，另一个则是同村的两名官员争夺地方财政控制权。这两个纠纷揭示了新制度如何在乡村社会运行，以及国家对乡村制度和话语的渗透达于何种程度。

范村和谈村

范村和谈村皆位于获鹿县第七区，两村相邻，使用同一税册。因此，范村称"前牌"，谈村称"后牌"。在 1930 年代以前，每村都有一个村正和学堂。1931 年，两村也变为两个独立的行政乡，各有自己的乡长。由于在征集诸如车辆、马、骡、劳力和干草等杂派时，通常以村为单位，而不是向单个纳税人征收，每个村必须各自完成自己的任务。1930 年 3 月，两村接到命令为一支部队提供 500 车干草。在阴历年末，两村负责物资和人力供应的乡长，根据各花户的税额，将杂派分摊到每户。

当然，纳税户越多，每户承担杂派的份额就越轻。为了防止负担份额的增加，谈村在 1924 年制定了一个规则，要求无论哪一户出售土地，都必须保留村中这块土地应承担的赋税义务。换句话说，甚至是外村的购买者，也必须分担土地所在村的税收负担（所谓

"坐地行差")。

1928年,范村的三位村民一共购买了谈村70多亩地,按照上述规则,地契上特别注明,土地出售的附加条件是"坐地行差",因此新业主有义务分担原业主的杂派。然而,在范村村民看来,谈村给范村人新买的这块土地分配杂派是不公平的。为了结束这种状况,必须先将范村从其与谈村共用的税册中分离出来。1930年的乡村重组给他们提供了一个好时机。因此,范村的精神领袖,61岁的校长许席珍(以前是生员),于1930年3月与乡长联名,向县长呈递了一份禀请,要求将两个村分开。县长断然拒绝,认为乡村重组并不必然意味着以前的纳税单位一分为二。许再呈一纸,披露了两个村在售与范村村民70多亩土地上的纠纷。因此,县长命令第七区区长去调查。区长很快提交一个报告,证实了许所陈述的事实,并同意了他的请求,"两村既以私见,不能合作,与村政进行,滞碍实多。应即准予分立,以解纠纷"(656-3-230,1930)。

但是,将两个村的税册分开并未解决问题,因为谈村仍持有售与范村土地的征税权。正是1931年的田赋整理,才给范村村民从谈村转移有争议的土地征税权提供了一个时机。获鹿县田赋整理委员会建立后不久,即做出一项决议,并在第七区的全体乡长大会上宣布。根据决议,"甲村之地卖于乙村,即将粮银过割乙村;乙村之地卖于甲村亦然",即所谓"粮随地走"。范村的乡长立即把三块土地的赋税从谈村转到范村,并列入这三块土地的业主名下。然而,谈村又从范村将赋额收回,坚持自己村规的合法性和地契上规定的条款。1932年3月6日,双方对簿公堂,两个村的乡长坚持自己以前的立场。于是县长命令双方向县田赋整理委员会和第七区仲裁委员会咨询,以寻求适当的解决方案。两个委员会在联合报告中写道:"粮随地走"作为官方决议,早已宣布于各乡;因此,"范村过割粮银理属正当,谈村不允过粮银殊属非是。"为遵守全县政策,委员会成员命令范村把这三块土地的赋额由谈村转到范村的税册上。作为折中,他们也命令范村支付给谈村 40 元钱,以充作诉讼费用。然而,两个村拒绝调解,继续向县长互控对方。为了打破僵局,县长召集县政会议的第 45 次会议,解决纠纷。根据县组织法,县政会议是县最高决策机构。县政会议同意两个委员会的决议,将这块有争议的土地赋额转给范村,范村付给谈村 40 元(656-3-608,1932)。

这个案件饶有趣味,因为它不仅表明了新的粮银过割政策的运行情况,而且更为重要的是,显示了国家向乡村社会渗透的程度。几个新设机构参与了纠纷的处理。在区一级,区长是拿薪水的、辅助县长管理地方的官员,在 1930 年两村分离中起到关键作用;正是区长的建议,才使得县长最终接受许的析村请求。区仲裁委员会由五位地方士绅组成,在调解 1932 年的纠纷中也很重要。在县一级,县政会议在纠纷的最后解决中起了决定性的作用。所有这些新设机构都是在 1930 年旨在促使国家机器正规化的乡村重组中出现的。

在县长看来,区长作为一个正规的官员,比帝制时代不拿薪水的衙门吏役,或 1930 年代以前薪俸很低的区警更为可靠。在社区调解中,由五名成员组成的集体议事的仲裁委员会,也比过去自作主张的士绅更为有效和值得信赖。与民国早期的县议会相比,行政会议直接对任命它的县长负责,而以前的县议事会成员是从地方社会中选出的。如下一例所示，区公所与地方社会之间的非正式纽带，可能和它与县长的正式关系不相伯仲，因此，这些演变并不总意味着国家在乡村社会的渗透远胜于昔。但是县长与乡村的关系确实更为制度化和正规化，这种演变肇始于1900年，在1930年代早期稳步发展。

影响纠纷解决方案的不但是新设立的行政机构，而且是涉讼者所使用的策略。这些策略反映了争论双方对社会制度和行为合法性的认识在不断变化。范村村民代表许先生的策略，是坚持田赋整理委员会的决议。在他的表述中，此决议是"全县公议"，而谈村的村规仅仅是一个"私立条约"；他的主张系遵从决议，而谈村的行为是"依仗私约""反抗公议"。为了增强自己的说服力，许从官方有关帝国主义的话语中借用词语，把两个村之间的关系比作强权和弱小国家之间的关系，称谈村的村规是"不平等条约"。在他看来，谈村拒绝将征税权转移给范村是"欺凌弱小"；让他的村民承担谈村的杂派，"以身村之地行伊村之差，是永远为其奴隶"。因此，许请求县长接受自己的要求，以扶持弱者，压制强者。许的论点如此具有说服力，以致县长不得不同意他的观点，不允许谈村以"私约"为由，妨碍田赋整理委员会决议的执行。

为了回击许席珍，谈村乡长强调本村土地过割的村规在法律上的有效性，并认为田赋整理委员会的决议相对无效。他争辩说："粮租会议，并非法定机关，其决议案安能将历年而无阻碍之习惯，一概抹杀。再查该会之议决案，既无公布之时日，无所遵从。窃依法律不究既往之原则，在议决案以前发生之事，绝不受议决案之拘束，其理至明。"谈村乡长进一步指出：范村的要求是非法的，因为支持范村的决议,乃是"在法律意义上毫无根据之议决",而他保留三块售于范村的土地的征税权,是征得买卖双方的同意的,地契上写得明明白白。乡长继续说:"文契既经载明,自应双方恪守,于法律上宜应永久认为有效。""文约契据既受法律之保障,绝非该会之决议案所能消灭。"因此,乡长的辩解同样令人信服。当县长坚持通过调解解决纠纷时,其同意乡长的言辞"言之成理",便不足为怪。

尽管双方观点大相径庭,但在陈述事实的方式上,双方确有一些共同的地方。双方皆用国家法令,或者是正式的、合法的而对村民来说很新奇的原则,而不是用根植于村社的传统观念和道义原则,来支持自己的主张。对许先生而言,国家法令凌驾于地方制度之上是最简单不过的道理,因为前者是由国家在公众认可的基础之上制定的,而后者仅仅是地方村社的私物。因此,基于"私约"的行为是非法的,已经为国家法令所淘汰。但是,谈村乡长并没有坚持自己村规的重要性,以此来为自己的主张辩护;相反,他提出双方在土地交易时所签的契约中明确规定,出售给范村的土地赋额仍保留在谈村。他进一步指出:地契是合法的文件,应受法律保护。

这些争论是村民对合法性含义的理解不断变化的征兆。在1930年代以前,有关田赋的纠纷主要集中于遵从还是违反村规。村民主要通过诉诸乡规或者是道义原则,而不是外部制度或法理原则,使自己的行动合法化。事实上,不但村民们坚持村规的重要性,县衙门在处理纠纷时,也以地方制度代替国家制度。然而,在这场纠纷中占上风的,已不再是过去认为理所当然的内生制度至上的原则，而是合法的、正式的准则，或者是外加的制度。

在整个纠纷中占据上风的许席珍所使用的其他一些技术，也暗含着这种变化。那张售地与范村且写明"坐地行差"的地契，实际上是一张非官方的"白契"。正如在第六章讨论的，这种白契在乡村中相当普遍，因为买卖双方只是借助于中间人（主要是乡地）讨价还价，并写立契约，详细规定为双方所认可的条件。然而，为了增强交易的法律效力，双方也可能到县衙门缴税，并得到一个盖有官印的"红契"。范村的购地者有两种地契。因此，为了支持自己的主张，谈村的代理人要求许席珍提供白契；否则，他不允许范村转移这块有争议的土地赋额。然而，许席珍向法庭展示的，是没有明确规定征税权的红契，他声称白契早已丢失。他知道法庭只承认红契；白契不仅对其不利，在法律上也是无效的。

为了给自己的要求辩护，谈村乡长提出这块有争议的土地售价很低，每亩仅为 102 元，这正是因为有保留征税权的附带条件。如果连同征税权一同出售的话，价格将是每亩 130 元。范村可能的确有这种安排，因为当地居民有强烈的防止征税权被外村攘夺的动机。为了补偿购买者乡村的损失，原业主可能会给新业主打折扣。然而，只有当村社足够强大，并具有较强的凝聚力，能够对卖者有效地施加压力，迫使他为了村社的共同利益而牺牲个人利益时，这种情况才有可能出现。这种安排背后隐藏的假定，是村社成员对公共准则和共同利益的道义责任。然而，许席珍用一种不同的推理否认这种说法："试思粮银保存，利益则在一村；地价低小，损失则在卖主。因钱财困难而卖地，又减价而顾全村。此理又谁欺乎？"许的辩解基于自己的假设：人是自私自利的个体，对自身利益的关注多于对集体的利益，这是一个"理性抉择"论支持者不会不熟悉的观念。

这些策略使许席珍最终赢得这场官司。我们不妨把这个结果解释为外加的、官方的制度胜过内生性的制度，合法的、正式的行为胜过民间流行但不合法的行为，乃至在理论含义上是"理性小农"论胜过了道义经济的假设。正如该案所示，当村民们卷入官司，不得不与明确支持官方原则和官方表达的县长进行富有成效的互动时，为使自己的行为合法化，他们确实开始接受法律原则或是国家制度，以代替旧的价值观和地方惯例。但是，在1930年代，村规和惯例也并未被完全置于一旁或变得无足轻重。恰恰相反，县长在处理纠纷之始，即照顾谈村的要求，坚持先调解，而不是根据仲裁委员会的决议简单地做出裁决。虽然仲裁者根据官方的决议接受了许席珍的请求，但他们也没有完全忽视谈村的要求，这从他们安排范村付款给谈村可以看出来。因此，从这个案件中，我们不但发现一种对传统的合法化方式的明确背离，而且看到非正式的地方惯例虽有衰落之势，但仍具有效力。

上庄村

上庄村位于获鹿县第四区，是一个多姓大村，有400多户人家。该村有一个乡长，两个副乡长(或乡副)，十四个间长。1934年1月，乡长杨连云和副乡长兼校长路观光，为争夺村财政控制权而发生争执，后者首先挑起官司。纠纷始于阴历年末，当时乡长准备公布村中的账目，把上年留下的结余分给各户。1月17日，杨连云邀请路观光和村中三名监督委员会成员以及一些闾长到学堂,以核准账目,确定分配方案。路观光长期以来不满于杨连云对账目的控制,要杨连云澄清所有细节并出示收据。特别有争议的是以下三项:(1)副乡长和两个闾长2.90元的膳食津贴,用于到县城付清拖欠的赋税余额,以便把杨从狱中释放;(2)三个村民0.48元的膳食津贴,因为他们曾用自己的马车为官府送炭;(3)乡长1元的膳食津贴,用于出席县教育委员会的会议。当路拒绝认可这三项支出时,两位村领导争吵了起来。路怒不可遏,夺过账单并撕掉几页。一场官司在所难免。

为了在诉讼中占上风,路先发制人,于次日禀控。他在状词中指控杨私吞公款,应对村中账目收支不相抵负责。根据路观光的说法,乡长独自把持村款,"徇私舞弊",致两人关系恶化,"势如水火"。

为了反击,杨连云向县长提交了已撕毁的账簿,要求县长票传路观光,并对其进行惩处。县长命令区公所进行调查并处理纠纷。几天以后,杨连云和另一名副乡长、三位监察委员会委员,以及村中的十四个闾长,联名呈递另一份诉状,称路观光是一个"土棍",毁坏账簿,使账目无法结清,且由于没有分配方案,十四个闾长无法从各户征收公款。

区长的态度使杨感到失望。当杨询问他打算采取什么行动时,区长郭某只是让杨等候调查处理。几天以后,郭致函路观光,"邀请"路去区公所"谈话"。在信的末尾,郭使用自己的"字",并称路为"路观光先生"。这件事证明了区长和路非同一般的关系。杨利用自己在村中的关系网,得到了这封信,并将其呈交县长,作为区长保护路观光的证据。杨指出:"区长与路观光关系密秘(秘密),悬案不报,设心陷害。"几天以后,区长向县长提交了一封报告,称他已传唤了诉讼双方到区公所,在区公所进行了耐心的调解;双方做出妥协,愿意终止诉讼。县长据此也做了相应的处理,并命令区长把账簿归还给杨连云(656-3-911,1934)。

1930年乡村行政重组的影响在上庄村是明显的。在这里,乡长和副乡长俱由村民们每年一选。根据县组织法的要求,乡长负责村务管理,于年末公开乡公所的收支。监督委员会参与清算账目。闾长为乡长的下属,协助乡长,负责征收本闾各户应付款项。当纠纷出现时,区长也在县长和村民之间起中介作用。这些事实表明,1930年的乡村重组,对上庄村来说,并非表面文章,而是的确导致地方制度的重构。

然而,应该注意到,在国民党统治时代,旧有的权力格局也可能在重组后以一种新形式继续运行。例如,路观光能成为副乡长,正是因为得到族人的支持:路姓是村中最大的两个家族之一。根据杨的指控,在1932年年终的选举中,路"贿赂"族人投他的票。无论这是否属实,路氏家族的支持无疑是路观光任职的关键因素。路观光的影响力还来自他的校长职位。可以毫不夸张地说,作为村中最有学问的人,路观光比其他人更有资格核查和监督乡长管理的账目。因此,校长和乡长之间在这些事务上的矛盾在所难免。然而,对路观光而言,更为重要的是他和区长的私人关系。作为一名人脉广泛的文人,路有区长做靠山,而后者在任职期间也有赖当地精英的合作。显然,正是这些传统因素的结合,才导致路观光在财政事务上对乡长肆无忌惮,态度蛮横。

相形之下,杨连云来自村中一个较小的家族。然而,大多数村民支持并选举他为乡长。在跟对手打官司期间,他总能得到副乡长、监察委员及所有闾长的支持。这表明乡长主要靠自己的名声维持其地位,而不是光靠族人的支持。这使他在一年一度的选举中从未落选,甚至可以无视区长的权威。正因如此,乡长与校长的关系跟范村所见情形有根本的不同。范村的乡长每年一变,而校长许先生的势力非常强大,能够主宰整个村社,操纵所有的乡长。这里恰恰相反,杨的名声使他能控制乡公所和挑战校长。在这里,乡长与校长的关系颇似1910及1920年代的村正与学董的关系(参见第六章)。

在1930年代,尽管村中权势人物之间的关系和他们的权力资源在很大程度上保持原状,但他们采用了新的竞争策略。与上一案例中的纠纷双方一样,涉讼人从国民党政权的宣传那里借用新的词语和法律手段。国民党的政治话语有两个打击目标:国际关系中的帝国主义和国内政治中的土豪劣绅。在上一案件中,许先生在村际纠纷中,把谈村比拟作一个帝国主义势力;在这里,杨连云在村内纠纷中,给路观光贴上土豪劣绅的标签:"地痞素依仗与区长深交,故而得寸进尺,横行乡里,武断乡曲,鱼肉民众。村人闻名丧胆,敢怒不敢言。"对杨而言,把路观光描绘成一个土豪,塑造成国民革命的敌人,无疑是一种使自己的主张合法化和有说服力的最有效的途径。①

杨连云所使用的另一个策略,是诉诸国家正式法规。在传统的观点看来,毁坏账簿可能只是社区内一件微不足道的小事,至多是一种受到谴责的破坏行为。在这场纠纷中,杨把它看成违反国家法律的行为,它应当被起诉。杨援引民国刑法第 144 款,坚持主张毁坏公共账目是重刑罪,按照"中外法律,俱属应罚"。按照同样的说法,不但路观光违反了法律,甚至区长的行为也属"犯法",因为他仅仅是以"私人名义"邀请路观光到其办公室"秘密相商",而不是以其官方身份票传。显然,杨不再使用乡规和村社的是非观去同对手做斗争,而是利用外加的法律准则。在为他的要求辩护时,这些准则理应更具合法性。

然而,令杨连云失望的是,县长并没有根据刑法来裁决诉讼。相反,他在一开始就坚持由区长调解。结果是,这种旧有的行政纠纷解决途径为地方权力关系的运行保留了充分的空间,由于路观光和区长的朋友关系,在杨连云咄咄逼人的攻击中,路仍然得以胜出。

---

① 一个早前的牵涉路观光的讼案,增加了乡长把路描绘为"土豪"这种说法的分量。根据劝学所在 1915 年的指控,路的父亲已经从村小学退休,但家中还保存了一块属于学堂的钟表。为了取回钟表,劝学员赵梦笔应校长的要求来到路家,遭路观光殴打。路观光时年 24 岁。县知事接到诉状之后深为恼怒,斥责路观光行为野蛮。在随后的庭审中,县知事以非法占有学堂钟表和殴伤劝学员为由,拘押路观光。后来,路交了 30 元罚金,才得以释放(656-1-492,1915)。

小结

1930 年代的获鹿县可以被视作国民政府在全国范围内重组地方行政体制的一个缩影。

变化发生于两个层面。在制度层面，最为明显的变化莫过于乡村行政组织。在村内，存在长达数世纪的乡地消失了，晚近出现的村正也被废除。取而代之的是乡长、闾长和监察委员会。这些人员或多或少以国家法令规定的方式履行职责。在一些村社，村民选择乡领导的方式也发生变化。在 1930 年以前，村民多按乡规轮流充任乡地，现在，他们依据国家法规，投票选举乡长和闾长。而在另一些乡村，虽然乡长选举仍然延续旧有的做法，由村民每年轮流充任乡长，但是乡村精英与县议事会解散后的市镇精英处境一样，不得不从正式的政治领域中退却。所以，晚清和民国早期引人注目的精英动员，在 1930 年以后，很大程度上已走向衰退，这也正是国民党政权所追求的目标。因此，乡村重组不是一种表象，而是一种国家权力卓有成效地渗透到乡村的进程，使国家对乡村的影响变得更加深入。

更为深刻的是民众对合法化的理解以及表达自身关注的方式所发生的变化。过去，当村民卷入纠纷时，他们总是诉诸内生的村规，以村规至上的共同观念捍卫自己的立场。在 20 世纪初年，由于"新政"的广泛实施，国家制度渗透到获鹿各村，上述状况开始发生变化。到 1930 年代，在公开争辩中，村民们已经承认法典和法律原则至高无上的地位。国家制度和近代话语之缓慢却又稳步地渗入乡村社群,由此可见一斑。

然而,乡村重组并没有从根本上改变地方社会。在许多村落,乡仍然是原来的村,乡长和传统的乡地无多大区别。不少地方的乡长仍以与其前身同样的方式选出,肩负同样的职责。其中,许多乡长也只是没有文化的普通农民,没有能力完成政府所赋予的职责。鉴于这种现实,获鹿县县长不得不把赋额管理的任务由乡长转给区公所,此一行动显示国家机器向乡村渗透乏力。

由于乡村社会基本上保持原状,在 1930 年代,原来在其中起主导作用的权力关系也幸存下来。乡村精英在地方社会中继续保持着传统的领导地位。正如我们在范村所见,在村民轮流充任乡长的地方,精英们可能退居幕后,但是依然通过非正式渠道保持其在乡村政治中的影响力。虽然范村乡长每年易人,但其村中精神领袖许先生通过三年的斗争,成功地将范村与谈村分离出来。在村民通过投票选举乡长的地方,精英们反而增强了他们在村民中的影响力。一句话,尽管基层的行政重组给乡村带来许多变化,但是原先的权力关系在很大程度上继续影响着乡村政治。

第十章　清查"黑地"

从 1880 年代到 1930 年代,晚清和民国政府发起一系列清查黑地的运动。所谓"黑地",是指未经升科或在官府册籍上失去记录的土地。然而,在 1930 年代以前,由于地方精英和县官都敷衍了事,这些努力收效甚微。1930 年以后,国民党政府重组地方行政系统,以增强其在农村社会的影响力。新政权急于扩大税源,再次发起清查黑地的运动。本章旨在揭示,在清查黑地时,国民政府所使用的方法与其前辈有何不同,以及国民政府清查黑地时使用的新策略有什么样的效果。这是所要强调的,依然是当时国家向乡村社会渗透的问题,以及乡村治理中出现的变化。

黑地的由来

20 世纪早期,河北各地普遍存在黑地。1932 年,省民政厅估计,全省可耕地有 103 432 000 亩,其中 86 508 000 亩(或 84%)是升科纳粮的土地。在 1927 年和 1933 年之间,承担国家赋税的土地平均仅占应纳税土地的 74%或可耕地的 62%(李鸿毅,1977[1934]:6325,6411)。换句话说,逃避赋税的土地差不多占全部可耕地的 38%。

在晚清时期,直隶的大多数黑地源于"旗地",这种土地是清朝初年满族统治者圈占的土地。拥有这些土地的旗人不承担国家赋税,而是通过一种叫庄头的代理人向内务府交纳地租(参见铁男,1994;黄凤新,1998;韦庆远,2001)。到 19 世纪晚期,由于生活状况恶化,许多旗人将土地出典或价卖给非旗人。新业主既不向内务府交地租,也不承担国家赋税。到 1880 年代晚期,这种黑地差不多增加到 8 000 000 亩,占直隶省原旗地(15 000 000 亩)的 53%左右(655-1-834,1889;杨学琛,1963;Myers,1970:217—219)。

正如李鸿毅在 1934 年所言,黑地增加的另一个原因,是河北省频仍的天灾和战乱。在灾害和战争年月,许多土地所有者死亡,或流离失所,主要是逃往东北。许多年以后,当他们重返故土时,官府已无法弄清土地的真正主人和纳税者。因此,许多可耕地不纳赋税(李鸿毅,1977[1934]:6520)。这种解释尽管对直隶全省而言可以行得通,但对于冀中南的适用程度,不及冀东北地区。正如第一章所述,获鹿县及其周边地区具有相对稳定的生态环境,在清代和民国时期长期处于和平的环境。只是到了 1920 年代晚期,这里才遭受连绵不断的战争冲击,先有各派军阀你争我夺,后有国民党的北伐。

黑地数量庞大的第三个原因是,在土地出售之后,各村有不同的钱粮推收惯例。无论住在何处,对土地买主来说,通过土地所在的村庄缴纳田赋实属平常。这被称为"坐地行差"。对于出售土地的村子而言,这种惯例很重要,因为它强制购买土地的外村人分担土地所在村的税务负担,特别是各种捐税(见第九章)。然而,也有一些村规定"粮随地走",即买主只需把所购田块的赋额通过自己的村子上交,对田块所在村落不承担任何义务。钱粮推收中各地规则的不同必然引起混乱,给土地买卖者逃避赋税提供可乘之机。由于做法的不同,在钱粮推收上,各村之间经常产生纠纷(656-3-230,1930;656-3-608,1932)。事实上,无论采取哪一种做法,在土地多次易手后,国家都很难跟踪土地的赋税变动情况。

国家清查黑地的努力,可以追溯到19世纪晚期。1888年,为了监督其治下各县的土地清查,直隶布政使宋某在其衙门设立了一个"清赋总处"。自1888年12月始,清赋总处要求百姓在一年之内登记自己的非法土地,其后开始纳税;作为交换,清赋总处豁免黑地业主所有的赋税积欠。清赋总处也要求各村保甲人员负责监督和督促黑地业主登记隐匿的地亩;一年以后,允许保长、地邻、乡长、绅衿、耆董向官府举报黑地;每举报100亩黑地,奖给举报者四两白银(656-1-838,1889)。由于缺乏资料,这一政策是如何执行的仍不清楚。但是,直至20世纪早期,黑地仍然是官府关注的重点,此一事实表明清查黑地的效果有限。

事实上,清亡以后,直隶的黑地可能变得更为普遍。民国政府试图向旗地征税,但不久便发现,辛亥革命中,许多向旗人征租的庄头早已逃离,庄头所保存的旗地和交纳地租的旗人簿册也随之散佚。因此,对于国家而言,清查旗地的实际耕种者变得更为困难。大多数旗地随之变成黑地(《直隶全省财政说明书》,

1915:23)。

时人注意到,解决黑地问题的根本之道,在于进行彻底的全国性土地调查,并在调查的基础上编制税册(例见姚树声,1936)。但是,他们也认为,这个方案需要巨大的人力和物力投入。这在当时情况下,几乎是不可能的。因此,作为权宜之计,民国政府采纳了清代的策略,鼓励民众自行登记黑地。为达此目标,在袁世凯统治时期(1912—1916),袁世凯死后的北洋军阀时期(1916—1928)和国民党时期(1928—1937),民国政府先后出台了一系列措施。

黑地调查,1914年—1915年

直隶省的黑地调查最初由沧县(获鹿县往东约400里)知事李良谟发起于1914年。李允许黑地所有者于1914年7月到9月30日间,向县衙门报告黑地数量及其肥沃程度,以便分派赋额。李承诺不再追究黑地的以往应征赋额,并说期限过后,一经发现黑地,即予以充公(656-1-237,1914)。省财政厅批准了知事李氏的方案,认为"简便易行"。1914年8月4日,财政厅命令全省各县知事采用李的方法,调查黑地(656-1-237,1914)。

然而,几个月后,省政府发现很少有县知事付诸行动。在给财政厅的报告中,获鹿县知事否认该县存在黑地。他声称,本县"向系年清年款,无拖欠粮银,亦无缺额地亩"(656-1-237,1914)。如冀中南的许多县一样,获鹿县确实在大多数年份全额完纳国家赋税(参见第一章),但这并不意味着此处没有逃避赋税的土地。事实上,获鹿县存在大量黑地。县知事宣称该县全部交清赋税,只不过是县衙门推卸黑地调查责任的一个借口而已。

不满于各县知事的反应,1915年1月11日,直隶省财政厅重申以前的谕令。仿照沧县的做法,财政厅给以三个月期限,即从1915年1月1日开始,在规定的期限内,村民须自行上报黑地。黑地的赋税将于1915年的上忙时节开征。并且财政厅警告,截止期限一过,如发现黑地,将予以充公;同时,财政厅承诺放弃以前的黑地应征税额,并奖给举报人40%的黑地(656-1-360,1915)。

黑地业主的反应又一次使财政厅失望。在1915年下半年,财政厅抱怨,尽管各县知事"陆续"报告了调查结果,但这些黑地都是"零星小数"。在给财政厅的报告中,获鹿县知事曾氏声称,尽管他向获鹿各村分发了250多张通告,但是"迄今无人认投"。事实上,除了张贴通告,县知事没有任何作为(656-1-360,1915)。

县知事对清查黑地缺乏热情有两个原因。首先,他看到的潜在利益很少。根据法令,所有的田赋(包括地粮亦即主税,以及各种土地附加税)必须上交省库。县衙门的运转则主要依赖契税和各种商业税。除了大约占主税8.7%的差徭,县衙门不能分享任何田赋。事实上,清查黑地,反而会增加县知事的负担。由于纳税地亩扩大,他将会承担更多的税额。其次,县知事在征税和地方管理上依赖地方士绅,因此必须与后者维持一种稳定的关系。李鸿毅在1930年代早期指出,在河北,士绅精英常常是拥有大量黑地的人(李鸿毅,1977[1934]:6520—6521,6556—6564)。清查黑地必然损害士绅精英的利益,影响到县知事与地方的关系。

除了不愿意清查黑地,在乡村一级,县长也缺乏有力的代理人履行其赋予的职责。1900 年以后,尽管各地普遍建立了村政权,国家也期望以此充当其在基层的代理人,但是村正选自乡民之中,所认同的自然是地方利益而不是国家利益。因此省政府没有让他们在土地调查中起任何实质性作用。县知事也没指望村民们互相揭发。尽管 40%黑地的奖赏,可能是举报黑地的一种真正的激励手段,但是鲜有人举报村人。毕竟,1910 年代的获鹿乡村是一个联系紧密的社群,地方社会纽带,诸如亲戚、朋友、邻里及裙带关系占据优势。因此,国家无力渗入乡村社区,是清查黑地失败的根本原因。

土地清丈,1915 年—1916 年

1914 年,袁世凯(1859—1916)统治下的北京政府在全国范围内清丈土地。袁世凯之所以能够如此,是因为他在打败南方的革命党人后,已牢牢控制中央政权。1915 年下半年,袁世凯的势力达到顶峰,开始策划复辟帝制。为了征收更多的赋税,以满足不断增长的财政需求,袁世凯决定在全国范围内丈量土地,这在以前被认为是不切实际的。

为了指导直隶省的土地清丈,省财政厅于 1915 年 10 月 28 日颁布《直隶省地亩清查法规》。各县相应设立清查地亩事务所,负责清查事宜。根据规定,为了清丈土地,每县分成十三到十五个区。每个区从“公正士绅”中选出两名董事或委员,负责清丈土地,将所有“官有、共有、私有”的荒熟地,以及庙产“一律详确清查”。

因此,土地丈量不仅限于黑地(未登记在册也不纳税的土地),也包括"无粮之地持有红契或白契者""已报升科而未纳粮之地",以及"粮额不符"的有粮之地。1915 年 12 月,清丈工作开始(656-1-369,1916)。

为了赢得地方士绅的支持,上述法规要求,"清查之前,应先由县开会,召集城乡绅董,讨论解释,征求意见……使全境声气贯通,以利进行"(656-1-369,1916)。当时,政府采用的手段与传统的乡村管理方法并无二致,主要依赖地方精英的合作。

直隶省的大多数县知事对这个野心勃勃的计划敷衍塞责。在获鹿县的知事曾某看来,土地调查尽管可能有助于其处理由地契散失和混乱引起的土地所有权纠纷,但是在很大程度上与获鹿县毫无关联,因为知事曾氏在给直隶省财政厅的报告中声称,获鹿县每年全额完成赋税,从无拖欠现象。然而,为了对财政厅的命令有所表示,他还是于 1915 年 12 月 1 日在衙门设立清查地亩事务所,但只是象征性地任命了第一区区长,以及两位办事员,责成其负责田赋事宜。

12 月 4 日,知事曾氏又发布一则通告,要求"城乡士绅"到衙门讨论怎样执行地亩丈量(656-1-369,1916)。尽管按照省府规定,知事要将通知写给所有士绅,但其实际上只是让衙役给村正发了通知。应该注意的是,"城乡士绅"这一术语是模棱两可的。士绅包括两类:居住在县城和市镇的士绅以及居住在乡村的士绅,后者主要是村正和学董。在帝制时代,县官主要依赖市镇士绅管理地方事务。相形之下,乡村精英被认为是"散漫无稽"的(656-1-1105,1919—1921)。将通知发给难以操纵的村正,而不是发给县知事长期依赖的市镇精英，表明其对土地丈量缺乏真正的兴趣。

获鹿县知事和邻县同僚的往来公函也表明，在丈量开始五个月以后，他很少采取具体行动。获鹿东南的栾城县知事声称，他计划采取三个步骤丈量土地。第一步是让村正丈量各自的土地；接着由董事进一步丈量各区的土地；最后由地亩清查事务所成员清查。获鹿南部的元氏县知事声称，他已以第一区作"示范区"，并亲临该区，指导董事的工作。

然而，尽管省当局一再督促，很少有知县采取真正的措施去完成土地清丈工作。1916 年 3 月 27 日，直隶财政厅注意到，"近月以来，虽据各县陆续详报开办，而以本厅访闻所得，或因劝谕未周之故，致群情尚复迟疑；或以邻封未办为词，致彼此互相观望"（656-1-369，1916）。在中央政府的指示下，直隶省财政厅最终于 1916 年 4 月宣布该省"推迟"土地丈量。

获鹿县土地丈量的总结报告显示，衙门仅花费了 188 元。这些费用包括购买 200 份土地清丈文件和土地登记表的费用，办事员给董事分发通知的旅差费，以及 15 根丈量田亩的木杆制作费（656-1-369，1916）。换句话说，知事曾氏只是做了一些预备性的工作；在省府宣布搁置土地清丈时，他还没有在该县开展此项工作。

正如保定道道尹所言，土地丈量工作流产的直接原因，是南方各省对袁世凯称帝的反叛，造成人心动摇（656-1-369，1916）。尽管袁世凯于 1916 年 3 月取消帝制，保留了总统职位，但反叛在华南迅猛发展。因此，政府对土地测量的关注，为更加迫切的镇压反叛任务所取代。

土地丈量失败的另一个原因是地方的抵抗。1916 年 4 月 7 日,袁总统抱怨道,"办理清赋地方,每因从事丈量,时致聚众滋事"(656-1-369,1916)。抵制普遍的原因是黑地和不纳税的或课税很低的土地几乎无所不在,且拥有大量黑地的往往是有钱有势之人。李鸿毅根据南开大学 1932 年的调查,发现拥有土地越多的门户,其登记的亩数越少,因此逃避的赋税就越多(李鸿毅,1977[1934]:6562)。不用说,正是这些人控制着大多数乡村政权。极具讽刺意味的是,政府正是利用这些人来进行土地丈量的。[1]　土地清丈遭遇到地方社会的强烈抵制,最终被迫取消,也就不足为奇了。

军阀政府的土地调查,1921 年—1922 年

袁世凯垮台之后,中国进入了军阀割据时代。中央政府仍在北京,军阀派系盘踞各省,为扩大并维持自己的地盘,军阀之间兵戎相向。直隶属于以曹锟(1862—1938)为首的直系军阀的势力范围,自 1920 年 7 月始,他也控制着北京政府。为了满足日益增长的军事支出,直系军阀控制的省政府一再试图清查黑地。

1921 年 2 月 23 日,直隶实业厅命令各县"迅将境内官有之荒山荒地亩数、段落,切实详细调查",并在 15 日以内报告给实业厅。根据实业厅的解释,此次清查,是由于"频年水旱,人民流离,急宜振兴农林事宜,设法垦殖,为民谋生,以资救济"(656-2-8,1921)。

---

[1]　方志资料显示,在村中,村正往往拥有大量的土地(参见 P. Huang,1985:表 13.2 和 13.3)。

获鹿县知事程氏把任务委派给其治下五个区的警局,并要求其在十日以内将结果报告给衙门。三周以后,警局官员陆续报告了结果,声称他们或是派警察到各村去调查,或是命令村正做此项工作。无一例外,这些报告声称,各区"均无官有之荒山荒地"(656-2-8,1921)。正如某位道尹所抱怨的,无论是县知事还是区警皆"视为具文",因为警察数量有限,也不太熟悉各村的土地情况,不可能在如此短的时间内完成此项任务(656-2-8,1921)。

作为一个替代方案,1921年3月5日,省政府要求县知事谕令劝学所"二十日以内"上报荒山荒地。3月27日,获鹿县劝学所的五位成员向知事程氏呈递了一份报告,声称本县无荒地。然而,与上次警局否认存在任何荒地的报告不同,这份报告详细列举了各区的荒山。根据他们的报告,这些荒山"或为村民私有,或为一村公有",并且只"适于种树"(656-2-8,1921)。

军阀政府当然不会对这些荒山感兴趣。他们真正感兴趣的,是在"荒地"的幌子之下已经开垦但逃避赋役的那些耕地。劝学所没有报告荒地,并不是因为其不存在,而是另有他因。首先,劝学所只有五位成员,数量太少,不可能去清查全县200多个村子的黑地。再者,这些人是最杰出的乡村精英,可能占有不同数量的"荒地",因此,基本上不可能指望他们损害自身的利益,或是冒着触犯那些乡村社会头面人物的风险,向政府报告黑地。

然而,由于迫切需要更多的税收,1922年,直隶省实业厅试图采用1915—1916年曾使用的清查黑地方法。与以前一样,实业厅命令各县在一定限期内让黑地所有者自行登记。根据法令,期限过后,黑地一经发现,即予充公,其中30%奖给举报者。为了激发县知事们的兴趣,实业厅允许县衙门和省政府平分充公的黑地。

但是,各县知事仍无动于衷;他们非常清楚,县以下的办事人员,无论是村正、士绅,还是区警、劝学员,没有一个可资依靠,以清查黑地。与1930年代的国民党政府不同,袁世凯以后的军阀政权并未采取措施进一步控制乡村社会。因此,大多数县知事仍视清查黑地为具文。在获鹿县,程知事让衙役将官方文告张贴于县城及各市镇,而不是张贴于每个村落。可想而知,没有人会在意文告,自行登记或举报黑地(656-2-151,1922)。

1930年以后的黑地清查

1928年以后,国民党治下的河北省政府仍然迫切需要增加赋税收入,以应付因国家机器扩张而不断增长的支出。1931年1月以后,国民党的财政状况变得更为窘困。是时南京中央政府废除了厘金,这原本是省财政的一项重要收入来源。为了弥补预算赤字,省政府只得采取有力的措施清查黑地。

1930年5月,省政府要求各县设立官产处,负责黑地调查。与1915年历时较短的地亩清查事务所不同(该所由县长设立,以衙役为办事员),官产处和县政府平级,由省官产总处设立,直接对总处负责,而不是对县长负责。在其存在的最初三年,县官产处坚持要求,黑地所有者登记自己的黑地时,必须按黑地的市场价格足额缴费(656-3-780,1933)。① 登记费用过高,实际上阻止了黑地业主前往登记。

直到 1933 年 3 月,情况才有所变化。此时,官产总处要求黑地业主在 1933 年 3 月 1 日到 10 月 31 日之间自行登记黑地。这八个月进一步分为四个阶段,每个阶段为时两个月。在第一阶段,自行登记黑地的业主每亩支付登记费 1 元(荒地则为每亩 0.5 元)。以后每阶段付费皆比上一阶段每亩增加 1 元。因此,黑地登记得越晚,费用就越高。官产处试图以这种方式,催促人们尽早登记。在这八个月内,官产处也鼓励乡长及其他人等"举报"黑地,并承诺给以"举报费"。但是,官产处没具体规定费用为多少。官产处还警告说,八个月后,政府将没收和拍卖业经发现的黑地,举报人有权优先购买。

然而,在最初两个月,登记黑地的人并没有如省官产总处期望的那样踊跃。5 月 26 日,省官产总处不得不将第一阶段的最后期限延展两个月,截至 1933 年 6 月 30 日。后三个阶段也相应顺延。当第二阶段将要结束时,省官产总处宣布每个阶段由两个月延长为四个月,并立即执行。各县的官产处抱怨说,人们长期饱受战火,经济困窘,在先前规定的期限之内,无力登记黑地。因此,第二阶段延展到 10 月 31 日。然而,到 1933 年 10 月末,省官产总处又收到县官产处的禀文,以同样的理由,要求将第二个阶段再行延长,官产处只好同意将第二阶段延长至 1933 年年末,但规定后两个阶段仍各为四个月。

---

① 此卷系 1933 年—1934 年黑地清查文件,长达 330 多页,以下讨论均以此为据。

与 1910 及 1920 年代县知事否认获鹿存在黑地的做法不同,县官产处承认该县存在着大量的官产、荒地和黑地。但是,在运动(开始于 1933 年 3 月)的最初几个月,除了给各村散发官方文告,他们没有采取任何真正的措施。直到 1933 年 7 月,官产处才召集各乡乡长到县城开会。在会上,官产处处长吴某要求乡长们报告各村的荒地和黑地,并向村民"详细解释领照留置之利害,使各乡民务必认真报告"。

1933 年 9 月,官产处和县长进一步发布通告,督促黑地登记。四个月以后,亦即第三阶段开始之时,这两个机构又联名发了一份用方言书写的通告,晓谕道:尽管黑地所有者"争先恐后"到官产处登记,但是仍然有一些人"裹足不前"。事实上,1934 年,自行登记和举报的人都很少,当年 8 月,运动草草收场。

与以前收效甚微的土地清查不同,国民党政府的新措施取得了一定的成功。以第一区为例(手头有关该区的资料较全),此区一共查到 528 亩黑地,其中乡长汇报的有 95 亩(18%),黑地所有者自行登记的有 123 亩(23%),其余(59%)由官方举报者报告。[①] 应该注意的是,第一区在获鹿县八个区中是较小的一个区。它的赋税额(1987 两)仅为全县赋税额(1931 年为 20 838 两)的 9.54%(656-3-431,1931)。如果其他区的土地调查情况与第一区相去不远的话,那么,获鹿县清查的黑地应该为 5000 亩左右,这相当于该县全部可耕地的 0.7%。鉴于直隶省的黑地总量约占可耕地的 16%(根据本章开头所引官方保守估计),获鹿县黑地的实际数量

---

① 这些数字是根据获鹿县第一区的三种统计资料归纳得出的,分别为黑地耕种者自行登记、乡长的报告,以及区举报人的报告(656-3-780,1933)。

无疑远大于清查出的黑地。在整个土地清查的过程中,黑地所有者、乡长、举报者瞒报少报的情况并不罕见。[1]

为了阐明获鹿县土地清查运动的具体情况,下面集中讨论三个方面:黑地所有者自行登记黑地、乡长报告黑地、区举报者揭发黑地。

自行登记黑地

尽管初始阶段登记费较低,但是在前两个月,获鹿县的黑地所有者采取了一种观望的态度,很少有人主动到官产处登记。1933年5月,当初始阶段第一次被延长时,才陆陆续续有人去登记。但是,报告黑地的数量总是很少,所登记的黑地大都为0.5亩到3亩不等。

官产处颇为失望,因而采取了两项措施。7月19日,它传唤全县乡长到县政府,催促其报告各村黑地;同时,要求各区任命若干官方举报人,调查和报告所在区的黑地。

结果,从1933年8月开始,自行登记黑地的人明显增加。但是,在大多数情况下,登记黑地的数量仍然很少,通常在每人5亩以下。很少有较大的黑地所有者自愿登记土地。只有当受到同村人揭发,并且确实无法隐瞒时,他们才会去登记。例如,7月23日,

---

[1] 然而,以上获鹿县土地调查的描述和杜赞奇的观点有所不同,杜认为国民党时期的土地调查无任何成效。获鹿县查出的黑地估计为5000亩,接近1940年代早期河北各县查出的土地。而杜赞奇认为,只有在日本的占领下,才有可能清查出较多的黑地(Duara,1988:227—234)。

东庄村的两个村民被告发分别有 2 亩和 25 亩的黑地。次日,该村的王二白向官产处登记高达 25 亩的黑地。7 月 27 日,该村又有三个村民被告发分别占有 12 亩、6 亩、7 亩的黑地。五天后,又有村民王某和张某分别向官产处登记了 22 亩和 25 亩黑地。在石井村,村民李某于 8 月 7 日登记了 10.5 亩黑地,接着又指控该村有 5 家占有 11 亩黑地。在谷家峪村,顾某在 1934 年 1 月 6 日,即土地清查已进入第三阶段时,登记了 12 亩黑地。他这样做,很可能是害怕有人告发,致使官方没收他的土地。但是,像顾这样诚实的黑地业主实在太少。大多数业主抱着侥幸过关的心理,尽量隐瞒自己的黑地,即使登记,数量也较少。

乡长查报黑地

根据东胡申铺村乡长薛清宪的报告,他在县城接受县长"面谕"之后,即于 1933 年 7 月 20 日晚召集"乡民大会",要求村内的间长和邻长"按户劝导,认真举报"。结果,各间长仅用三天时间即提交了所管各户的黑地清单。乡长以这些清单为基础,于 1933 年 7 月 24 日向官产处提交了一份全村的黑地报告,列了 6 户有黑地的人家,黑地数量总计为 6.5 亩(详见表 10.1)。

表10.1　1933年获鹿县第一区乡长已报和未报的黑地

村名	已报黑地				未报黑地	
	家族数	所有者	总量(亩)	每户(亩)	所有者	总量(亩)
岸下	2	9	20.5	2.28	—	—
东胡申铺	1	6	6.5	1.08	—	—
东庄	4	10	5.6	0.56	4	95
段庄	1	8	4.0	0.50	1	4
谷家峪	1	4	6.7	1.68	—	—
黄岩	1	7	18.0	2.57	1	30
西薛庄	1	9	5.0	0.56	1	7
西杨庄	1	9	5.0	0.56	1	5
薛家庄	1	7	10.0	1.43	—	—
栈道	4	12	13.7	1.14	1	12.7
平均	1.7	8.1	9.5	1.236	—	—

资料来源:获鹿档案卷656-3-780,1933。

注:"—"指缺乏资料。

乡长报告土地的实际过程,远比上述薛乡长的描绘更为复杂。20世纪早期的冀中南乡村,亲族村社仍占多数,许多村庄由单个或者少数几个族姓组成。乡长作为家族中的普通一员,几乎不可能以损害其与乡亲的关系,或损害自己在家族中的地位为代价,向政府忠实地报告黑地。乡长很难决定针对哪家,上报多少黑地;他一定是与各户讨价还价之后才能做出决定的。大多数乡长未能向官产处提交报告的原因,可能是其执行任务时困难重重。例如,第一区一共28位乡长,但只有10位提交了报告。表10.1表明,十个村中有七个是单姓村,即这些村中所有的黑地所有者和乡长都是同姓。另有一村(岸下)由两个姓组成,其余两村分别由四个姓组成。因此,这里的大部分村落都有较强的血缘纽带。难怪每村平均仅仅上报了大约8个黑地业主(见表10.1)。如果该县每村平均为180家(江太新,1991),那么,上报的黑地业户仅占村中实际黑地业户数的4%—5%。

更为突出的是,乡长上报的黑地数量少得可怜,每户平均仅为1.236亩。例如,段庄村乡长报告八户占有黑地,每户的黑地平均仅有0.5亩。同样,西薛庄只报告了九户,其中八户仅有0.5亩,另一户为1亩。西杨庄的乡长汇报的情况和西薛庄一模一样。大体上,乡长汇报的黑地数量从每户0.5亩到3亩不等。[①] 对大多数黑地所有者来说,这个范围可以接受,登记费(从0.5元到1.5元)也可以承受。对乡长而言,如实上报大量黑地,会加大村民的负担,也必然会损及他与黑地业户的关系。

在报告中,乡长瞒报黑地数量的可能性很大。例如,东庄村的王喜爱被报告仅有0.5亩黑地。后来,政府发现他差不多有22亩黑地。表10.1列出了在后来的阶段中,区举报人揭发的黑地,以及黑地所有者为了避免土地充公而在最后期限自行登记的土地。未上报的黑地平均数量为每户17亩,几乎是乡长报告的黑地的15倍。在这些村,黑地的实际拥有量,很可能高于清查出的黑地数量。正如随后的发现所示,调查黑地的区举报人也以权谋私——为了个人利益,他们经常伙同乡长瞒报土地。

---

① 岸下村是唯一的例外,该村报告的最大块黑地为6亩,其中2亩是可耕地,其余是荒地。它意味着,耕种者如想合法拥有它,必须支付4元。

乡长上报村中黑地的方式表明,在这场运动中,乡村社群顽强抵抗国家政策。乡长远未能胜任其作为国家代理人的角色。置身于地方村社网络中的乡长,首先必须考虑村民的利益,或者更确切说是他的家族和邻居的利益。正如第七章所述,在大多数情况下,乡长仅仅是普通村民中的一员。其报告反映了乡长本人与村中黑地所有者谈判和妥协的结果,在此过程中,乡村精英起着决定性的作用。无论如何,由于乡村社会结构未被触动,仅仅依赖从村社内部选出的代理人,国家几乎不可能指望这场运动会有令人满意的结果。

区举报人检举黑地

尽管官产处鼓励"各色人等"向其举报黑地,但是普通村民很少举报本村人,以免招致大家的怨恨。获鹿县档案中仅有两例这样的情况。一个来自黄岩村,村民王万麟告发刘瑞红和刘焕妮各有 25 亩和 24 亩黑地。另一例是郐家庄村村民王锡九告发其村中四个不同族姓的村民计有 14 亩黑地。

由于村社对清查黑地的抵制,官产处不得不在各区任命一或两个官方举报人。没有材料显示这些区举报人的背景。与不愿告发本村村民的乡长不同,这些区举报人大多数来自村外。因此,在报告黑地方面,他们比当地的乡长顾虑要少。获鹿县第一区 1933年 5 月 25 日至 1934 年 1 月 9 日举报的黑地统计显示,区举报人对黑地清查贡献最著(528 亩黑地中的 310 亩,占 59%)。

对举报人所报告的低于 10 亩的黑地,官产处的做法通常是给黑地所有者发一纸通知,要求其支付应缴的登记费,并登记土地。对于超过此数的黑地,官产处则派人到该村当场调查,或是传唤黑地所有者到官产处澄清事实。登记黑地时,业主通常要求具结保证这块土地与他人没有瓜葛,乡长也须确认文件属实。有时,如果举报人在一个村报告了众多黑地业主,官产处会要求乡长代表这些村民付费、具结。

然而,这些措施并没有阻止区举报人滥用职权。这在举报人的报告以及黑地所有者的具结中可以窥见端倪。在获鹿县档案中,第一区的这两类文件保存得较为完整(656-3-780,1933),举报人的报告和村民的具结,总会出现明显的不一致。通常情况下,举报人报告黑地时要么夸大,要么瞒报。让我们首先考虑其少报黑地的可能性。

前面已描述乡长瞒报黑地的情况。令人诧异的是,有时区举报人报告的黑地数量和乡长报告的一模一样。这种情况在东胡申铺村、谷家峪村、岸下村都存在,举报人和乡长都报告这三个村每户平均有 1.08 亩、1.68 亩和 2.28 亩黑地。前面曾提及这些报告并未反映这些村黑地的真实状况。举报人极有可能串通乡长少报土地,以牟取好处。举报人薪水很低,所以出现这种情况是很有可能的。按照相关法令,区举报人只是"义务职",任职期间仅仅以"膳费"为酬劳。因此,举报人很有可能会以其他方式牟利。

因此,无怪乎许多举报人在他们的报告中夸大黑地的数量。在一个极端的例子中,1933 年 8 月 15 日,第一区的举报人刘有武告发李家庄村村民毕某拥有多达 303 亩的黑地。官产处立即传唤毕某。通过法庭质询和现场清丈，官产处很快就弄清，毕仅有 16 亩黑地。同村的另一个叫梁银福的村民，被告发有 75 亩黑地。然而，在 1933 年 8 月 27 日审理过程中，梁否认有任何黑地。同样地，汕头村的刘付被指控有 72 亩黑地。刘在庭上否认指控之后，派去调查的人员确定他仅有 15 亩黑地。

也有一些例子，虽然举报人多报了黑地，但多报的幅度相对较小。例如，石井村的牛顺新被指控有 5 亩黑地。在 1933 年 8 月 10 举行的庭审中，牛坚持其只有 2 亩黑地。他具结发誓，如果所言不实的话，情愿让自己的土地充公。五天以后，一个调查员的报告证实了牛的说法。第二个例子来自西薛庄村，村民薛连庄被指控有 7 亩黑地，结果证明他仅有 4 亩黑地。

显然，这些受害者没有给举报人好处，让其瞒报黑地，也没得到村中权势人物的庇护。为了得到政府对其工作的好评及奖励，举报人尽可能多地报告黑地，甚至夸大黑地数量。尽管有官产处的警告，但事实上没有一个举报人因指控失实而受到惩罚。

小结

1928 年以前，民国政府在清查黑地时接二连三地遭遇挫折，很大程度上在于两个因素，即国家无力渗透到乡村社群与精英的抵拒。国家在县以下缺乏有力的代理人执行其政策。1914 年至 1915 年，县知事未将清查黑地的任务托付给村正，亦未指望区警或是劝学员对他有多大的帮助。县知事之所以无法依赖地方精英从事土地调查，是因为这些人本身即为最大的黑地所有者。因此，县衙门只好持观望态度，直至国家"搁置"清查土地为止。

在1930年代早期，国民党政府取得了一定的成功，是由于它增强了对乡村社会的控制。为了有效地执行土地清查的方案，国民党政府充分运用它所设立的县以下行政网络。乡、闾、邻等乡村基层政权的组建，使得清查运动颇具声势，因为它对村民的动员达到前所未有的程度。结果，一些黑地所有者自愿登记黑地。县官产处的设立也增强了国家控制地方社会的力量；作为与县政府平级的机构，它试图绕开消极被动的衙门，与地方社会直接发生联系。同样重要的是县官产处利用区举报人对抗黑地所有者。举报人对大多数乡村来说是外来者，在报告黑地时无太多顾虑。此外，国家还发动了一场史无前例的宣传运动以动员民众。所有这些努力，使得新政权清查出的黑地，远多于它的先辈，也表明了国民党政权在地方社会中有了较为深入的影响力。

然而，国民党政权方案的弱点也同样明显。没有薪给的区举报人其实和传统的衙门人员一样不忠诚，一方面庇护那些提供好处的黑地业主，一方面使处于其庇护网络之外的村民成为牺牲品。同样，新设立的乡公所与先前的村政权一样不太可靠。它们执行国家公务时的敷衍了事，以及对黑地所有者的保护，使官方的清查黑地运动效果大打折扣。尽管国家对地方的渗透坚强有力，但获鹿乡村依然具有很强的凝聚力；政府企图通过重组自然村为行政乡，消解传统的村社纽带，但这种尝试的成效远远低于官方的期盼。

第十一章 结论

研究中国农村的学者经常面临这样一个挑战,即如何区别乡村生活的地域模式和全国趋势。中国地域辽阔,各地条件千差万别。但是在帝制和民国时期,各地乡村确实具有一些共同点,例如在清代早期均程度不同地实行保甲和里甲制度;国家总是依赖士绅精英实现社会控制;20世纪早期的"国家政权建设"增强了国家对农村社会的影响力,同时加重了农民的赋税负担。因此,要在地方治理的变迁方面得出一些全国性的结论,并非不可能;特别是当我们聚焦于外加的制度和国家权力自上而下的渗透时,更有这种可能。可是,我们在把目光转向农村社群的实际情形时,就会发现,由于生态和社会环境的不同,各地的实践呈现出多样性。因此,要从总体上得出一幅中国乡村行政治理的可靠画面,首先须扎扎实实地理解乡村基层的实践和不同地域间的差别。

本研究的关注点是冀中南的获鹿县,该县位处华北"大区"的中心地带。在许多方面,此地区的村社生存环境介于华北那些多灾、低产的边缘地区和华南以水稻种植为主、经济繁荣的地区之间。冀中南的可灌溉土地面积虽然多于冀东北地区,但比华南逊色。在华南,发达的水系把众多的河流和湖泊连接在一起。同样的,冀中南种植方式多样化,因此,该地区的土地生产力要高于冀东北那些生态不稳定的旱作农业区。然而,与适宜种植集约型水稻和经济作物的华南相比,冀中南的土地生产力水平明显较低。

在社会结构方面,冀中南地区宗族组织比冀东北发达。在冀东北,大多数村落为多姓社群。不过,冀中南地区宗族势力的影响要远逊于华南地区,特别是珠江三角洲。在后者那里,宗族组织实际上主导了乡村制度(刘志伟,1997)。冀中南的乡村精英也远比冀东北地区的精英活跃。然而,由于置身于自耕农占优势的村社,他们实力远不如社会高度分化的长江下游地区的同侪。后者通过地租剥削以及他们在晚清和民国早期发起的自治制度,控制地方社会(Bernhardt, 1992: 119—124, 161—188;小田, 1997: 223—241)。[1]

对获鹿乡村进行研究的优势是双重的。首先,与边缘地区松散的社群相比,中心地区的村社凝聚力较强;农民社会的内部机

---

[1] 当然,冀中南部的状况远比这种特征复杂。正如之前的章节所解释的,在一些乡村,村社组织相对弱小。在征税方面缺乏村社合作的地方,乡地的职责,就如19世纪河北东北部的宝坻县的乡保一样,仅有督促村民纳税。也有一些乡村,与华南乡村更为相近。例如,在经济商品化和宗族组织的凝聚力方面,栾城县(获鹿东)的寺北柴村与冀中南部的大多数乡村相似(P. Huang,1985;Duara,1988:105—106)。寺北柴村村民也表现出了强烈的社团认同感,这一点在对村民条件的严格限制上表现出来。一个村民如果不是连续三代居住于此,就不被当作一个正式村社成员(Duara,1988:212)。然而,与这一地区的大多数乡村不同,寺北柴村是一个高度分化的社群,其土地主要由不在地地主拥有,这种状况在华南乡村比较典型(Duara,1988:174—175)。

制，包括它的合作制度、村社认同、共同观念、惯行是较为明显的，并得以较为清晰地呈现出来。其次，与华南地区以佃农为主的社群不同（在华南，大多数村民不纳田赋，因此几乎不和国家打交道），获鹿大多数村民是土地所有者和纳税人，在有关征收赋税的活动中，频繁地与国家打交道。对这些活动的深入考察有助于更好地理解国家对地方治理的介入，以及国家和乡村之间关系的运行。

对农民社群的重新认识

塑造农民"社群"（community）的是一套为了集体目标而把个人联结在一起的内生性惯例和制度，以及界定社群成员关系的观念和准则。村社准则和农民价值观的核心是互惠互利，即村社成员彼此间的义务和权利。这在获鹿乡村有关乡地轮流充任、收税和纳税、土地和房产交易的村规上，表现较为明显。所有这些安排，皆寻求在提供服务和得到服务的村人之间，实现一种义务和权利的平衡。同样重要的是生存伦理，这一点也体现在许多乡村的制度安排上。这些安排把个人对集体的贡献与土地数量挂钩，从而产生了一种有利于贫困者的"再分配效应"，因为这些人常常被免除公共负担。在乡村生活中，这些准则非常重要，以致当村民之间出现纠纷时，他们无一例外地诉诸相关村规为自己的主张辩护，并纠正对手的不正当行为。

然而，这并不意味着乡民仅仅是遵从村社规范和惯例的道义公民。在形塑他们的社会行为方面,物质利益的效力并不亚于集体义务。对于既为群体又为个人的乡民来说,这种情况确实存在。作为一个群体,他们发起和维持合作性安排,正是因为这些安排比外加的制度更能令他们受益。作为个人,大多数村民遵从村规并在集体事业中履行自己的职责,因为他们知道,对社区的整体福祉和乡民的个人利益来说,合作制度的平稳运行是至关重要的。然而,正如我对有关乡地的选任、赋税征收、村正职务和学堂款项的考察所示,对乡民而言,逃避棘手的职责和争夺有油水可捞的公共职位的情况也并不鲜见。

然而,获鹿乡村偏离集体规范,从来没有严重到如同"理性小农"理论的支持者所假设的(Popkin, 1979),乃至造成社区合作的破裂地步。相反,在地方社群,合作性安排存在长达数世纪,直到1930年代仍然富有成效。获鹿乡村合作的持久性和有效性的关键在于个体村民所受的非正式的和隐性的约束。在此类村庄,个人首先是社群的一个成员,他必须履行社群义务,栖身于既存的社会网络和权力关系之中。农民感觉上的和事实上的生存安全都不可能离开这些社会纽带和义务。那些未能履行义务的人必然会面临各种形式的惩罚,诸如咒骂、流言蜚语、嘲弄,以及公开谴责。因此,对村民而言,为追逐个人利益而破坏惯例是不明智的,因为这样做将损害他在村社中的名声。那些试图逃避责任者,也不得不掩盖他们的企图。

社群中的有权力及有声望者(诸如村正、族长和学董),甚至更加受制于村规和集体约束力,因为这些人的领导地位基于其在乡民中的声望,并且他的声望与其维护乡村制度、促进公共利益的角色相关联。当这些制度受到威胁和破坏时,社群领导理应带头维护村社制度运作。然而,如同普通村民一样,乡村精英亦受个人利益的驱使。对他们而言,利用权势扩展自身实力和荫护他人也不鲜见。但是,权势人物深知,他们的名声是建立在其遵从和捍卫乡村制度的基础之上的。对他们而言,公然反对乡村制度是不可想象的;他们必须确保自己破坏惯例的行为不会影响其在社群中的地位。毕竟,普通民众,包括社群中的贫困者和弱小者,并非完全处于无权地位。他们共有的价值观、公共舆论及其对村规的诉求,都对那些权势人物构成一种有效的社会约束。这意味着,除了基于官职、地位和财富的显性权力,我们还必须考虑隐性权力。这些隐性权力源自所有的社群成员(包括"有权者"和"无权者")共享的社区规范和义务。这种隐性权力既约束有权者,又为弱者提供了一个捍卫自己的武器,其效力并不亚于权势人物的显性权力。①

两种因素互动并影响着乡民的选择和行为:个体责任和团体倾向。个人独有的责任和潜能由如下因素界定:个人在集体利益产生中的作用及其对个人利益的意义,以及个人在社会网络、权力结构、财产关系中的地位。所有这些起着"共同刺激"的作用,以触发他的动机和行动(Bourdieu, 1977:78)。持久的"性情"(dispositions),亦即群体或社区的"惯习"(habitus),来自对所有的社群成

---

① "权力"被定义为个人"力排众议贯彻自己意志"的能力(Weber, 1968:63),或者是在决策的结果中"起重要作用"(Giddens, 1984:14)。尽管对权力概念的理解不同,大多数现代分析还是倾向于强调权力的"交流"层面(Habermas, 1984),亦即通过言语、象征和其他符号交流的权力或能力。我在这里使用的"权力"这一术语,指以个人通过控制物质的和制度的手段,以及使用象征性资源,特别是根植于社群的规范和价值观,对他人施加影响的能力。

员共享的客观条件的内在化。这些条件因团体而异,包括把参与者联结在一起的社会、地理和血缘纽带,也包括为了产生所追求的集体利益而共同合作的需要,以及调整他们互动和合作的规则。换言之,相同的客观条件产生相同的形塑乡民观念、态度、表达方式的习性。这明显体现在以下几点:村民们一致接受指导他们互动的村规至高无上的观念,把个人在团体中承担的角色和个人在成员中的地位和名声联结在一起的公众看法,在合作活动中共享的体验和记忆。

显然,仅仅根据乡民对团体目标的道义责任或是乡民们基于理性算计的物质利益欲望,我们不可能充分理解乡村成员的多样化策略。相反,我们应把他们的思考和行为看作社群习惯与乡民个人所面对的变化着的环境之间互动的结果。有鉴于此,获鹿乡村合作制度的持久性与其说在于乡民对这些制度内在化的责任,不如说是由于生产和再生约束个人之习性的客观条件的同质性和稳定性。

因此,农民社会是一个社会空间,或者说是一个"场域"(field)。在此一场域内,乡民们在共同的观念和生存条件基础上,形成了他们作为个人,以及团体成员的认知和选择。这个场域往往跟自然村、邻里或血缘组织重合。它与其说是通过地缘或血缘纽带联结在一起的民众团体,倒不如说是一种情境。在这个情境内,乡民们彼此互动,以此追逐集体利益,并通过共享的规则和目标界定各自特定的角色。因此,尽管个人能力和作用不同,但是相同的制度、习性以及利益和权力结构,使得他们能够形成彼此之间可轻易领会的意见和决定。

为了阐明作为一个场域的农民村社的概念，下面我们将其与乡村社会的其他概念进行对比。首先是"自然村"的概念。在获鹿县的大多数社群，自愿合作的范围和村庄的边界重合。因此，村民们创制"村规"以管理他们的集体活动。在这种情况下，社区恰好等同于一个自然村。但是，一个社群并不总是一个自然村。屡见不鲜的是，在这个县的不少地方，乡民以村内的"牌"为单位，形成一个合作团体，并有自己的"牌规"。这些牌通常是一个家族，或者是某个大家族的其中一房。可以理解的是，他们对牌的认同多于对村的认同。此外，还有不同的情形，比如两个相邻小村落的纳税人形成了一个合作团体，而且他们的活动受到同一个乡的乡规约束。因此，社群超越了他们各自的村落。相当明显，在当时，一个社群虽然经常等同于一个自然村，但也可能是一个比村小的团体，也可能是一个跨村组织。然而，对所有社群来说，最为根本的是互利互惠的安排，这些安排使得它们的成员可以表达认同、达成共识、承担共同责任；当他们的意图与利益冲突时，他们之间也会出现争执。正是在相同的基础上，村民们创造了一种话语，这种话语决定和形塑着村民们的生存策略，在冲突和合作时，为其保护或是再生他们的物质和象征资本提供一种工具。①

① 这里，赛宾关于社群的概念具有启迪性。他指出："社群只是事关调解和互惠的问题而已……社群参与到一系列调解关系的事实，才使社群的存在成为可能。调解的一个核心形式是由所有权决定对资源的获取、对权利和主张的分配以及对义务和责任的接受。"关于话语在社群中的重要性，他写道："社群中共同的东西，与其说是共同的价值观，或者说是共同的理解，还不如说是这样的事实——社群成员致力于共同的论争、共同的缘由、共同的解释和共同的话语。在这一过程中，不同的的策略、误解(隔阂)、冲突的目标和价值观得到反复研究，并得以确定。塑造社群的，正是这一话语。"(Sabean, 1984:29—30)

必须强调的是,提出这种乡村社会的概念并不是把冀中南的农民社区等同于一些日本学者使用的"村社共同体"这一术语。"共同体"的概念于1930年代首次提出,它试图迎合日本军国主义政权的政治目标。对于日本研究者而言,"共同体"体现了在经受西方资本主义入侵后仍然幸存的亚细亚式的传统理想和社群;它也可以用作日本军国主义者所设想的"大东亚共荣圈"的基础。① 作为西方个人主义社会的一个替代方案,这个概念也意味着一个没有竞争和冲突的和谐社群。事实上,尽管冀中南乡村具有集体合作的传统,且凝聚力较强,但其内部也充满紧张和冲突。这些冲突发生在同一家族或不同家族之间,或权力竞争者彼此之间,或外来者和本地居民之间。归根结底,冀中南乡村是一个既有广泛合作又有激烈竞争的农民世界。"共同体"的观点,尽管表面上与东亚国家共有的政治传统有联系,因为这些国家皆受到强调社会和谐的儒家文化的历史影响,但是并不有助于理解帝制和民国时期乡村社会的真实情况。

另一个问题是本研究所讨论的社群与以往的乡村中国研究者广泛使用的"标准市场区域"(standard marketing area)之间的关系。② 本研究得益于施坚雅的"大区"概念及其固有的"核心—边缘"分析。但是施氏分析中国农村的关键即市场概念,在描述这里所揭示的社会安排时并不适宜。由于广泛种植棉花和依赖手工业

① 更详细的讨论,见 P. Huang,1985:28;Duara,1988:209。
② 在备受推崇的中国农村市场结构的研究中,施坚雅提出"标准市场区域"概念,他认为,这是"有效的农民社会领域"。施坚雅解释道,一个典型的市场包含分布在大约18个村的1500个家庭,面积大约为15平方公里。在这一地区的中心,有一个市镇,农户出售农产品和手工产品(Skinner,1964—1965)。

生产以获取额外收入，冀中南的农民普遍卷入地区市场体系。他们的活动范围无疑超过冀东北边缘地区的同侪，因为在边缘地区，经济作物的种植非常有限。然而，与外部市场的密切联系并不必然腐蚀其社群凝聚力。地方社区和大型市场的联系还没有产生遮蔽农民对地方社区认同的社会纽带。事实上，农民销售他们的产品主要是为了增加家庭收入。这种商业化的后果是保持而非改变农业和家庭手工业相结合的传统农村经济模式，因而，它是稳定了而不是削弱了传统的社群。[1] 因此，标准市场区域，这个主要源自施坚雅对西南成都平原的观察的概念，固然可以用来诠释跨村的社会和经济活动，却不一定有助于解读华北核心地带农民村社的治理活动。

乡村治理与国家权力

为了理解中国的国家权力，学者们做了一些有意义的努力，以构建复杂的理论框架。例如，孔飞力认为清朝是一个官僚君主制国家。他的观点建立在韦伯对世袭君主制(patrimonialism)和官僚制的解释之上。他批评了自韦伯以来广为人们所认可的观点，即把世袭君主制之下的个人专断权力与官僚制之下循规蹈矩的日常权力加以对立，并设想了一种从独裁统治走向官僚制的"合理化"

---

[1] 这种趋势甚至在长江下游也很流行，这个地区的商业化程度高于冀中南部(P. Huang, 1990)。

普遍趋势。① 孔飞力认为，这两种貌似自相矛盾的权力形式共存于中国政体中。清廷的帝王依赖成文法管理其官僚，同时为了维护其个人的独特地位和不受任何约束的超然权力，又竭力避免把皇权纳入官僚制之内。因此，他称中国是一个君主专制和常规化官僚机构并存的"官僚君主制"（bureaucratic monarchy）国家（Kuhn，1990）。

黄宗智把注意力从朝廷权力转向知县对民间纠纷的审理。他认为，韦伯的世袭君主官僚制理论，在解释国家政权和县衙门的日常运作方面都是合理的。在对大量案例进行全面考察之后，黄得出结论：在处理民事纠纷时，知县不仅是一个照章办事、循规蹈矩的官员，而且以品行端正的"父母官"面目治理一方，并依靠非正式的调解办理讼案；其地位之尊，有如皇帝在朝廷一般。黄宗智指出，清代地方治理的这些特色，可以视作"世袭君主官僚制的产物"（P. Huang，1996：229—234）。

尽管这些解释超越了专制政体的老印象，有关中国国家权力

---

① 在韦伯的社会学中，世袭君主专制是一个传统的政治统治形式，君主把政治权力等同于个人财产，在官僚行政中缺少规范和法规约束的情况下，独断地行使权力（Weber，1968：1028—1033）。一般来说，韦伯把中国政府视作一种"世袭君主制"。然而，不同于封建社会的世袭制国家之遭受独立的贵族领地的破坏，在前近代中国，由于大地产的缺乏，中国的国家成为"最稳固的世袭君主专制的政权形式"（同上：1091）。与此同时，韦伯注意到，中国政治生活中独特的做法，特别是将教育和科举作为官员任用的基础，从根本上打破了典型的建立在统治者个人意志和偏好基础上的世袭君主制。韦伯相信，这些做法具有独特的"科层制特征"。从这个意义上讲，中国是"形式上现代的、和平的科层化社会的最完美代表"（同上：1049，1050）。考虑到上述两个特点，韦伯认为中国的国家代表着"最纯粹型的世袭君主官僚制"（同上：1063）。

的传统观点仍然主要局限于县级以上的官僚结构及其运行。相反，本研究集中探讨了乡村的非正式制度。正如在获鹿所见，地方行政的特点，在于让当地内生性制度安排承担日常的管理职责，而不是国家和乡村社会之间的对抗。在我们所考察的田赋征收的每个环节，将国家职能委托给地方社区的情况随处可见。例如，在征收田赋方面，知县依赖从乡民中选出并为乡民代垫税银的地方代理人乡地。在土地管理方面，衙门利用乡地缮写地契、督促缴纳契税、清查白契。在赋税责任的管理方面，国家利用非官方的社书在土地交易时负责钱粮推收，并更新税册。同样地，在清查"黑地"时，知县依靠黑地业主自愿登记，并让士绅精英主持清查运动。

国家有限介入地方管理并把行政职责授予地方社群背后的一个明显的原因，是统治者不信任地方官员及其吏役。在统治精英中间有一种被广泛认可的观点，即无论出于多好的本意，政府干预地方治理，都将不可避免地导致渎职和腐败问题，因为地方官员为谋取私利，必然会运用手中的权力来扭曲政策。国家的介入，并不能给百姓带来好处，相反经常构成对地方社群的滋扰。因此，"无为"便成为所有渴望成为仁君的中国帝王的一种政治信条（费正清，1999［1946］：336—337）。宋明时期的理学也极力反对国家干预日常的治理。在著名理学大师朱熹（1130—1200）看来，地方治理的最好形式，是基于村社成员自愿参与的社区合作。朱熹相信，这种合作有利于培养地方居民的互利、互惠及互助。因此，它是最有效、最持久的地方治理方法，体现了儒家"公私一体"的理念，比起国家自上而下的强制和控制来,更为可取。①

在统治精英们看来,地方治理有双重目的,即提高公共福祉和满足国家征税及社会治安的需要,两者之间并无冲突。正如理学作品所反复宣扬的,儒家的政治伦理把君主和人民的关系比作父母和子女的关系。一个明智的统治者应该关心民瘼,以德行和教化,而不是行政方式和惩罚措施来治民。朱熹因此认为,"养民"乃理财和征税方面的一个根本原则。而作为回报,百姓理应如子女伺候父母一般,忠于君主,完成纳税和应役的义务。毫不奇怪,当宋明理学成为帝制后期的正统说教时,"仁政"的信条也开始主导有关地方治理的官方话语,对国家管理者的意识和政策产生了巨大的影响(参见陈增辉,2000;张星久,2000;刘传广,2001)。

只有在这种治理的文化背景之中,才可能正确认识获鹿乡村的行政实践。乡地为村社成员代垫税银,后者有义务偿还垫款,并以请乡地做中抽佣的方式补偿乡地,这恰好就是理学家们所倡导的自愿合作,因为这种互惠的安排有助于促进公共福利和确保政府的赋税收入;与国家强加的制度相比,它带来的问题较少。同样地,县衙门利用地方代理人替代自己的吏役来处理钱粮推收和更新税册,因为这些地方代理人熟悉社区成员的实际土地数量,并能够履行他们的职责。由于地方代理人也受到地方社群的约束和监

---

① 考虑到这个观念在他们的政治思想中的核心地位,难怪理学家和官员热情地提倡乡约制度,以促进社群福利,确保地方公共秩序,履行官方义务。作为自我管理的一种形式,它把地方的主动精神和国家控制结合在一起;作为一种可行的方式。它通过教育而不是控制来实现儒家治理理想,从而受到追捧(De Bary,1983,1998;Übelhör,1989;段自成,1996;Hauf,1996;曹国庆,1997;程鹏飞,2000;胡庆钧,2001)。

视,他们不太可能比外来者从事更多的不法行为。同样地,尽管地方代理人玩忽职守,县官还是依靠乡地而不是自己的吏役或者是包税人来清查社群的白契,因为外来者的参与,总会导致权力滥用和欺诈行为的猖獗,这反过来会招致地方社群的抗议。最后,统治者倾向依赖业主自行登记黑地,而不是让衙门吏役参与进来,因为他们同样担心,对这些人员无法加以控制。从统治精英的角度看,激起社会动荡的危险和对仁政的合法性的威胁,远远盖过新升科土地可能产生的有限数量的额外税收。

然而,必须强调的是,20 世纪以前,在中国,尽管国家把管理职责委托给地方社会是一个普遍现象,但由于各地生态和社会条件的不同,治理的实际运行在不同的地区形式各异。事实上,正如我们在获鹿乡村所见,甚至在同一个县,各种不同的治理方式并存。为了完成征税和治安的任务,作为国家官僚系统所任命的最低级官僚,知县们觉察到,只要地方的非官方制度运行有序,便无须把官方制度(保甲和里甲)施加于地方社群。尽管这些村规或乡规与国家法规有所出入,在处理有关乡地充任和收税案件时,获鹿的知县们还是无一例外地承认、尊重、支持村规或乡规。同时,在合作性安排不存在的地方,诸如在对农民村社以外的寄庄地征税时,或是对过于涣散以致无法合作纳税的村社征税时,县衙门不得不容忍甚或求助于非法的包收。

20 世纪以前中国的乡村—国家关系,不能简单视为国家和社会的二元对立。除了士绅精英和(或)宗族组织特别强大乃至能抵御国家影响的地区,或是特别弱小而不得不听任外来代理人敲诈勒索的地区,在大部分农村地区,正如获鹿乡村一样,由于县以下缺乏正规官员,地方村社的非正式代理人和机构履行了国家委托的日常管理职责。只有在村社内部出现纠纷并危及地方制度的正常运行时,国家才会介入。因此,在中国乡村大部分地方,日常行政活动乃具有一种"实体治理"的特色。"实体治理"的概念,凸显了乡村治理方面国家与乡村之间界限的模糊,并把这种过程和"形式主义"(formalistic)的行政体系区分开来;后者建立在系统化的法规和正式的等级制官僚层之上,并主导了县级或县级以上的官僚机构。

为了进一步了解实体治理的性质,这里有必要进一步思考为什么传统中国的国家政权一直满足于它在地方社会的有限渗透,为什么它没有试图阻止地方主义的可能成长。在历史上,这种地方主义被认为是帝制政权的心腹大患(M. Mann, 1988:1—31)。

我认为,儒家"仁政"的说教和对地方官员舞弊行为的顾虑,并不能构成国家最小限度地参与基层行政管理的全部理由。在形塑地方治理的模式时,同样重要的是帝制中国的财政需求,以及相关的地缘政治环境。与中世纪晚期和近代早期欧洲四分五裂的情况不同,那里的君主们为了在国际战争中生存,不得不扩张和维持一支尽可能强大的军事力量(Finer, 1975; Ardant, 1975)。中国长久以来是一个统一的王朝国家,并对周边藩属建立了文化、外交乃至军事上的优势地位。尽管明代和清初遭遇了蒙古部族的频繁威胁,但在大部分时间内,中国享有着和平、繁荣,并对周边以"天朝上国"自居。同时,众多的纳税人口和广袤的纳税土地构成了一个巨大的税基,这对欧洲人来说是不可想象的。因此,在正常条件下,把税率固定在一个按照欧洲的标准来说很低的水平上,就会产生足够的财政收入以支撑国家机器的运行。反过来,这种巨大的税基使中国的君主可以追求"轻徭薄赋"政策,这种政策在儒家的政治传统中被表达为"仁政"。显然,正是中国作为一个大一统国家的地位及其巨大的税源,而不是其他任何东西,解释了其土地的低税率。总体上,在清朝,土地税率仅为土地产量的 2% 至 4%。

而且,不同于近代早期的欧洲君主,权力被势均力敌的领主和限制国王征税权的自治机关大大抵消(Tilly,1975;Braun,1975),中国的政治结构是高度中央集权的,皇帝在理论上控制着从中央到县的官僚机构。在县衙门以下,统治者受到士绅精英的支持;后者受儒家学说的熏陶,与君主休戚与共。由他们所制定和执行的村规民约,总把纳税当作优先考虑的事项之一。虽然对地方管理者而言,劣绅逃避赋役和隐瞒土地已是痼疾,无法解决,但是与欧洲的同侪相比,中国的君主从来没感受到各种社会集团对其权力的威胁和限制。因此,与欧洲君主在征税和中央集权进程中不得不打击各种形式的地方势力的做法不同,中国的统治者坐拥数额巨大的赋税收入,足以在和平时期支撑整个国家政权,因此感到没必要那样做。事实上,在大清鼎盛时期,由于税基庞大,它产生的收入远远大于实际需要。税收盈余使得清统治者多次宣布在全国范围内普遍蠲免田赋(胡春帆等,1984;何平,1998:14—26)。在近代欧洲国家早期,抗税暴动往往四处蔓延,且长期存在。然而在中国,直至 20 世纪早期附加税增加以后,抗税暴动才变成统治者的一个主要难题。1712 年,清廷宣布"永不加赋"的政策,在清朝其后的历史上,这项政策得到忠实的遵守;只有在这种背景下,此项政策才可以理解。① 由此,我们不难理解清朝君主为何不情愿使用诸如清查黑地和征收契税等方式来扩大税基:因为这些措施经常损害地方社群,并与"仁政"的信条背道而驰;与轻易可得且有盈余的田赋收入相比,这些好处是无足轻重的。

那么,地方社会的"实体治理"对理解中国的国家有何意义?以往有关中国传统国家政权的诸种理论,无论是东方专制主义、世袭君主官僚制或官僚君主制,在这里都不完全起作用,因为它们只探讨了国家机器本身,包括县级和县级以上正式和非正式的部分,而忽视乡村的实际情形。为了理解地方实践的性质和作用及其在中国政权结构中的重要性,迈克尔·曼的"基础性权力"(infrastructural power)概念在这里颇富启发意义。

所谓"基础性权力",迈克尔·曼意指国家通过征税和收集信息、执行政府命令、调控经济活动而向民间社会渗透的能力。根据他的观点,基础性权力与统治精英驾驭民间社会各阶级和社会集团的"专制权力"(despotic power)是相对的;后者是自主的,甚至是不受限制的,因为统治者无须跟被统治者协商。他还观察到,在许多国家的历史上,专制权力强大,而基础性权力弱小;相反,在今日西方的现代国家,专制权力已经弱化,而那种渗透人们日常生活的基础性权力很强大(M. Mann, 1984, 1986)。

---

① 尽管日益增长的人口和不断扩张的行政开支,促使地方官以各种借口增加赋税,然而,惧于违背轻徭薄赋的祖训,雍正皇帝限制赋税负担,试图通过调整附加费的征收,把新征收的规费固定在一个非常低的水平上(Zelin, 1984)。在清朝的最后几十年,当军费和对外赔款剧增时,统治者只能通过其他渠道增收,诸如开征商业税(如厘金)和海关税,而不是增加田赋。结果,直到20世纪初,田赋依然维持在一个相对较低的水平。

就帝制中国而言,我们可以大致把它的上至朝廷、下至州县的一套官僚系统划为专制权力,把村级和跨村的履行着征税和治安职责的非正式代理人,归入基础性权力的范畴。根据迈克尔·曼的观点,拥有基础性权力的机构,当然是正规的官僚机构的组成部分;他没有料及,中国帝制时代的基础性权力,远未正式化和制度化,也绝非正规的官僚系统的组成部分。然而,在中国行政体制的日常运行中,非正式的基础性权力不亚于正式的专制权力。因此,我们最好把帝制中国的国家权力视为县或县级以上高度集权的、正规化的官僚系统所代表的专制主义,与非中央集权的、非正式的地方治理制度所体现的"听民自便"传统的相互结合(参见李怀印,2003b)。

总之,从获鹿县各种形式的实践中,我们清楚地看到由非正式制度主导的乡村治理传统,亦即一种受宋明理学"无为""仁政"说教支撑的地方治理模式。这种模式与其说是国家政权尚未完全集权或地方抵制国家入侵的结果,还不如说植根于中国的地缘政治环境以及相应的儒家意识形态。归根结底,帝制晚期的乡村—国家关系,与其说是互相对立,不如说是互相依赖。

20 世纪的连续性和变化

在 20 世纪早期,获鹿县的行政制度出现很多变化。在 1928 年国民党到来之前,国家采取措施吸收农村精英参与正式的政治运作,以扩大其合法性基础,其中有县议会(包括议事会和参事会)和警察局、劝学所及财政所等各局所的设立,以及地方上的村正和学堂的设立。然而,这些改革只是有限地将国家的行政力量延伸到村庄——通常情况下,县知事不得不依赖非正式代理人和士绅精英,而不是村正执行其命令,这跟20世纪以前的乡村控制方法并无多大差别。诚然,当全县的赋额保持固定不变,旧有的非正式代理人(诸如乡地、社书等)能够完成征收和管理定额化田赋的职责时,这种方法运行良好。

1900年以后,对国家而言,变得棘手的并非定额化田赋的征收,而是它为了最大限度地扩大收入而施行的其他各项政策。为了扩大税源、支撑"新政"事业,国家清查黑地、征收附加税和新增捐税、调查白契并征收契税。正是在这些领域,国家发现旧有的管理方式日益无效。例如,让乡地征收契税,无疑是容忍非法的白契存在;但是,把契税征收的职责转让给以牟利为目的的经纪人,只能激起地方社群的普遍反抗。让精英控制村政权和县议会,只能为他们表达自身利益和反对征收新税提供一个合法的工具。在清查黑地时,国家发现士绅精英同样靠不住,因为他们拥有的黑地最多。

事实上,不但非官方代理人和地方精英在执行国家命令时靠不住,当赋税需求增加,而精英们的配合对县政权的管理仍然不可或缺时,甚至县知事本人也变成一个不大可靠的国家代理人。由于不得不依赖拥有土地的精英们的支持,在来自省府的增加税收的压力和地方精英们的抵制之间,知事们常常不得不做出妥协。①

由于未能有效加强对地方社会的控制,当国家试图增加税收时,所有这些情形使国家的处境复杂化。因此,1928年以后,当冀中南乡村开始接受国民政府的领导时,当地的治理出现了几项重大突破。第一是国民党努力削弱了士绅精英在地方政治中的作用。为达此目的,新政权废除了县议会和其他为精英所把持的县级机构,以及村正职位。结果,1928年后,那些曾经在晚清和民国早期鼓噪一时的精英动员彻底消失了。第二是成功地设立了跨村的区公所和地方上经正式选举产生的乡公所。第三是淘汰了征税和治安上的非官方地方代理人,诸如乡地和社书,并且把他们的责任转交给县任命的区级和乡级政府。

因此,国民党确实放弃了传统的乡村控制模式,并显示其渗透到乡村社会的决心。尽管这些改革措施的执行在各村有所变化,但行政重组的确增强了国家的税收能力。由于未出现乡绅有组织的抵抗,国家通过田赋"整理"及开征各种新税,成功地增加了财政收入。国家在乡村的影响力大大加强,因而可以比此前的政府清

---

① 作为一个讲求实际的管理者,县官并不必然或者总是代表国家的利益。相反,它经常巧妙周旋于上司和地方村社之间,以最小的成本谋取个人利益最大化,在不同的情况下,起着不同的作用。从形式上讲,县官代表国家,执行国家政令以及同上司或臣民公开交流。与此同时,他可能从事不法行径,以国家利益为代价,为他的衙门和本人谋取利益。例如,他们违背省衙门的规定,擅自印刷和使用"小契"(第五章)。当县官的管理负担加重时,他也可能无视省长的命令,或视其为具文,正如他们清查黑地时所为。当危及他与日常管理中的合作伙伴——乡村精英的关系时,他也会为地方村社的利益仗言,公开反对省长的命令(第七章)。因此,县官治理地方的方法,在不同的情形下有所差别,他经常把官方的政策和表达,与非正式的甚至是非法的做法结合在一起。

查出更多的黑地。在整个晚清、民国初年及国民党时期，乡村社会的"国家政权建设"（state-making），或者说以中央控制下的全国性制度取代非正式地方实践的过程，无疑取得了进展。

国家政权建设不仅给地方制度带来了显著变化，而且使乡民们受到了新的思想、价值和观念的洗礼。这些思想、价值和观念重塑了乡民们认知外加的制度和表达自身利益的方式。例如，村正选举及乡公所的设立，伴随着维护其合法性的新观念的引进，诸如乡长的正规选举、候选人的年龄和其他资格要求，以及"地方自治"和整个中华民族的富强联系在一起的观念。这些和有关非正式的乡村领导人的传统观念形成了强烈的反差——传统的观念强调的是个人的资历和声望。同样地，新式学堂的创办带来新的观念，它把小学教育和帝国主义时代中华民族的生死存亡联系在一起。学堂不但理应优于旧式私塾，而且对消除乡民的迷信思想和提高公民素质至关重要。由于国家的支持和精英们的拥护，这些新观念开始影响乡民们对自身所关注的事务的表述，特别是在民事诉讼中。

然而，1900年以后，获鹿乡村旧制度和旧观念的连续性，和上述制度层面及话语层面的变迁同样明显。尽管实行了行政改革，在晚清和民国时期，农民社群基本保持原状。原有的社会关系、准则和价值观继续形塑着乡村领导层。因此，尽管村正以及1930年以后的乡长在许多方面与传统的社区领导有所不同，他们依然是其自身社群的代表而不是国家的代理人。正如我们在清查黑地中所见，当国家政策和地方利益背道而驰时，乡长其实和先前的村正和乡地一样忠于其社群。作为村社成员的保护人，乡长仅是象征性地上报微不足道的地亩,尽管当地黑地面积实际上可能高达数百亩。

所有这些变化和连续性应该被看成中国乡村政治进程中的一种特有现象;这些村落经历了从建立在地方非正式制度及内生价值观之上的传统治理方式,向建立在全国性正式体制和话语基础之上的新方式的转变。通常情况下,在公开的交流和表达中,无论是权势人物还是普通民众,都把旧的地方性制度和话语与新的官方的制度和话语结合在一起。例如,乡民们不再仅仅坚持村社的规范和价值,当他们意识到这些新制度和新观念可以提高自身利益、增强其要求的合法性时,他们也拥护外加的有关新设乡村职务和学堂的观念。同样地,县知事在处理乡地和村正充任纠纷时,既坚持国家法令,又尊重有关乡地选举的村规以及有关社群领导资格的民间观念。换句话说,国家不只是把它的制度施加于乡村,而且试图使其在社群内部合法化。

因此,无论是官方的政治话语还是民众观念,都出现于政府官员、地方精英和普通乡民之间的公开交流中。20世纪早期中国的国家政权建设,不只是一个新制度和官方话语代替地方实践和观念的过程;在塑造地方合法化进程中,它们共存,并互补互动。

尤值一提的是,在不同的生态和社会背景下,国家政权建设的后果各异。作为一种近代转型模式,国家与乡村在地方治理中互相协调的情形主要盛行于核心地区,那里相对强大的政权组织与紧密内聚的村社并存。更具体地说,由于国家政权本身依然稳固,并且地方民众承认其合法性,因此它能够通过设置全国性机构,向地方精英和普通乡民传播其政治话语,向农村延伸其行政触角;由于农村社群依然具有凝聚力，其内部运作在很大程度上仍保持完好，因此它们能够按照自身的目的来重塑国家渗透的进程。这种互相参与和相互渗透，使得外加的制度和观念在地方非正式传统的母体里缓慢而又合法地成长。它使农民社会在由传统治理向现代转型的过程中所带来的破坏性冲击得以缓和，也在相当程度上减缓了国家和地方当权者的合法化危机。相形之下，在生态不稳定的地区，国家渗透压力的日益增长，特别是新增捐税，削弱了传统的保护型领导，导致村棍、恶霸的为所欲为，以及农村社群的瓦解。此一过程被杜赞奇描绘为国家政权的"内卷化"（Duara，1988）。

最后，简单一提 1949 年以后的地方控制。自从共产党革命胜利以来，中国农村发生了戏剧性变化。土地改革和随后的农业合作化从根本上削弱了宗族纽带，扫荡了主导农民村社的权力结构和财产关系。同时，农村的集体化使得国家史无前例地渗透到农村的社会、经济和政治生活中。面对国家设置的全国性组织和革命宣传的压倒性优势，曾和外来制度及观念交织在一起的地方制度和农民价值观失去了根基。相反，政治宣传开始形塑政府官员和地方民众的公开交流。曾经在 20 世纪早期成为公开讨论组成部分的村社准则、乡规、共享的观念，退出了公共话语空间，甚或不复存在。

1980 年代的去集体化逐渐把农民从国家的高度控制中解脱出来，在农村地区启动了新一轮的自治浪潮。村民们再次可以自己选择村领导、集资创办学堂及其他公共福利事业，同时也承担起不断增加的税费负担。随着国家控制的放松，在许多地区，传统制度诸如宗族组织和非正式网络开始复活,甚至占据主导地位(唐军,2001)。国家影响力的逐渐减弱,也鼓励地方官员为达成行政目标,容忍传统制度乃至从地方村社的传统资源中寻求支持。官方和地方的互相接触,无论是否以国家期待的方式展开,再次开始形塑地方治理的进程。长达一个世纪的乡村治理的过渡仍在进行中,从传统模式朝向一个至今尚未重新界定和重新定位的目标迈进。

参考文献

获鹿县衙门档案藏于河北省档案馆,引用方式为全宗号、目录号、卷号以及档案的年份(例如,656-2-852,1926)。中、日文文献按作者姓氏的拼音字母排列,英文文献按作者姓氏的罗马字母排序。

中文部分

白靖安(1988):《二十年代石家庄郊县的棉花产销情况》,《石家庄文史资料》第 8 卷,河北石家庄。

《柏乡县志》(1932),无出版地。

曹国庆(1997):《明代乡约推行的特点》,《中国文化研究》(春季)。

曹树基(2001):《清代北方城市人口研究——兼与施坚雅商榷》,《中国人口科学》第 4 期。

陈登原(1938):《中国田赋史》,上海:商务印书馆。

陈锋(1999):《清初"轻徭薄赋"政策考论》,《武汉大学学报(哲学社会科学版)》第 2 期。

陈增辉(2000):《儒家民本思想源流》,《中州学刊》第 3 期。

陈振汉等(1989):《清实录经济史资料(顺治—嘉庆朝)农业编第三分册》,北京:北京大学出版社。

陈支平(1988):《清代赋役制度演变新探》,厦门:厦门大学出版社。

程方(1939):《中国县政概论》,上海:商务印书馆。

成汉昌(1994):《中国土地制度与土地改革——20 世纪前半期》,北京:中国档案出版社。

程懋型(1936):《现行保甲制度》,上海:中华书局。

程鹏飞(2000):《王阳明"知行合一"与〈南赣乡约〉》,《贵州文史丛刊》第 3 期。

从翰香(1992):《从区域经济的角度看清末民初华北平原冀鲁豫三省的农村》,叶显恩主编《清代区域社会经济研究》,北京:中华书局。

从翰香主编(1995):《近代冀鲁豫乡村》,北京:中国社会科学出版社。

《大名县志》(1934),无出版地。

《大清律例》(无出版日期),无出版地。

中国第二历史档案馆编(1994):《国民党政府政治制度档案史料选编(下)》,合肥:安徽教育出版社。

《地方自治全书》(无出版日期),上海:公民书局。

《定县志》(1934),无出版地。

段自成(1996):《清代前期的乡约》,《南都学坛》第16卷第5期。

敦玉春(1989):《清末武探花敦凤举》,《石家庄郊区文史资料》第1期。

樊志勇:《民间腊会》,《石家庄文史资料》第6卷,河北石家庄。

费成康主编(1998):《中国的家法族规》,上海:上海社会科学院出版社。

顾准(1982):《希腊城邦制度》,北京:中国社会科学出版社。

国民政府(1928):《惩治土豪劣绅条例》,中国第二历史档案馆编(1994)前揭书。

国民政府(1930):《县组织法》,中国第二历史档案馆编(1994)前揭书。

河北省地方志编纂委员会编(1993):《河北省志 第3卷 自然地理志》,石家庄:河北科学技术出版社。

何联昌(1986):《南高营村开办法文馆前后》,《石家庄文史资料》第8卷,河北石家庄。

何平(1998):《清代赋税政策研究》,北京:中国社会科学出版社。

何子丰(1986):《旧社会见闻散记》,《石家庄文史资料》第5卷,河北石家庄。

河北人民出版社编(1984):《可爱的河北》,石家庄:河北人民出版社。

河北省民政厅(1933):《河北省各县概况一览》,保定:河北省民政厅。

河北省政协文史资料研究委员会、河北省地方志编纂委员会编(1986):《河北近代大事记(1840—1949)》,石家庄:河北人民出版社。

《河北通志稿》(1993[1931—1937]),北京:北京燕山出版社。

侯建新(2001a):《20世纪上半叶冀中农业生产条件考察》,《历史教学》第2期。

侯建新(2001b):《民国年间冀中农户劳动生产率研究》,《中国农史》第1期。

侯外庐(1979):《中国封建社会史论》,北京:人民出版社。

胡春帆等(1984):《试论清前期的蠲免政策》,《清史研究集》第三辑。

胡如雷(1979):《中国封建社会形态研究》,北京:生活·读书·新知三联书店。

胡庆钧(2001):《从蓝田乡约到呈贡乡约》,《云南社会科学》第3期。

华立(1988):《清代保甲制度简论》,《清史研究集》第六辑。

《获鹿县志》(1985[1876]),获鹿:获鹿县政府。

《获鹿县志》(1990[1522—1566]),上海:上海书店。

《获鹿县志》(1998),北京:中国当代出版社。

黄凤新(1998):《论清代旗地占有形式的演变》,《吉林大学社会科学学报》第6期。

《皇朝文献通考》(1901),上海。

《户部则例》(无出版日期),无出版地。

贾秀岩、陆满平(1992):《民国价格史》,北京:中国物价出版社。

江士杰(1944):《里甲制度考略》,上海:商务印书馆。

江太新(1991):《清代获鹿县人口试探》,《中国经济史研究》第2期。

焦受之(1987):《解放前正定粮棉行业的兴衰》,《石家庄文史资料》第8卷,河北石家庄。

教育部(1912):《公布小学堂令》,璩鑫圭、唐良炎编(1991)《中国近代教育史资料汇编:学制演变》,上海:上海教育出版社。

教育部(1914):《整理教育方案草案》,舒新城编(1981)《中国近代教育史资料》,北京:人民教育出版社。

金德群主编(1991):《中国国民党土地政策研究(1905—1949)》,北京:海洋出版社。

《静海县志》(1934),无出版地。

《景县志》(1932),无出版地。

《井陉县志》(1875),无出版地。

孔庆泰(1998):《国民党政府政治制度史》,合肥:安徽教育出版社。

来新夏编(1983):《北洋军阀史稿》,武汉:湖北人民出版社。

李鸿毅(1977[1934]):《河北田赋之研究》,台北:成文出版社。

李怀印(2003b):《中国乡村治理之传统形式:河北省获鹿县之实例》,《中国乡村研究》第1期。

李景汉(1933):《定县社会概况调查》,北京:中华平民教育促进会。

李三谋、曹建强(2001):《清代北方农地使用方式》,《农业考古》第3期。

李文治编(1957):《中国近代农业史资料 第一辑 1840—1911年》,北京:生活·读书·新知三联书店。

李治安、杜家骥(1993):《中国古代官僚政治——中国古代行政管理及官僚病剖析》,北京:书目文献出版社。

梁勇(1986):《石家庄早期的商业》,《石家庄文史资料》第8卷,河北石家庄。

梁治平(1996):《清代习惯法:社会与国家》,北京:中国政法大学出版社。

《灵寿县志》(1874),无出版地。

刘传广(2001):《中国古代传统德治的因与果》,《华南师范大学学报(社会科学版)》第2期。

刘志伟(1988):《明清珠江三角洲地区里甲制中"户"的衍变》,《中山大学学报》第3期。

刘志伟(1997):《在国家与社会之间:明清广东里甲赋役制度研究》,广州:中山大学出版社。

刘子扬(1988):《清代地方官制考》,北京:紫禁城出版社。

《栾城县志》(1872),无出版地。

罗银胜编(1999):《顾准:民主与"终极目的"》,北京:中国青年出版社。

罗远道(1994):《试论保甲制的演变及其作用》,《中国历史博物馆馆刊》第1期。

马大英等(1944):《田赋史》,台北:正中书局。

《南宫县志》(1936),无出版地。

《南皮县志》(1932),无出版地。

潘喆、唐世儒(1984):《获鹿县编审册初步研究》,清史研究所编《清史研究集》第三辑,成都:四川人民出版社。

彭厚文(1998):《试析 30 年代前期打击国民党土豪劣绅的政策》,《湖北大学学报(哲学社会科学版)》第 1 期。

《平谷县志》(1934),无出版地。

钱实甫(1984):《北洋政府时期的政治制度》,北京:中华书局。

璩鑫圭、唐良炎编(1991):《中国近代教育史资料汇编:学制演变》,上海:上海教育出版社。

史志宏(1984):《从获鹿县审册看清代前期的土地集中和摊丁入地改革》,《河北大学学报(哲学社会科学版)》第 1 期。

孙本文(1943):《现代中国社会问题》,上海:商务印书馆。

孙海泉(1994):《论清代从里甲到保甲的演变》,《中国史研究》第 2 期。

唐军(2001):《蛰伏与绵延:当代华北村落家族的生长历程》,北京:中国社会科学出版社。

田伯伏(1997):《京汉铁路与石家庄城市的兴起》,《河北大学学报(哲学社会科学版)》第 22 卷第 2 期。

铁男(1994):《清代河北旗地初探》,《满族研究》第 2 期。

土地委员会(1937):《全国土地调查报告纲要》,南京:土地委员会。

万国鼎、庄强华、吴永铭(1971[1934]):《江苏武进南通田赋调查报告》,台北:传记文学出版社。

王福明(1995):《乡与村的社会结构》,从翰香主编《近代冀鲁豫乡村》,北京:中国社会科学出版社。

汪高鑫(1995):《朱熹政治思想初探》,《安徽史学》第2期。

王日根(1997):《明清基层社会管理组织系统论纲》,《清史研究》第2期。

王兴来、朱训晓(1989):《前进村与天主教》,《石家庄市郊区文史资料》第1卷,河北石家庄。

王元璧(1935):《田赋征收制度的改革》,《东方杂志》第32卷第7期。

完颜绍元(1994):《封建衙门探秘》,天津:天津教育出版社。

魏光奇(1998a):《地方自治与直隶四局》,《历史研究》第2期。

魏光奇(1998b):《直隶地方自治中的县财政》,《近代史研究》第1期。

魏光奇(2000a):《清代直隶的里社与乡地》,《中国史研究》第1期。

魏光奇(2000b):《清代直隶的差徭》,《清史研究》第3期。

韦庆远(2001):《〈庄头家谱〉与清代对旗地的管理》,《中国社会经济史研究》第2期。

《文安县志》(1922),无出版地。

闻钧天(1935):《中国保甲制度》,上海:商务印书馆。

吴定安(2000):《朱子社仓之法及其影响》,《江西社会科学》第12期。

吴泽(1993):《东方社会经济形态史论》,上海:上海人民出版社。

小田(1997):《江南乡镇社会的近代转型》,北京:中国商业出版社。

解峰等(1990):《当代中国的河北》,北京:中国社会科学出版社。

解青林(1988):《石家庄棉布史考略》,《石家庄文史资料》第8卷,河北石家庄。

《雄县新志》(1929),无出版地。

徐浩(1999):《清代华北农村封建剥削和农户工副业生产状况分析》,《社会科学战线》第5期。

徐羽冰(1934):《中国田赋之一考察》,《东方杂志》第31卷第10期。

徐振安(1984):《石家庄之人口》,《石家庄文史资料》第2卷,河北石家庄。

学部(1904):《奏定初等小学堂章程》,璩鑫圭、唐良炎编(1991)《中国近代教育史资料汇编:学制演变》,上海:上海教育出版社。

学部(1909):《奏请变通初等小学堂章程折》,璩鑫圭、唐良炎编(1991)《中国近代教育史资料汇编:学制演变》,上海:上海教育出版社。

学部(1910):《改订劝学所章程》,舒新城编(1981)《中国近代教育史资料》,北京:北京教育出版社。

《续修井陉县志》(1875),无出版地。

《盐山县志》(1916),无出版地。

杨俊科(1986):《石家庄早期的转运业》,《石家庄文史资料》第 5 卷,河北石家庄。

杨念群(2001):《华北青苗会的组织结构与功能演变——以解口村、黄土北店村等为个案》,《中州学刊》第 3 期。

杨学琛(1963):《清代旗地的性质及其变化》,《历史研究》第 3 期。

姚树声(1936):《民国以来我国田赋之改革》,《东方杂志》第 33 卷第 17 期。

叶显恩、谭棣华(1985):《关于清中叶后珠江三角洲豪族的赋役征收问题》,《清史研究通讯》第 2 期。

尹仲材(1929):《地方自治学与村治学之纪元》,湖南党务训练所。

《元氏县志》(1931),无出版地。

张佩国(1998):《土地资源与权力网络——民国时期的华北村庄》,《齐鲁学刊》第 2 期。

张佩国(2000):《地权分配·农家经济·村落社区——1900—1945 年的山东农村》,济南:齐鲁书社。

张心一(1933):《河北省农业概况估计报告》,南京:立法院统计处。

张星久(2000):《儒家"无为"思想的政治内涵与生成机制——兼论"儒家自由主义"问题》,《政治学研究》第 2 期。

章有义编(1957a):《中国近代农业史资料 第二辑 1912—1927》,北京:生活·读书·新知三联书店。

章有义编(1957b):《中国近代农业史资料 第三辑 1927—

1937》,北京:生活·读书·新知三联书店。

张友渔、高潮主编(1991):《中华律令集成》,长春:吉林人民出版社。

赵了空(1983):《日本侵华时期石家庄几个反动会道门的内幕》,《石家庄文史资料》第1期,河北石家庄。

郑起东(1992):《清代华北的农业改制问题》,叶显恩主编《清代区域社会经济研究》,北京:中华书局。

《直隶定州志》(1849),无出版地。

《直隶全省财政说明书》(1915),无出版地。

中国农民银行经济研究会(无出版日期):《中国各重要城市零售物价指数月报》,无出版地。

朱伯能(1946):《县财政问题》,上海:正中书局。

朱德新(1994):《二十世纪三四十年代河南冀东保甲制度研究》,北京:中国社会科学出版社。

日文部分

北支经济调查所(1940):《农家经济调查报告:获鹿县,1939》,北京。

华北综合调查研究所(1944):《石门市近郊农村实态调查报告书》,北京。

片山刚(1982a):《清末廣東省珠江でるたの圖甲表とそれをめぐる諸問題》,《史学杂志》第91卷第4期。

——(1982b):《清代廣東省珠江でるたの圖甲制について》,

《东洋学报》第 63 卷第 3—4 期。

川胜守（1980）：《中國封建國家の支配構造》，东京：东京大学出版社。

森田明（1976）：《清代の"議圖"制とその背景》，《社会经济史学》第 42 卷第 2 期。

——（1981）：《清代议图制再考》，《东洋学报》第 62 卷第 3—4 期。

山本英史（1977）：《清初における包攬の展開》，《东洋学报》第 59 卷第 1—2 期。

——（1980）：《浙江省天台縣における圖頭について》《史学》第 50 卷第 1—4 期。

——（1990）：《紳衿による税糧包攬と清朝國家》《东洋史研究》第 48 卷第 4 期。

天津事务所调查课（1936）：《河北省农业调查报告》，天津。

西村元照（1976）：《清初的包揽》，《东洋史研究》第 35 卷第 3 期。

佐伯富（1964）：《清代の郷約地保について》，《东方学》第 28 期。

——（1965）：《清代の里書》，《东洋学报》第 46 卷第 3 期。

英文部分

Ardant, Gabriel. 1975. "Financial Policy and Economic Infrastructure of Modern States and Nations." In Charles Tilly, ed., *The*

Formation of National States in Western Europe, pp. 380−455. Princeton, N. J.: Princeton University Press.

Averill, Stephen. 1987. "Party, Society and Local Elite in the Jiangxi Communist Movement." *Journal of Asian Studies* 46 (2): 279−303.

——. 1990. "Local Elites and Communist Revolution in the Jiangxi Hill Country." In Joseph Esherick and Mary Rankin, eds., *Chinese Local Elites and Patterns of Dominance*, pp. 282−304. Berkeley: University of California Press.

——. 1991. "Moral Economy and the Chinese Revolution." *Peasant Studies* 18 (2): 65−96.

Balazs, Etienne. 1964. *Chinese Civilization and Bureaucracy: Variations on a Theme*. New Haven, Conn.: Yale University Press.

Bastid, Marianne. 1985. "The Structure of the Financial Institutions of the State in the Late Qing." In S. R. Schram, ed., *The Scope of State Power in China*. New York: St. Martin' s Press.

Baxter, James C. 1994. *The Meiji Unification through the Lens of Ishikawa Prefecture*. Cambridge, Mass.: Harvard University Press.

Beattie, Hilary. 1979. *Land and Lineage in China: A Study of T' ung-ch' eng County, Anhwei, in the Ming and Ch' ing Dynasties*. Cambridge, England: Cambridge University Press,

Berce, Yves-Marie. 1990. *History of Peasant Revolts: The Social origins of Rebellion in Early Modern France*. Ithaca, N.Y.: Cornell University Press.

Bernhardt, Kathryn. 1992. *Rents, Taxes, and Peasant Resistances: The Lower Yangzi Region 1840-1950*. Stanford, Calif.: Stanford University Press.

Bourdieu, Pierre. 1977. *Outline of a Theory of Practice*. Cambridge, England: Cambridge University Press.

——. 1980. *The Logic of Practice*. Stanford, Calif.: Stanford University Press.

——. 1985. "The Social Space and the Genesis of Groups." *Social Science Information* 24(2): 195-220.

——. 1986. "The Forms of Capital." In John G. Richardson, ed., *Handbook of Theory and Research for the Sociology of Education*, pp. 241-258. New York: Greenwood Press.

——. 1992. *An Invitation to Reflexive Sociology*. Chicago: University of Chicago Press.

Brandauer, Frederick P., and Chun-chieh Huang, eds. 1994. *Imperial Rulership and Cultural Change in Traditional China*. Seattle: University of Washington Press.

Braun, Rudolf. 1975. "Taxation, Sociopolitical Structure, and State-Building: Great Britain and Brandenburg-Prussia." In Charles Tilly, ed., *The Formation of National States in Western Europe*, pp. 380-455. Princeton, N. J.: Princeton University Press.

Buck, John Lossing. 1930. *Chinese Farm Economy: A Study of 2866 Farms in Seventeen Localities and Seven Provinces in China*. Chicago: University of Chicago Press.

——. 1937a.*Land Utilization in China: A Study of 16 786 Farms in 168 Localities, and 38 256 Farm Families in Twenty-two Provinces in China, 1929–1933*. Shanghai: the Commercial Press.

——. 1937b. *Land Utilization in China, Statistics*. Chicago: University of Chicago Press.

Cartier, Carolyn. 2002. "Origins and Evolution of a Geographical Idea: The Macroregion in China."*Modern China* 28(1) .

Chang, Chung-li. 1955.*The Chinese Gentry: Studies on Their Role in Nineteenth-Century Chinese Society*. Seattle: University of Washington Press.

Chen, Fu-mei Chang, and Ramon H. Myers. 1976. "Customary law and the economic growth of China during the Ch' ing period."*Ch' ing-shih wen-t' i* 3(5) : 1–27.

Chen Han Seng. 1933. *The Present Agrarian Problem in China*. Shanghai: China Institute of Pacific Relations.

——. 1936. *Landlord and Peasant in China: A Study of the Agrarian Crisis in South China*. New York: International Publishers.

Chen, Jerome. 1969. "Historical Background." In Jack Gray, ed., *Modern China' s Search for a Political Form*, pp. 1–40. London: Oxford University Press.

——. 1992.*The Highlanders of Central China: A History*, 1895–1937. Armonk, N. Y.: M. E. Sharpe.

——. 1985. "Local government Finances in Republican China." *Republican China* 10 (2) : 42–54.

Chen, Shao-kwan. 1914. *The System of Taxation in China in the Tsing Dynasty, 1644-1911*. New York: Columbia University.

Chen, Yung-fa. 1986. *Making Revolution: The Communist Movement in Eastern and Central China, 1937-1945*. Berkeley: University of California Press.

Ch' ü, T' ung-tsu. 1962. *Local Government in China under the Ch' ing*. Cambridge, Mass: Harvard University Press.

De Bary, Wm. Theodore. 1983. *The Liberal Tradition in China*. Hong Kong: Chinese University Press.

——. 1998.*Asian Values and Human Rights: A Confucian Communitarian Perspective*. Cambridge, Mass.: Harvard University Press.

Duara, Prasenjit. 1988.*Culture, Power, and the State: Rural North China, 1900-1942*. Stanford, Calif.: Stanford University Press.

——. 1990. "Elites and the Structures of Authority in the Villages of North China, 1900 - 1949." In Joseph W. Esherick and Mary B. Rankin, eds., *Chinese Local Elites and Patterns of Dominance*. Berkeley: University of California Press.

——. 1995.*Rescuing History from the Nation: Questioning Narratives of Modern China*. Chicago: University of Chicago Press.

Durkheim, Emile. 1961. *Moral Education: A Study in the Theory and Application of the Sociology of Education*. New York: Free Press of Glencoe.

Eastman, Lloyd E. 1974. *The Abortive Revolution: China under Nationalist Rule, 1927 - 1937*. Cambridge, Mass.: Harvard University

Press.

———. "State Building and the Revolutionary Transformation of Rural Society in North China."*Modern China* 16 (April) : 226–234.

Ebrey, Patricia Buckley, and James L. Watson, eds. 1986. *Kinship Organization in Late Imperial China, 1000–1940*. Berkeley: University of California Press.

Endicott, Stephen. 1988. *Red Earth: Revolution in a Sichuan Village*. London: I. B.Tauris.

Esherick, Joseph W. 1976. *Reform and Revolution in China: The 1911 Revolution in Hunan and Hubei*. Berkeley: University of California Press.

———. 1987. *The Origins of the Boxer Uprising*. Berkeley: University of California Press.

Esherick, Joseph W., and Mary Backus Rankin, eds. 1990. *Chinese Local Elites and Patterns of Dominance*. Berkeley: University of California Press.

Faure, David. 1976. "Land Tax Collection in Kiangsu Province in the Late Ch' ing Period."*Ch' ing-shih Wen-t' i* 3(6) : 49–75.

———. 1985. "The Plight of the Farmers: A Study of the Rural Economy of Jiangnan and the Pearl River Delta, 1870–1937." *Modern China* 11 (January) : 3–37.

———. 1989.*The Rural Economy of Pre-Liberation China: Trade Increase and Peasant Livelihood in Jiangsu and Guangdong, 1870–1937*. Hong Kong: Oxford University Press.

Fei Hsiao-Tung. 1939. *Peasant Life in China: A Field Study of Country Life in the Yangtze Valley*. New York: Dutton.

——. 1948. *Earthbound China: A Study of Rural Economy in Yunnan*. London: Routledge and Kegan Paul.

——. 1953. *China's Gentry: Essays on Rural-Urban Relations*. Chicago: University of Chicago Press.

Finer, Samuel E. 1975. "State-and Nation-Building in Europe: The Role of the Military." In Charles Tilly, ed., *The Formation of National States in Western Europe*, pp. 380 – 455. Princeton, N. J.: Princeton University Press.

Foucault, Michel. 1978[1976]. *The History of Sexuality*. Random House.

Fu, Zhengyuan. 1993. *Autocratic Tradition and Chinese Politics*. Cambridge, England: Cambridge University Press.

Freedman, Maurice. 1966. *Chinese Lineage and Society, Fukien and Kwangtung*. London: Athlone Press.

Gamble, Sidney D. 1954. *Ting Hsien: A North China Rural Community*. New York: Institute of Pacific Relations.

——. 1963. *North China Villages: Social, Political and Economic Activities before 1933*. Berkeley: University of California Press.

Gillin, Donald G. 1967. *Warlord: Yen Hsi-shan in Shansi Province, 1911–1949*. Princeton, N. J.: Princeton University Press.

Gunde, Richard. 1976. "Land Tax and Social Change in Sichuan, 1925–1935." *Modern China* 2(1): 23–48.

Hardin, Russell. 1982. *Collective Action*. Baltimore: Johns Hopkins University Press.

Hauf, Kandice. 1996. "The Community Covenant in Sixteenth Century Ji' an Prefecture, Jiangxi."*Late Imperial China* 17(2): 1-50.

Hechter, Michael. 1983. "A Theory of Group Solidarity." In Michael Hechter, ed., *The Microfoundations of Macrosociology*. Philadelphia: Temple University Press.

———. 1987.*Principles of Group Solidarity*. Berkeley: University of California Press.

———. 1990. "The Emergence of Cooperative Social Institutions." In Michael Hechter, ed., *Social Institutions: Their Emergence, Maintenance, and Effects*. New York: Aldine de Gruyter.

Hinton, Harold C. 1956.*The Grain Tribute System of China, 1845-1911*. Cambridge, Mass.: Harvard University Press.

Hsiao, Kung-chuan. 1960. *Rural China: Imperial Control in the Nineteenth Century*. Seattle: University of Washington Press.

Huang, Han Liang. 1918. *The Land Tax in China*. New York: Columbia University.

Huang, Philip C. C. 1985. *The Peasant Economy and Social Change in North China*. Stanford, California: Stanford University Press.

———. 1990.*The Peasant Family and Rural Development in the Yangzi Delta, 1350 - 1988*. Stanford, California: Stanford University Press.

———. 1996. *Civil Justice in China: Representation and Practice in the Qing*. Stanford, Calif.: Stanford University Press.

——. 2001. *Code, Custom, and Legal Practice in China: The Qing and the Republic Compared*. Stanford, Calif.: Stanford University Press.

Jordan, Donald A. 1976. *The Northern Expedition: China's National Revolution of 1926-1928*. Honolulu: University Press of Hawaii.

Kahler, Miles, and David Lake. 2003 . *Governance in a Global Economy*. Princeton, N. J.: Princeton University Press.

Kapp, Robert A. 1973.*Szechwan and the Chinese Republic: Provincial Militarism and Central Power, 1911 - 1938*. New Haven, Conn.: Yale University Press.

Keating, Pauline. 1997. *Two Revolutions: Village Reconstruction and the Cooperative Movement in Northern Shaanxi, 1934-1945*. Stanford, Calif.: Stanford University Press.

Kuhn, Philip A. 1975. " Local Self-Government under the Republic: Problems of Control, Autonomy, and Mobilization." In Frederic Wakeman Jr. and Carolyn Grant, eds., *Conflict and Control in Late Imperial China*, pp. 257 - 298. Berkeley: University of California Press. .

——. 1978 - 1979. "Local Taxation and Finance in Republican China." In *Select Papers from the Center for Far Eastern Studies* 3: 100-136.

——. 1986. "The Development of Local Government." In Denis Twitchett and John King Fairbank, eds., *The Cambridge History of Chi-*

na, vol. 13: *Republican China, 1912 – 1949*, part 2. Cambridge, England: Cambridge University Press.

——. 1990.*Soulstealers: The Chinese Sorcery Scare of* 1768. Cambridge, Mass.: Harvard University Press.

Lamb, Jefferson D. H.(Lin Tung-hai). 1931. *The Development of the Agrarian Movement and Agrarian Legislation in China, 1912–1930.* Peiping(Beijing): Yenching University.

Levine, Steven. 1987. *Anvil of Victory: The Communist Revolution in Manchuria, 1945–1948.* New York: Columbia University Press.

Li, Huaiyin. 2000a. "Village Regulations at Work: Local Taxation in Huailu County, 1900–1936." *Modern China* 26(1): 79–109.

——. 2000b. "State and Village in Late Qing and Republican North China: Local Administration and Land Taxation in Huailu County, Hebei Province, 1875–1936." Ph.D. dissertation, University of California, Los Angeles.

——. 2003a. "Power, Discourse, and Legitimacy in Rural North China: Disputes over the Village Head Office in Huailu County in the 1910s and 1920s." *Twentieth-Century China* 28(2): 73–110.

MacKinnon, Stephen R. 1980. *Power and Politics in Late Imperial China: Yuan Shi-kai in Beijing and Tianjin, 1901–1908.* Berkeley: University of California Press.

Mann, Michael. 1986. *The Sources of Social Power: A History of Power from the Beginning to A. D. 1760.* Cambridge, England: Cambridge University Press.

———. 1988. *States, War, and Capitalism*. New York: Basil Black-well.

Mann, Susan. 1987. *Local Merchants and the Chinese Bureaucracy, 1750-1950*. Stanford, Calif.: Stanford University Press.

Marx, Karl. 1951. "The Eighteenth Brumaire of Louis Bonaparte." In Karl Marx and Friedrich Engels, *Selected Works*, vol. 1. Moscow: Foreign Languages Publishing House.

Mayhew, Leon. 1971. *Society: Institutions and Activity*. Glenview, Ill.: Glenview Press.

McKnight, Brian. 1971. *Village and Bureaucracy in Southern Sung China*. Chicago: University of Chicago Press.

Mosher, Stephen. 1983. *Broken Earth: The Rural Chinese*. New York: Free Press.

Myers, Ramon. 1970. *The Chinese Peasant Economy: Agricultural Development in Hopei and Shantung, 1890-1949*. Cambridge, Mass.: Harvard University Press.

Olson, Mancur. 1965. *The Logic of Collective Action: Public Goods and the Theory of Groups*. Cambridge, Mass.: Harvard University Press.

———. 1971. *The Logic of Collective Action: Public Goods and the Theory of Groups*. Cambridge, Mass.: Harvard University Press.

Parsons, Talcott. 1937. *The Structure of Social Action: A Study in Social Theory with Special Reference to a Group of Recent European Writers*. New York: McGraw-Hill.

Perdue, Peter. 1987. *Exhausting the Earth: State and Peasant in*

Hunan, 1500 - 1850. Cambridge, Mass.: Council on East Asian Studies, Harvard University.

Perkins, Dwight H. 1969. *Agricultural Development in China, 1368-1968.* Chicago: Aldine.

Perry, Elizabeth J. 1980. *Rebels and Revolutionaries in North China, 1845-1945.* Stanford, Calif.: Stanford University Press.

Pomeranz, Kenneth. 1993. *The Making of a Hinterland: State, Society, and Economy in Inland North China, 1853 - 1937.* Berkeley: University of California Press.

Popkin, Samuel. 1979. *The Rational Peasant: the Political Economy of Rural Society in Vietnam.* Berkeley: University of California Press.

Prazniak, Roxann. 1980. "Tax Protest at Laiyang, Shandong, 1910: Commoner organization versus the county political elite." *Modern China* 6 (1): 41-71.

——. 1999. *Of Camel Kings and Other Things: Rural Rebels against Modernity in Late Imperial China.* Lanham, Md.: Rowman & Littlefield.

Rankin, Mary Backus. 1972. *Elite Activism and Political Transformation in China: Zhejiang Province, 1865 - 1911.* Stanford, Calif.: Stanford University Press.

Rawski, Thomas G. 1989. *Economic Growth in Prewar China.* Berkeley: University of California Press.

Reed, Bradly. 2000. *Talons and Teeth: County Clerks and Runners in the Qing Dynasty*. Stanford, Calif.: Stanford University Press.

Robisheaux, Thomas. 1989. *Rural Society and the Search for Order in Early Modern Germany*. Cambridge, England: Cambridge University Press.

Rosenau, James. 1992. "Governance, Order, and Change in World Politics." In James Rosenau, ed., *Governance without Government: Order and Change in World Politics*. Cambridge, England: Cambridge University Press.

Rowe, William. 2001. *Saving the World: Chen Hongmou and Elite Consciousness in Eighteenth-Century China*. Stanford, Calif.: Stanford University Press.

Sabean, David. 1984. *Power in the Blood: Popular Culture and Village Discourse in Early Modern Germany*. Cambridge: Cambridge University Press.

Schran, Peter. 1976. *Guerrilla Economy: The Development of the Shensi-Kansu-Ninghsia Border Region, 1937–1945*. Albany: State University of New York Press.

Scott, James. 1976. *The Moral Economy of the Peasant: Rebellion and Subsistence in Southeast Asia*. New Haven, Conn.: Yale University Press.

——. 1985. *Weapons of the Weak: Everyday Forms of Peasant Resistance*. New Haven, Conn.: Yale University Press.

——. 1990. *Domination and the Arts of Resistance: Hidden Transcripts*. New Haven, Conn.: Yale University Press.

Shen, N. C. 1936. "The Local Government of China." *Chinese Social and Political Science Review*, pp.163-201.

Sheridan, James E. 1966. *Chinese Warlord: The Career of Feng Yu-hsiang*. Stanford, Calif.: Stanford University Press.

——. 1975. *China in Disintegration: The Republican Era in Chinese History, 1912-1949*. New York: Free Press.

Skinner, G. William. 1964-1965. "Marketing and Social Structure in Rural China." *Journal of Asian Studies* 24(1): 3-44; 24(2): 195-228; 24(3): 363-399.

——. 1971. "Chinese Peasants and the Closed Community: An Open and Shut Case." *Comparative Studies in Society and History* 13 (3): 270-281.

——. 1977. "Cities and the Hierarchy of Local Systems." In G. William Skinner, ed., *The City in Late Imperial China*, pp. 275-351. Stanford, Calif.: Stanford University Press.

Stapleton, Kristin. 1997. "County Administration in Late-Qing Sichuan: Conflicting Models of Rural Policing." *Late Imperial China* 18 (1): 100-132.

Sweeten, Alan Richard. 1976. "The Ti-pao's Role in Local Government as Seen in Fukien Christian 'Cases', 1863-1869." *Ch'ing-shih wen-t'i* 3 (December): 1-25.

Thaxton, Ralph A. 1983. *China Turned Rightside Up: Revolutionary Legitimacy in the Peasant World*. New Haven, Conn.: Yale University Press.

———. 1997. *Salt of the Earth: The Political Origins of Peasant Protest and Communist Revolution in China.* Berkeley: University of California Press.

Tien, Hung-mao. 1972. *Government and Politics in Kuomintang China, 1927-1937.* Stanford, Calif.: Stanford University Press.

Tilly, Charles. 1975a. "Reflections on the History of European State-Making." In Charles Tilly, ed., *The Formation of National States in Western Europe*, pp.380-455. Princeton, N. J.: Princeton University Press.

———. 1975b. "Western State-Making and Theories of Political Transformation." In Charles Tilly, ed., *The Formation of National States in Western Europe*, pp.380-455. Princeton, N. J.: Princeton University Press.

Tsin, Michael. 1999. *Nation, Governance, and Modernity in China: Canton, 1900-1927.* Stanford, Calif.: Stanford University Press.

Übelhör, Monika. 1989. "The Community Compact(*Hsiang-yüeh*) of the Sung and Its Educational Significance." In Wm. Theodore de Bary and J. Chaffee, eds., *Neo-Confucian Education.* Berkeley: University of California Press.

Wakeman, Frederic, Jr. 1975. "Introduction: The Evolution of Local Control in Late Imperial China." In Frederic Wakeman Jr. and Carolyn Grant, eds., *Conflict and Control in Late Imperial China*, pp.1-25. Berkeley: University of California Press.

Wang Yeh-chien. 1973a.*An Estimate of the Land-Tax Collection in*

China, 1753 and 1908. Cambridge, Mass.: Harvard University Press.

———. 1973b. *Land Taxation in Imperial China, 1750–1911*. Cambridge, Mass.: Harvard University Press.

Waters, Neil L. 1983. *Japan's Local Pragmatists: The Trasition from Bakumatsu to Meiji in the Kawasaki Region*. Cambridge, Mass.: Harvard University Press.

Watson, Rubie S. 1985. *Inequality among Brothers: Class and Kinship in South China*. Cambridge, England: Cambridge University Press.

Watt, John R. 1972. *The District Magistrate in Late Imperial China*. New York: Columbia University Press.

Weber, Max. 1951[1922]. *The Religion of China: Confucianism and Taoism*. Glencoe, IL.: Free Press.

———. 1968. *Economy and Society: An Outline of Interpretive Sociology*. 3 vols. New York: Bedminster Press.

Will, Pierre-Etienne. 1998. "The 1744 Annual Audits of Magistrate Activity and Their Fate." *Late Imperial China* 18(2): 1–50.

Wittfogel, Karl A. 1957. *Oriental Despotism; a Comparative Study of Total Power*. New Haven, Conn.: Yale University Press.

Wood, Alan. 1995. *Limits to Autocracy: From Sung Neo-Confucianism to a Doctrine of Political Rights*. Honolulu: University of Hawaii Press.

Woon, Yuen-fong. 1984. *Social Organization in South China, 1911–1949*. Ann Arbor: Center for Chinese Studies, University of

Michigan.

Wou, Odoric. 1994. *Mobilizing the Masses: Building Revolution in Henan*. Stanford, Calif.: Stanford University Press.

Yang, Martin C. 1945. *A Chinese Village: Taitou, Shantung Province*. New York, Columbia University Press.

Young, Arthur N. 1965. *China's Wartime Finance and Inflation, 1937-1945*. Cambridge, Mass.: Harvard University Press.

———. 1971. *China's Nation-Building Effort, 1927-1937: The Financial and Economic Record*. Stanford, Calif.: Stanford University Press.

Zelin, Madeleine. 1984. *The Magistrate's Tael: Rationalizing Fiscal Reform in Eighteenth-Century Ch'ing China*. Berkeley: University of California Press.

Zhang, Xin. 2000. *Social Transformation in Modern China: The State and Local Elites in Henan, 1900 - 1937*. Cambridge, England: Cambridge University Press.